21世纪高等院校应用本科会计系列

21st Century Application-oriented Undergraduate Course for Higher Education · Accounting Series

Enterprise Internal Control

企业内部控制

（第四版）

李荣梅 权红
张瀚文 吴方 编著

东北财经大学出版社
Dongbei University of Finance & Economics Press

·大连·

图书在版编目（CIP）数据

企业内部控制 / 李荣梅等编著. —4版. —大连：东北财经大学出版社，2022.6

（21世纪高等院校应用本科会计系列）

ISBN 978-7-5654-4477-7

Ⅰ. 企… Ⅱ. 李… Ⅲ. 企业内部管理-高等学校-教材 Ⅳ. F272.3

中国版本图书馆CIP数据核字（2022）第041232号

东北财经大学出版社出版

（大连市黑石礁尖山街217号 邮政编码 116025）

网 址：http://www.dufep.cn

读者信箱：dufep@dufe.edu.cn

大连东泰彩印技术开发有限公司印刷 东北财经大学出版社发行

幅面尺寸：170mm×240mm 字数：350千字 印张：17.25 插页：1

2022年6月第4版 2022年6月第1次印刷

责任编辑：朱 艳 责任校对：赵 楠

封面设计：沈 冰 版式设计：钟福建

定价：42.00元

第四版前言

内部控制是由企业董事会、监事会、经理层和全体员工实施的、旨在实现控制目标的过程。而内部控制的目标是保证企业经营管理合法合规、资产安全、财务报告及相关信息真实完整、提高经营效率、促进企业实现发展战略。国内外企业的实践证明，内部控制是企业各项管理工作的基础，是企业提高管理水平和防范风险能力的一种有效机制。

在借鉴和吸收国际监管新理念的背景下，财政部、审计署、证监会、银监会和保监会五部委于2008年5月和2010年4月先后联合发布了《企业内部控制基本规范》（以下简称《基本规范》）和企业内部控制配套指引（《企业内部控制应用指引》、《企业内部控制评价指引》和《企业内部控制审计指引》，以下简称《配套指引》）。《基本规范》自2009年7月1日起在上市公司范围内施行，鼓励非上市的其他大中型企业执行。《配套指引》于2011年1月1日起在境内外同时上市的公司实施，自2012年1月1日起陆续在主板上市的公司实施。

《基本规范》及《配套指引》，是中国企业按国际化标准严格自律的法规文件。这些规范的出台，是中国企业参与国际竞争，逐步接受并自觉遵循市场经济规则，不断完善企业制度，细化管理的内在要求。

为了促进企业建立、实施和评价内部控制，规范注册会计师内部控制审计行为，利于上市公司及大中型企业更好地理解企业内部控制理论及实践，我们依据《基本规范》和《配套指引》及近年来企业内部控制的经典案例修订了《企业内部控制》一书。

本书具有知识系统完善、内容丰富、应用性强的特点。本书既适合高校工商管理各专业学生使用，也可作为企业各级管理者学习及员工培训的教材。

本书由李荣梅、权红、张瀚文、吴方编著，具体分工如下：辽宁大学李荣梅教授执笔第一章，并负责总纂和定稿；沈阳市第四人民医院权红执笔第二章、第七章、第八章、第九章、第十章；辽宁大学张瀚文执笔第六章、第十一章、第十二章、第十三章、第十四章；中国银行辽宁省分行吴方执笔第三章、第四章、第五章；辽宁大学研究生汪子群执笔第五章案例。在本书写作过程中，我们参阅了国内外大量的文献和资料，在此，对所有企业内部控制研究领域的专家和学者致以最诚挚的谢意。本书虽力求完善，然而由于能力有限，难免存在疏漏之处，敬请读者批评指正。

作　者

2022年3月

目 录

第一章

企业内部控制理论

学习目标

　　通过本章学习，了解内部控制概念的演进及发展动因，理解内部控制的目标及要素内容，了解内部控制的方式及局限性，掌握内部控制建立的原则，能恰当运用内部控制理论对内部控制案例进行分析。

第一节　企业内部控制内涵的演进

企业内部控制是 18 世纪产业革命后，企业规模化和资本大众化的结果。到了 20 世纪初期，资本主义经济迅速发展，股份公司规模日益扩大，所有权与经营权进一步分离，为防范和揭露错误和弊端，逐步形成了一些组织、调节、制约和监督企业经营管理活动的方法，形成了内部控制制度。

公元前 3 000 多年以前，内部控制的思想就已经在人们的日常经济生活中得以运用。经过人类历史的漫长发展，现代内部控制作为一个完整概念，于 20 世纪初在市场经济发达的美国首次被提出。此后，内部控制理论不断完善，逐渐被人们了解和接受。我国的内部控制规范对内部控制的相关定义和理解也是借鉴了美国的内部控制理念，因此，本节将以美国内部控制的产生和发展阐述内部控制理论的演变。

具体来说，内部控制概念的演变经历了大致五个发展阶段。

一、内部牵制阶段

早在公元前 3 600 年以前的美索不达米亚文明时期，就已经出现了内部控制的初级形式。在当时极为简单的财物管理活动中，经手钱财的人用各种标志来记录财物的生产和使用情况，以防止其丢失和挪用。例如，经手钱财者要为付出款项提供付款清单，并由另一记录员将这些清单汇总报告。

到了 15 世纪末，随着资本主义经济的初步发展，内部牵制也发展到了一个新的阶段。以在意大利出现的复式记账方法为标志，内部牵制制度渐趋成熟。它的主要内容是账目间的相互核对，并实施一定程度的岗位分离。18 世纪产业革命以后，企业规模逐渐扩大，公司制企业开始出现，公司内部稽核制度因收效显著而为各大企业纷纷效仿。当时，这种内部牵制制度主要是由职责分工、会计记账、人员轮换等控制要素所构成，目的是防范财产物资流转和管理中的舞弊，保证企业资产的安全和完整。

20 世纪初期，西方资本主义经济得到了极大的发展，生产关系和生产力的重大变化促进了社会化大生产的发展，加剧了企业间的竞争，加强企业的内部控制管理成了关系企业生死存亡的关键因素。因而，一些企业在非常激烈的竞争中，逐步摸索出一些组织、调节、制约和检查企业生产活动的办法，即当时的内部牵制制度。它基本上是以查错防弊为目的，以职务分离和交互核对为手法，针对的主要是钱、账、物等会计事项，这也是现代内部控制理论中有关组织控制、职务分离控制的雏形。当时，人们一般认为，"内部牵制是账户和程序组成的协作系统，这个系统使得员工在从事本职工作时，独立地对其他员工的工作进行连续性的检查，以确定其舞弊的可能性"。

对内部牵制的概念解释得最为全面的是《柯勒会计辞典》。根据《柯勒会计辞典》的解释，内部牵制是指："以提供有效的组织和经营，并防止错误和其他非法业务发生的业务流程设计。其主要特点是以任何个人或部门不能单独控制任何一项或一部分业务权力的方式进行组织上的责任分工，每项业务通过正常发挥其他个人或部门的功能进行交叉检查或交叉控制。设计有效的内部牵制以便使各项业务能完整、正确地经过规定的处理程序，而在这些规定的处理程序中，内部牵制机能永远是一个不可缺少的组成部分。"

▌▌▌相关链接

小会计何以贪污挪用公款两个亿

卞某是国家自然科学基金委员会综合计划局计划财务处出纳和财务局经费管理处会计。某年8月，吴某、卞某为个人赚取借款利息，由吴某偷盖公章、开支票，卞某办理具体手续，擅自将公款1 000万元挪出，以委托存款的方式贷给广州某国际贸易有限公司。3年后的4月，该公司才将借款归还，并先后支付利息294.5万元，这些利息由吴某交卞某隐匿，除吴某分得1万元外，余下的钱已被卞某用于购买房屋等。

据北京海淀检察机关查实，犯罪嫌疑人卞某在担任该基金委员会财务局经费管理处会计近8年期间，利用掌管国家基础科学研究专项资金的下拨权的职务便利，分别采取谎称支票作废、偷盖印鉴、削减拨款金额、伪造银行进账单和信汇凭证、编造银行对账单等手段贪污公款1 262.37万元，单独或伙同他人挪用公款20 993.3万元。

卞某最后一次拨出一笔项目款2 090万元时，私自将其中的1 713.6万元挪到某公司账户内。这笔款尚未来得及修改银行对账单就被基金委员会发现，并及时从该公司追回。当天上午，基金委员会向北京市海淀检察院报案。

当腐败的外壳被一层层撕开，一长串沉重的问号留在办案人员的脑海中。卞某一个小会计，为何能在8年中频繁贪污、挪用公款而不被发现呢?是该基金委员会财务机构岗位设置、财务制度管理不规范和基金审批与监管环节中的漏洞，给了卞某可乘之机。

按照国家相关财务制度规定，财务的出纳岗位和会计岗位应该分设，主管部门应对财务部门及其工作人员实行有效管理与监督。遗憾的是，办案组在侦查中发现，该基金委员会出纳和会计不相容岗位没有分离，财务部门账务极其不规范，在卞某担任会计期间，主管部门没有很好地查过财务账，也没有进行内部审计。负责卞某案侦查的检察院认为，尽管此案属于卞某的个人犯罪行为，但该基金委员会也负有严重的失察责任。

资料来源　翁子易.小会计何以玩转两个亿:卞某贪污挪用公款案调查[EB/OL].[2013-10-15].http://blog.sina.com.cn.

一般来说，内部牵制机能的执行大致可分为以下四类:

实物牵制。例如把保险柜的钥匙交给两个以上的工作人员，非同时使用两把以上的钥匙，保险柜就打不开。

机构牵制。例如保险柜的大门若非按正确程序操作就打不开。

体制牵制。采用双重控制预防错误和舞弊的发生。

簿记牵制。定期将明细账与总账进行核对。

内部牵制基于以下两个基本假设：

（1）两个或两个以上的人或部门无意识地犯同样错误的机会是很小的。

（2）两个或两个以上的人或部门有意识地合伙舞弊的可能性大大低于单独一个人或一个部门舞弊的可能性。

实践证明这些假设是合理的，内部牵制机制确实有效地减少了错误和舞弊行为，因此在现代内部控制理论中，内部牵制仍占有重要的地位，成为有关组织机构控制、职务分离控制的基础。

二、内部控制制度阶段

20世纪40年代是内部控制发展的一座"分水岭"。决定内部控制系统进一步发展的因素主要有：

（1）经济业务规模扩大，审计人员完全抛弃了详细审计技术。

（2）降低外部审计成本的需要。

（3）企业规模越来越大，越来越复杂，要求建立更完善的控制技术，以及时提供差错的舞弊方面的反馈、提供特别分析、确保内部行政控制。

（4）随着分支机构的出现，要求建立内部控制，以确保会计程序的统一性和运用会计程序的一致性、验证各分支机构的经济业务和利润中心的报告。

（5）外部审计程序从检查过去的经营状况，转向评价内部控制系统。其结果对内部控制系统的信赖程度持续提高。

40年代，美国民间审计发展趋势日益明显，其测试范围越来越依赖于内部控制的可靠性程度，对内部控制进行评价成为审计工作的出发点，这是审计界前所未有的转变。在现代审计中，被审计单位的内部控制也发挥着极为重要的作用。

现在，内部控制不再是套在人们身上的枷锁，相反，它已经成为管理人员的助手。美国著名的管理学家哈德·孔茨（Hard Koontz）认为，控制职能就是按照计划标准衡量计划的完成情况并纠正计划执行中的偏差，以确保计划目标的实现。在某些情况下，内部控制职能可能导致确立新的目标、提出新的计划、改变组织机构、改变人员配备，或在指挥和领导方法上作出重大的改变等。内部控制职能在很大程度上使管理工作成为一个闭环系统。内部控制可用于自我衡量，能够激励人们改进工作。

1949年，美国会计师协会出版了《内部控制——调整组织的各种要素及其对管理层和独立职业会计师的重要性》，对内部控制首次作了权威性定义："内部控制包括组织机构的设计和企业内部采取的所有相互协调的方法和措施。这些方法和措施都用于保护企业的财产，检查会计信息的准确性，提高经营效率，推动企业坚持执行既定的管理政策。"这是民间审计组织第一次正式公布内部控制的定义，为人们了解内部控制这一重要课题作出了独特的贡献。

由于上述定义过于宽泛，1958年10月，该协会又发布了《审计程序公告第29号》，对内部控制定义重新进行了表述，将内部控制划分为会计控制和管理控制。内部会计控制包括组织规划的所有方法和程序，这些方法和程序与财产安全和财务记录可靠性有直接的联系。内部管理控制包括组织规划的所有方法和程序，这些方法和程序主要与经营效率和贯彻管理方针有关，通常只与财务记录有间接关系。

此外，1950年，日本经济安定本部发表了企业会计标准审议委员会中间报告——《审计标准》。它提出企业内部控制组织包括内部牵制组织和内部审计组织两部分。1951年，日本通产省产业合理化审议会发表了日本审计史上著名的《企业内部控制大纲》，其中指出："所谓内部控制，是管理者根据企业最高方针，从企业整体的观念，对执行活动进行计划，对其实施状况进行调整，并对实际绩效进行评价，这些活动是通过计算性控制的方法进行的。内部控制是经营管理的一种形态，所以，它与直接进行经营活动的工程管理和质量管理不同，它是根据计算性数值进行的间接控制。"

1961年，英国的英格兰·威尔士特许会计师协会编写了《一般审计原则》，其中指出："内部控制不仅是指内部牵制和内部审计，而且指管理者按有条不紊的方法为进行公司经营，保护资产，尽可能确保会计记录的正确性和可靠性而设立的财务和其他管理制度。"

1972年，加拿大特许会计师协会在其《会员手册》中指出："内部控制是指企业管理层所制定的一系列组织、计划和调节控制的制度，以便尽可能确保经营活动有秩序和有效地运行，实现保护企业财产、提高会计信息可靠性和及时提供正确的财务报表的目标。"

三、内部控制结构阶段

20世纪80年代以后，西方会计审计界对内部控制结构研究的重点逐步从一般含义向具体内容深化。1988年，美国注册会计师协会发布《审计准则公告第55号》，从1990年1月起取代1972年发布的《审计准则公告第1号》。该公告首次以"内部控制结构"代替"内部控制"，指出"企业的内部控制结构包括为提供取得企业特定目标的合理保证而建立的各种政策和程序"。

内部控制结构具体包括三个要素：控制环境、会计系统、控制程序。

（1）控制环境，反映董事会、管理者、业主和其他人员对控制的态度和行为。其具体包括：管理哲学和经营作风；组织结构；董事会及审计委员会的职能；人事政策和程序；确定职权和责任的方法；管理者监控和检查工作时所用的控制方法，包括经营计划、预算、预测、利润计划、责任会计和内部审计等。

（2）会计系统，规定各项经济业务的确认、归集、分类、分析、登记和编报方法。一个有效的会计系统应包括以下内容：鉴定和登记一切合法的经济业务；对各项经济业务适当进行分类，作为编制报表的依据；确定经济业务发生的时间，以确保它记录在适当的会计期间；在财务报表中恰当地表述经济业务及有关的提示内容。

（3）控制程序，指管理层所制定的政策和程序，用以保证达到一定的目的。它包括：经济业务和活动的批准权；明确各员工的职责分工；充分的凭证、账目设置和记录；资产和记录的接触控制；业务的独立审核等。

上述内部控制结构的内容正式将控制环境纳入内部控制范畴。最初人们只是将控制环境作为内部控制的外部因素来看待，但渐渐地人们认识到控制环境是内部控制的一个组成部分，它是由企业全体职工（主要是企业的管理者）造就的，是充分有效的内部控制体系得以建立和运行的基础及保证，因而是在企业的控制范围内的。此外，不再区分会计控制与管理控制，统一以要素表述内部控制。这是因为西方学术界在对会计控制与管理控制进行研究时，逐渐发现这两者往往是不可分割、相互关联的。

四、内部控制整合框架阶段

1992年9月，COSO发布了著名的《内部控制——整合框架》（Internal Control—Integrated Framework），并于1994年进行了修订。该报告已经成为内部控制领域最为权威的文献之一，是内部控制发展历程中的一座重要里程碑。

1996年，美国注册会计师协会发布《审计准则公告第78号》，全面接受COSO报告的内容，并从1997年1月起取代1988年发布的《审计准则公告第55号》。新准则将内部控制定义为："内部控制是一个由企业的董事长、管理层和其他人员实现的过程，旨在为下列目标提供合理保证：一是财务报告的可靠性；二是经营的效果和效率；三是符合适用的法律和法规。"该准则将内部控制结构划分为五部分，它们分别是控制环境、风险评估、控制活动、信息与沟通、监督。

（1）控制环境，指构成一个单位的控制氛围，是影响内部控制其他成分的基础，包括：

①员工的诚实性和道德观，如有无描述可接受的商业行为、利益冲突、道德行为标准的行为准则；

②员工的胜任能力，如员工是否能胜任质量管理要求；

③董事会或审计委员会，如董事会是否独立于管理层；

④管理理念和经营方式，如管理层对管理与经营关系处理的态度；

⑤组织结构，如信息是否到达合适的管理层；

⑥授予权利和责任的方式，如关键部门经理的职责是否有充分规定；

⑦人力资源政策和实施，如是否有关于雇佣、培训、提升和奖励员工的政策。

（2）风险评估，指管理层识别和分析对经营、财务报告、符合性目标有影响的内部或外部风险，包括风险识别和风险分析。风险识别包括对外部因素（如技术发展、竞争、经济变化）和内部因素（如员工素质、公司活动性质、信息系统处理的特点）进行检查。风险分析涉及估计风险的重大程度、评价风险发生的可能性、考虑如何管理风险等。

现代企业风险主要来自于经营环境的变化，聘用新的人员，采用新的或改良的信息系统，新技术的应用，新行业、产品或经营活动的开发，企业改组，海外经营，新会计方法的应用等。

（3）控制活动，指对所确认的风险采取必要的措施，以保证单位目标得以实现的政策和程序。在实践中，控制活动形式多样，可将其归结为以下几类：

①业绩评价，是指将实际业绩与其他标准，如前期业绩、预算和外部基准尺度进行比较，将不同系列的数据相联系，如经营数据和财务数据，对功能或运行业绩进行评价。这些评价活动对实现企业经营的效果和效率非常有用，但一般与财务报告的可靠性和公允性相关度不高。

②信息处理，指保证业务在信息系统中是正确、完全和经授权处理的活动。信息处理控制可分为两类：一般控制和应用控制。一般控制与信息系统设计和管理有关，例如保证软件完整的程度、信息处理时间表、系统文件和数据维护等。应用控制与个别数据在信息系统中处理的方式有关，例如保证业务正确性和已授权的程序。

③实物控制，也称资产和记录接近控制，这些控制活动包括实物安全控制、对计算机以及数据资料的接触予以授权、定期盘点以及将控制数据予以对比。实物控制中防止资产被窃的程序与财务报告的可靠性有关，例如在编制财务报告时，管理层仅仅依赖于永续存货记录，则存货的接近控制与审计有关。

④职责分离，指将各种功能性职责分离，以防止单独作业的员工从事或隐藏不正常行为。一般来说，下面的职责应被分开：业务授权、业务执行、业务记录、对业绩的独立检查。理想状态的职责分离是：没有一个职员负责超过一个的职能。

（4）信息与沟通，指为了使员工能执行其职责，企业必须识别、捕捉、交流外部和内部信息。外部信息包括市场份额、法规要求和客户投诉等信息。内部信息包括会计制度，即由管理层建立的记录和报告经济业务的事项以及维护资产、负债和股东权益的方法和记录。有效的会计制度应包括：

①可以确认所有有效业务的方法和记录；

②序时详细记录业务以便于归类提供财务报告；

③采用恰当的货币价值来计量业务；

④确定业务发生时期以保证业务记录在合理的会计期间，在财务报告中恰当披露业务。

沟通是使员工了解其职责，保持对财务报告的控制。它包括使员工了解在会计制度中他们的工作如何与他人联系，如何对上级报告例外情况。沟通的方式有政策手册、财务报告手册、备查簿以及口头交流或管理示例等。

（5）监督，指评价内部控制质量的进程，即对内部控制运行及改进活动进行评价，包括内部审计和与单位外部人员、团体进行交流。

以上监控内容通常由内部审计部门或人事部门执行，他们定期或不定期地对内部控制的设计和执行情况进行检查和评价，与有关人员交流内部控制强弱方面的信息，并提出改进意见，以保证内部控制按设计执行并随环境的变化而改进。他们的评价信息来自于：对现行内部控制的研究、内部审计报告、对控制活动的例外报告、监管者报告、操作人员的反馈、顾客的投诉等。

上述五种成分实际上内容广泛，相互关联。控制环境是其他控制成分的基础，如果漏洞百出，企业的内部控制就不可能有效；在规划控制活动时，必须对企业可能面临的风险有细致的分析；风险评估和控制活动必须借助信息与沟通；内部控制的设计和执行必须受到有效的监督。

同以往的内部控制理论及研究成果相比，COSO 报告提出了许多有价值的新观点：

①强调内部控制的合理目标。COSO 报告将内部控制目标分为经营效率、效果性目标，会计信息可靠性目标以及法律法规遵循性目标。

②强调风险意识。管理层必须密切注意各层级的风险，并采取必要的管理措施防范风险。

③明确对内部控制的"责任"。该报告认为，不仅仅是管理部门、内部审计部门或董事会，组织中的每一个人都对内部控制负有责任，强调"人"的重要性。只有人才可能制定企业的目标，并设置控制的机制。反过来，内部控制也影响着人的行为。

④强调"软控制"的作用。软控制主要是指那些属于精神层面的事物，如高级管理层的管理风格、管理哲学、企业文化、内部控制意识等。

⑤强调内部控制应该与企业的经营管理过程相结合。内部控制是企业经营过程的一部分，应与经营过程结合在一起。内部控制是一个"动态过程"，是一个发现问题、解决问题、发现新问题、解决新问题的循环往复的过程。

由于 COSO 报告提出的内部控制理论和体系集内部控制理论和实践发展之大成，因此在业内备受推崇，已经成为世界通行的内部控制权威框架，被国际和各国审计准则制定机构、银行监管机构和其他机构采纳。

五、风险管理整合框架阶段

自 COSO 报告发布以来，内部控制框架已经被世界上许多企业采用，但理论界和实务界也纷纷对该框架提出改进建议，认为其对风险强调不够，使得内部控制无法与企业风险管理相结合（朱荣恩、贺欣，2003）。因此，2001 年 COSO 开展了一个项目，委托普华永道开发一个对于管理层评价和改进他们所在组织的企业风险管理的简便易行的框架。正是在开发这个框架的期间，2001 年 12 月美国最大的能源公司之一——安然公司，突然申请破产保护，此后上市公司和证券市场丑闻不断，特别是 2002 年 6 月的世界通信公司会计丑闻事件，"彻底打击了投资者对资本市场的信心"（国会报告，2002）。美国国会和政府加速制定和采用新的法律以试图改变这一局面。

在这一背景下，2002年7月美国总统布什签署出台了《2002年公众公司会计改革和投资者保护法案》。该法案是由参议院银行委员会主席萨班斯（Paul Sarbanes）和众议院金融服务委员会（Committee on Financial Services）主席奥克斯利（Mike Oxley）联合提出的，又被称作《萨班斯-奥克斯利法案》（以下简称《萨班斯法案》）。该法案对美国《1933年证券法》《1934年证券交易法》作了不少修订，是一部涉及会计职业监管、公司治理、证券市场监管等方面改革的重要法律。《萨班斯法案》强调了公司内部控制的重要性，从管理者、内部审计及外部审计等几个层面对公司内部控制作了具体规定，并设置了问责机制和相应的惩罚措施，成为20世纪30年代美国经济危机之后，政府制定的涉及范围最广、处罚措施最严厉的公司法律。

由于该法案在颁布时没有提出具体的适用豁免条件，这意味着目前所有在美国上市的公司，包括在美国注册的上市公司和在外国注册而于美国上市的公司，都必须遵守该法案。

2004年9月，COSO在借鉴以往有关内部控制研究报告的基本精神的基础上，结合《萨班斯法案》在财务报告方面的具体要求，发表了新的研究报告——《企业风险管理——整合框架》（Enterprise Risk Management-Integrated Framework，ERM框架）。该框架指出，"全面风险管理是一个过程，它由一个主体的董事会、管理层和其他人员实施，应用于战略制定并贯穿于企业之中，旨在识别可能会影响主体的潜在事项，管理风险以使其在该主体的风险容量之内，并为主体目标的实现提供合理保证"。这一阶段的显著变化是将内部控制上升至全面风险管理的高度来认识。

基于这一认识，COSO提出了战略目标、经营目标、报告目标和合规目标四类目标，并指出风险管理包括八个相互关联的构成要素，即内部环境、目标设定、事项识别、风险评估、风险应对、控制活动、信息与沟通以及监控。根据COSO的这份研究报告，内部控制的目标、要素与组织层级之间形成了一个相互作用、紧密相联的统一体系；同时，对内部控制要素的进一步细分和充实，使内部控制与风险管理日益融合，进而拓展了内部控制。

相对于《内部控制——整合框架》，ERM框架的创新之处在于：

（1）从目标上看，ERM框架不仅涵盖了内部控制整合框架中的经营性、财务报告可靠性和合法性三个目标，而且还提出了一个更具管理意义和管理层次的战略管理目标，同时还扩大了报告的范畴。ERM框架指出，企业风险管理应贯穿于战略目标的制定、分解和执行过程，从而为战略目标的实现提供合理保证。报告范畴的扩大表现在内部控制框架中的财务报告目标只与公开披露的财务报表的可靠性相关，而ERM框架中的财务报告范围则有很大的扩展，覆盖了企业编制的所有报告。

（2）从内容上看，ERM框架除了包括内部控制整合框架中的五个要素外，还增加了目标制定、风险识别和风险应对三个管理要素。目标制定、风险识别、风险评估与风险应对四个要素环环相扣，共同构成了风险管理的完整过程。此外，对原有要素也进行了深化和拓展，如引入了风险偏好和风险文化，将原有的"控制环境"改为"内部环境"。

（3）从概念上看，ERM框架提出了两个新概念——风险偏好和风险容忍度。风险偏好是指企业在实现其目标的过程中愿意接受的风险的数量。企业的风险偏好与企业的战略目标直接相关，企业在制定战略时，应考虑将该战略的既定收益与企业的管理者风险偏好结合起来。风险容忍度是企业在风险偏好的基础上设定的在目标实现过程中对差异的可接受程度和可容忍限度。

（4）从观念上看，ERM框架提出了一个新的观念——风险组合观念。企业风险管理要求企业管理者以风险组合的观念看待风险，对相关的风险进行识别并采取措施使企业所承担的风险在风险偏好的范围内。对企业每个单位而言，其风险可能在该单位的风险容忍度范围内，但从企业总体来看，总风险可能超过企业总体的风险偏好范围。因此，应从企业整体的角度评估风险。

需要说明的是，ERM框架虽然晚于《内部控制——整合框架》产生，但它并不是要完全替代《内部控制——整合框架》。在企业管理实践中，内部控制是基础，风险管理只是建立在内部控制基础之上的、具有更高层次和更有综合意义的控制活动。

▌相关链接

"中航油事件"引发的内控新思考

中航油新加坡公司于2001年年底获批在新加坡上市，在取得中国航油集团公司授权后，自2003年开始做油品套期保值业务。但在此期间，总裁陈久霖擅自扩大业务范围，从事石油衍生品期权交易。2004年12月，中航油新加坡公司因从事投机性石油衍生品交易，亏损5.54亿美元，不久就向新加坡证券交易所申请停牌，并向当地法院申请破产保护，成为继巴林银行破产以来最大的投机丑闻。

2005年3月，新加坡普华永道在种种猜疑下提交了针对此亏损事件所做的第一期调查报告。报告认为，中航油新加坡公司的巨额亏损由诸多因素造成，主要包括：2003年第四季度对未来油价走势的错误判断；公司未能根据行业标准评估期权组合价值；缺乏推行基本的对期权投机的风险管理措施；对期权交易的风险管理规则和控制，管理层也没有做好执行的准备等。

但是，中航油的决策者风险意识淡薄，判断、控制和驾驭风险的能力明显偏弱。而且管理层凌驾于制度之上，不执行公司制定的风险管理等相关制度，导致国有企业遭受重大的经济损失和信用风险。

中航油内部的《风险管理手册》设计完善，规定了相应的审批程序和各级管理人员的权限，通过联签的方式降低资金使用风险；采用世界上最先进的风险管理软件系统将现货、纸货和期货三者融合在一起，全盘监控。但是自2003年开始，中航油的澳大利亚籍贸易员Gerard Rigby进行投机性的期权交易。陈久霖声称，自己并不知情。而在3月28日获悉580万美元的亏损后，陈久霖本人同意了风险管理委员会主任Cindy Chong和交易员Gerard Rigby提出的展期方案。这样，陈久霖亲自否定了由他本人所提议拟定的"当任何一笔交易的亏损额达到50万美元，立即平仓止损"的风险管理条例，也无异于对手下"先斩后奏"的做法给予了事实上的认可。

资料来源　阚京华."中航油事件"引发的内控新思考［EB/OL］.［2017-05-22］. http://zhidao.baidu.com.

第二节　企业内部控制发展的动因

内部控制存在于几千年的历史陈迹之中，之所以在近几十年里发展如此迅速，影响如此广泛，是有着深刻的经济和社会背景的。

一、企业加强内部管理的要求促进了现代内部控制的发展

从20世纪40年代开始，特别是第二次世界大战后，生产的迅速增长和科学技术的飞速发展，使西方资本出现高度集中和积聚。一方面，跨国公司大量涌现并拥有众多的子公司，成为跨越国界的经济垄断集团。控制跨度的增加、经营地点的分散、控制权力层次的增多，使得跨国公司面临的管理任务更加艰巨。另一方面，企业规模的扩大和内部职能部门的增多，更需要企业内部协调一致，节约资源，防止工作差错和舞弊，提高经营效率，以便在竞争中立于不败之地。因此，企业客观上就要求建立完善的，包括组织机构、业务程序在内的，具有自我控制和自我调节功能的管理机制。于是，现代内部控制作为强化管理的一种手段，各种控制方法、措施和程序就应运而生，并在实务中得到进一步的发展。

从我国目前来看，企业的发展越来越受到市场的制约。买方市场已经初步形成，市场竞争越发激烈。市场更偏重高质量、多品种、名牌、低成本、规模经济的企业和产品，那些靠粗放型、高消耗、低质量、高成本来维持生产经营的企业将受到严峻挑战，越来越难以为继。这就迫使企业不得不苦练"内功"，即重视自身管理水平的提高，通过控制成本费用来确保利润目标的实现。我国企业环境所面临的另一种变化就是，商品经营已经进入微利时代。以钢铁行业为例，根据中国钢铁工业协会的调查，2009年大中型钢厂全年销售利润率仅为2.55%。微利时代的到来促使许多中国企业开拓新的经营领域，寻求新的经营方式——资本经营。但是，资本经营较传统的商品经营更加充满风险，"德隆"事件、"格林柯尔"事件等一系列失败案例的曝光，无不显示出企业内部控制的重要性与紧迫性。再加上经济全球化、信息化、知识化的趋势，企业所面临的风险更加复杂和多变。如何规避和控制这些风险，除了需要企业领导人具有高瞻远瞩的眼光外，更需要制度创新，其中最重要的是建立和实施内部控制制度。

此外，内部控制是衡量现代企业管理水平的重要标志，是管理现代化的必然产物。企业要加强对内管理，保证企业正常运行和增值，就必须加强内部控制。同时，完善企业的各项规章制度并使之有效地施行，可以确保企业的产品质量符合市

场的需求，最大程度地实现销售收入；可以确保企业资产的安全与完整，充分挖掘各项资产的潜力，降低消耗；可以提高资产的利用效率，保证投入产出比率达到最优；可以确保企业提供真实、可靠的各类信息，特别是会计信息，为吸引投资、扩大规模创造良好的声誉。

从目前状况看，一些企业发展到一定阶段后，企业的资金、人员、市场等也达到了一定的规模，而企业的机构设置、财务管理水平和人力资源的配备等方面却不能适应企业进一步发展的需要，出现了企业资金、人员失控现象，这种失控往往导致企业的崩溃。因此，从严管理企业，实现管理创新，使传统的管理模式向现代企业管理过渡，加强内部控制制度建设是企业实现管理现代化的科学方法。建立和健全内部控制制度是企业发展的必然结果。

二、股份制经济的发展促进企业建立和强化内部控制

在当今世界，企业普遍采用股份有限公司的形式，财产所有权和经营权分离，企业投资者、债权人以及国家税务机关等报表使用者必然关心企业的会计工作是否贯彻公认会计原则，企业向外部提供的财务报表是否真实可靠地反映其财务状况、经营成果和现金流量；权益人的财产是否有保障，是否受到侵占和遭受损失。因此，企业的形象不仅取决于当前的资金实力和盈利能力，更主要的是取决于人们对企业未来的预期。由于以保护投资者利益和创建公平、公开、公正为目的的政府监管使企业经营透明度日益提高，一旦发生欺诈、管理不善或违反法律法规等行为，就会引起社会广泛的关注，造成不良的社会影响，从而使企业价值大大下降，进而造成企业再融资成本的上升、企业各种社会关系恶化等严重后果。而内部控制则有助于预防此类问题的发生，并且在问题发生时提供妥善处理的补救措施。因此，人们对企业内部控制制度是否建立健全，并且能否有效实施给予极大的关注，并以此作为衡量企业管理是否有效、财务报表是否真实可靠的依据。另外，科学的内部控制和管理、企业管理层和治理层对内部控制的评价和改进，以及外界对内部控制的肯定，均有助于企业形象的提升。

三、外部审计的发展推动了现代内部控制的发展

在审计理论和实践的发展中，初期主要采用详细审查的审计方法。自18世纪下半叶开始，由于社会生产力的发展，企业规模日益扩大，业务活动日趋繁复，传统的详细审查方法受到挑战，于是出现了抽样审查的方法，即通过抽样结果来推断财务报表整体的可靠程度。但是，如果仅依赖审计人员的主观判断或任意取样进行抽样审计，那么抽样的结果难免出现偏颇，进而导致以偏概全、影响审计结论的可靠程度等后果。

人们逐渐发现抽样的重点和规模与内部控制健全与否有着一定的联系。如果审计工作从评价企业各项工作的内部控制是否健全着手来确定抽样的重点和规模，则往往可以起到事半功倍的效果，并取得较为满意的审查结果。1936年，美国注册

会计师协会（AICPA）发布了《独立注册会计师对财务报表审计》的文告，首次提出："审计师在制定审计程序时应考虑一个重要的因素，即审查企业的内部牵制和控制，企业的会计制度和内部控制越好，财务报表需要测试的范围越小"，并提出"在大型企业中，抽查测试范围要由审计人员根据其审计专业知识和内部牵制及控制的范围来决定"。上述一系列文告的发表，对西方审计实务产生很大影响，于是出现了"制度基础审计"的审计方法，即以评价内部控制为审查基础，以此决定抽样的重点和规模。"制度基础审计"方法不久就取代了以往的主观或任意取样方法，被作为审计职业界的一项公认的审计准则予以恪守。当前，随着对内部控制认识的深化，注册会计师认识到，企业能否及时发现风险并予以应对往往与内部控制的健全与否存在密切关系。对注册会计师而言，了解被审计单位环境，研究其内部控制的建立及实施情况，成为控制审计风险的重要措施。通过对内部控制的了解、描述与评价，注册会计师能够将因财务报表存在重大错报而导致注册会计师发表不恰当审计意见的可能性降到可接受的范围内。因此可以说，制度基础审计以及现代的风险导向审计在一定程度上推动了内部控制的发展。

四、政府对内部控制的推动

内部控制的迅速发展，除了企业内部管理自身因素之外，外部因素尤其是政府的推动也是关键。20世纪70年代到80年代期间的美国，政府通过一系列的措施来推动内部控制的实施。1977年，美国国会制定了《反国外贿赂法》（FCDA），该法规定每个企业都应建立内部控制制度，并在会计标准条款中引用了注册会计师协会审计准则委员会提出的内部控制四项目标：（1）按管理层一般的或特定的授权开展业务活动；（2）经济业务的记录必须做到：编制财务报表要遵循公认会计原则，或适用于这些报表的其他标准，保持资产会计责任的记录；（3）只有经管理层授权才能接近资产；（4）账面记载的资产要与实存资产在合理的时间间隔内进行核对，对发生的任何差异采取适当的措施。

20世纪80年代，美国一些舞弊性财务报告和企业"突发"破产事件导致美国国会一些议员对财务报告制度的恰当性提出了质疑，其所关注的问题之一是上市公司内部控制的恰当性。关注的结果是成立Treadway委员会（反对虚假财务报告委员会）。这个委员会的目标之一是增加内部控制标准和指南。该委员会的工作成果之一是著名的《COSO报告》。《COSO报告》对以往的内部控制定义做了修正，为设计更广泛的控制系统提供了指南。80年代美国证券交易委员会（SEC）也对内部控制产生了一定的影响。SEC在1980年的S-X规则303条款中要求上市公司披露"管理当局讨论和分析（MD&A）"的信息，MD&A要求揭示与上市公司财务和经营相关的当前和未来的流动性和其他情况，所以要求向公众提供更多未来经管责任的情况，包括内部控制等内容。

进入21世纪，随着安然、世通等财务丑闻的爆发，财务报告内部控制再次受到广泛关注。2002年7月颁布的《萨班斯法案》404条款中要求递交年报的公司，管理层需要对财务报告内部控制情况进行报告，同时公司的独立审计师要对管理层提交的评估报告进行认证和报告。该规定引起法律界、实务界的广泛关注，美国证券交易委员会也在2003年6月5日颁布了最终规则，寻求为遵循404条款所需的过渡时间做法。此外，公众公司会计监管委员会（PCAOB）先后颁布第2号、第5号审计准则，为审计师进行财务报告内部控制鉴证业务提供指南，而美国证券交易委员会以及COSO委员会也出台了诸如管理层指南、小企业指南、监控指南等配套措施，帮助公众公司更好地进行财务报告内部控制的评价和鉴证工作。

在我国，从20世纪90年代开始政府逐渐加大对内部控制的推动工作，1996年财政部颁布的《独立审计具体准则第9号——内部控制和审计风险》，要求注册会计师审查企业内部控制，并提出内部控制的内容包括控制环境、会计系统和控制程序。1997年5月，中国人民银行颁布了《加强金融机构内部控制的指导原则》，这是我国第一个关于内部控制的行政规定。中国证监会在1999年和2000年也发布了内部控制相关规范，要求注册会计师对内部控制制度及风险管理系统的完整性、合理性和有效性进行评价，提出改进建议，并以内部控制评价报告的形式作出报告。2006年6月和9月，上海证交所、深圳证交所分别颁布了各自的上市公司内部控制指引，并在年报通知中要求企业披露内部控制建立健全情况。2006年6月，国资委发布了《中央企业全面风险管理指引》，在借鉴国外先进经验的基础上，将国有企业的内部控制和风险管理提升到新的层次。同年，财政部联合其他四部委成立内部控制标准委员会，开始着手我国的企业内部控制规范工作，为建立健全我国企业内部控制标准体系提供政策指导和咨询服务。2008年5月，财政部等五部委联合颁布了《企业内部控制基本规范》及之后财政部颁布三个配套指引，标志着我国企业内部控制建设进入了一个新时期。

可见，内部控制的产生与发展，总是和社会生产力水平、人类经营管理方式密切相关。特别值得注意的是，内部控制作为社会控制的组成部分，其产生和发展不仅有内在因素，而且还有外界影响，即外部控制的影响。尤其是政府控制，必然要求构成社会的每一个团体单位，实行相应的管理和控制，以适应其需要。宏观控制必须以微观控制为基础，外部控制不仅影响和制约内部控制，而且也要以内部控制为基础。

第三节　企业内部控制的方式与局限性

一、企业内部控制的方式

企业内部控制作为一种先进的组织管理制度，已经被不少经营管理比较出色的企业所采用，企业内部控制在现代企业经营管理中发挥着越来越重要的作用。企业内部控制包括以下几种主要方式：

（一）财务报告

为了规范企业财务报告，保证财务报告的真实、完整，根据《中华人民共和国会计法》等有关法律法规和《企业内部控制基本规范》，企业应编制、对外提供和分析利用财务报告。

企业编制、对外提供和分析利用财务报告，至少应当关注下列风险：

（1）编制财务报告违反会计法律法规和国家统一的会计准则制度，可能导致企业承担法律责任和声誉受损。

（2）提供虚假财务报告，误导财务报告使用者，造成决策失误，干扰市场秩序。

（3）不能有效利用财务报告，难以及时发现企业经营管理中存在的问题，可能导致企业财务和经营风险失控。

企业应当严格执行会计法律法规和国家统一的会计准则制度，加强对财务报告编制、对外提供和分析利用全过程的管理，明确相关工作流程和要求，落实责任制，确保财务报告合法合规、真实完整和有效利用。

总会计师或分管会计工作的负责人负责组织领导财务报告的编制、对外提供和分析利用等相关工作。企业负责人对财务报告的真实性、完整性负责。

（1）财务报告的编制。应当重点关注会计政策，对财务报告产生重大影响的交易和事项的处理应当按照规定的权限和程序进行审批。

企业在编制年度财务报告前，应当进行必要的资产清查、减值测试和债权债务核实。

企业应当按照国家统一的会计准则制度规定，根据登记完整、核对无误的会计账簿记录和其他有关资料编制财务报告，做到内容完整、数字真实、计算准确，不得漏报或者随意进行取舍。

企业财务报告列示的资产、负债、所有者权益金额应当真实可靠。各项资产计价方法不得随意变更，如有减值，应当合理计提减值准备，严禁虚增或虚减资产。

各项负债应当反映企业的现时义务，不得提前、推迟或不确认负债，严禁虚增或虚减负债。所有者权益应当反映企业资产扣除负债后由所有者享有的剩余权益，由实收资本、资本公积、留存收益等构成。企业应当做好所有者权益保值增值工作，严禁虚假出资、抽逃出资、资本不实。

企业财务报告应当如实列示当期收入、费用和利润。各项收入的确认应当遵循规定的标准，不得虚列或者隐瞒收入，推迟或提前确认收入。各项费用、成本的确认应当符合规定，不得随意改变费用、成本的确认标准或计量方法，虚列、多列、不列或者少列费用、成本。利润由收入减去费用后的净额、直接计入当期利润的利得和损失等构成。不得随意调整利润的计算、分配方法，编造虚假利润。

企业财务报告列示的各种现金流量由经营活动、投资活动和筹资活动的现金流量构成，应当按照规定划清各类交易和事项的现金流量的界限。附注是财务报告的重要组成部分，对反映企业财务状况、经营成果、现金流量的报表中需要说明的事项，作出真实、完整、清晰的说明。

企业应当按照国家统一的会计准则制度编制附注。

企业集团应当编制合并财务报表，明确合并财务报表的合并范围和合并方法，如实反映企业集团的财务状况、经营成果和现金流量。

企业编制财务报告，应当充分利用信息技术，提高工作效率和工作质量，减少或避免编制差错和人为调整因素。

（2）财务报告的对外提供。企业应当依照法律法规和国家统一的会计准则制度的规定，及时对外提供财务报告。企业财务报告编制完成后，应当装订成册，加盖公章，由企业负责人、总会计师或分管会计工作的负责人、财会部门负责人签名并盖章。

财务报告须经注册会计师审计，注册会计师及其所在的事务所出具的审计报告，应当随同财务报告一并提供。企业对外提供的财务报告应当及时整理归档，并按有关规定妥善保存。

（3）财务报告的分析利用。企业应当重视财务报告分析工作，定期召开财务分析会议，充分利用财务报告反映的综合信息，全面分析企业的经营管理状况和存在的问题，不断提高经营管理水平。企业财务分析会议应吸收有关部门负责人参加。总会计师或分管会计工作的负责人应当在财务分析和利用工作中发挥主导作用。

企业应当分析企业的资产分布、负债水平和所有者权益结构，通过资产负债率、流动比率、资产周转率等指标分析企业的偿债能力和营运能力；分析企业净资产的增减变化，了解和掌握企业规模和净资产的不断变化过程。

企业应当分析各项收入、费用的构成及其增减变动情况，通过净资产收益率、每股收益等指标，分析企业的盈利能力和发展能力，了解和掌握当期利润增减变化的原因和未来发展趋势。

企业应当分析经营活动、投资活动、筹资活动现金流量的运转情况，重点关注现金流量能否保证生产经营过程的正常运行，防止现金短缺或闲置。

企业定期的财务分析应当形成分析报告，作为内部报告的组成部分。财务分析报告结果应当及时传递给企业内部有关管理层级，充分发挥财务报告在企业生产经营管理中的重要作用。

（二）全面预算管理

为了促进企业实现发展战略，发挥全面预算管理作用，根据有关法律法规和《企业内部控制基本规范》，企业应实行全面预算管理。所谓全面预算，是指企业对一定期间经营活动、投资活动、财务活动等作出的预算安排。企业实行全面预算管理，至少应当关注下列风险：

（1）不编制预算或预算不健全，可能导致企业经营缺乏约束或盲目经营。

（2）预算目标不合理、编制不科学，可能导致企业资源浪费或发展战略难以实现。

（3）预算缺乏刚性、执行不力、考核不严，可能导致预算管理流于形式。

企业应当加强全面预算工作的组织领导，明确预算管理体制以及各预算执行单位的职责权限、授权批准程序和工作协调机制。企业应当设立预算管理委员会履行全面预算管理职责，其成员由企业负责人及内部相关部门负责人组成。预算管理委员会主要负责拟定预算目标和预算政策，制定预算管理的具体措施和办法，组织编制、平衡预算草案，下达经批准的预算，协调解决预算编制和执行中的问题，考核预算执行情况，督促完成预算目标。预算管理委员会下设预算管理工作机构，由其履行日常管理职责。预算管理工作机构一般设在财会部门。

总会计师或分管会计工作的负责人应当协助企业负责人组织、领导企业全面预算管理工作。

1.预算的编制

企业应当建立和完善预算编制工作制度，明确编制依据、编制程序、编制方法等内容，确保预算编制依据合理、程序适当、方法科学，避免预算指标过高或过低。

企业应当在预算年度开始前完成全面预算草案的编制工作。

企业应当根据发展战略和年度生产经营计划，综合考虑预算期内经济政策、市场环境等因素，按照上下结合、分级编制、逐级汇总的程序，编制年度全面预算。企业可以选择或综合运用固定预算、弹性预算、滚动预算等方法编制预算。

企业预算管理委员会应当对预算管理工作机构在综合平衡基础上提交的预算方案进行研究论证，从企业发展全局角度提出建议，形成全面预算草案，并提交董事会。

企业董事会审核全面预算草案，应当重点关注预算的科学性和可行性，确保全面预算与企业发展战略、年度生产经营计划相协调。

企业全面预算应当按照相关法律法规及企业章程的规定报经审议批准。批准后，应当以文件形式下达执行。

2.预算的执行

企业应当加强对预算执行的管理，明确预算指标分解方式、预算执行审批权限和要求、预算执行情况报告等，落实预算执行责任制，确保预算刚性，严格执行预算。

企业全面预算一经批准下达，各预算执行单位应当认真组织实施，将预算指标层层分解，从横向和纵向落实到内部各部门、各环节和各岗位，形成全方位的预算执行责任体系。企业应当以年度预算作为组织、协调各项生产经营活动的基本依据，将年度预算细分为季度、月度预算，通过实施分期预算控制，实现年度预算目标。

企业应当根据全面预算管理要求，组织各项生产经营活动和投融资活动，严格预算执行和控制。

企业应当加强资金收付业务的预算控制，及时组织资金收入，严格控制资金支付，调节资金收付平衡，防范支付风险。对于超预算或预算外的资金支付，应当实行严格的审批制度。

企业办理采购与付款、销售与收款、成本费用、工程项目、对外投融资、研究与开发、信息系统、人力资源、安全环保、资产购置与维护等业务和事项，均应符合预算要求。涉及生产过程和成本费用的，还应执行相关计划、定额、定率标准。对于工程项目、对外投融资等重大预算项目，企业应当密切跟踪其实施进度和完成情况，实行严格监控。

企业预算管理工作机构应当加强与各预算执行单位的沟通，运用财务信息和其他相关资料监控预算执行情况，采用恰当方式及时向决策机构和各预算执行单位报告、反馈预算执行进度、执行差异及其对预算目标的影响，促进企业全面预算目标的实现。

企业预算管理工作机构和各预算执行单位应当建立预算执行情况分析制度，定期召开预算执行分析会议，通报预算执行情况，研究、解决预算执行中存在的问题，提出改进措施。企业分析预算执行情况，应当充分收集有关财务、业务、市场、技术、政策、法律等方面的信息，根据不同情况分别采用比率分析、比较分析、因素分析等方法，从定量与定性两个层面充分反映预算执行单位的现状、发展趋势及潜力。

企业批准下达的预算应当保持稳定，不得随意调整。由于市场环境、国家政策或不可抗力等客观因素，导致预算执行发生重大差异确需调整预算的，应当履行严格的审批程序。

3.预算的考核

企业应当建立严格的预算执行考核制度，对各预算执行单位和个人进行考核，切实做到有奖有惩、奖惩分明。

企业预算管理委员会应当定期组织预算执行情况考核，将各预算执行单位负责人签字上报的预算执行报告和已掌握的动态监控信息进行核对，确认各执行单位预算完成情况。必要时，实行预算执行情况内部审计制度。企业预算执行情况考核工作，应当坚持公开、公平、公正的原则，考核过程及结果应有完整的记录。

（三）合同管理

为了促进企业加强合同管理，维护企业合法权益，根据《中华人民共和国民法典》等有关法律法规和《企业内部控制基本规范》，企业应进行合同管理。所谓合同，是指企业与自然人、法人及其他组织等平等主体之间设立、变更、终止民事权利义务关系的协议。企业合同管理至少应当关注下列风险：

（1）未订立合同、未经授权对外订立合同、合同对方主体资格未达要求、合同内容存在重大疏漏和欺诈，可能导致企业合法权益受到侵害。

（2）合同未全面履行或监控不当，可能导致企业诉讼失败、经济利益受损。

（3）合同纠纷处理不当，可能损害企业利益、信誉和形象。

企业应当加强合同管理，确定合同归口管理部门，明确合同拟定、审批、执行等环节的程序和要求，定期检查和评价合同管理中的薄弱环节，采取相应控制措施，促进合同有效履行，切实维护企业的合法权益。

1.合同的订立

企业对外发生经济行为，除即时结清外，应当订立书面合同。合同订立前，应当充分了解合同对方的主体资格、信用状况等有关内容，确保对方当事人具备履约能力。对于影响重大、涉及较高专业技术或法律关系复杂的合同，应当组织法律、技术、财会等专业人员参与谈判，必要时可聘请外部专家参与相关工作。谈判过程中的重要事项和参与谈判人员的主要意见，应当予以记录并妥善保存。

企业应当根据协商、谈判等的结果，拟定合同文本，按照自愿、公平原则，明确双方的权利义务和违约责任，做到条款内容完整，表述严谨准确，相关手续齐备，避免出现重大疏漏。

合同文本一般由业务承办部门起草、法律部门审核。重大合同或法律关系复杂的特殊合同应当由法律部门参与起草。国家或行业有合同示范文本的，可以优先选用，但对涉及权利义务关系的条款应当进行认真审查，并根据实际情况进行适当修改。合同文本须报经国家有关主管部门审查或备案的，应当履行相应程序。

企业应当对合同文本进行严格审核，重点关注合同的主体、内容和形式是否合法，合同内容是否符合企业的经济利益，对方当事人是否具有履约能力，合同权利和义务、违约责任和争议解决条款是否明确等。企业对影响重大或法律关系复杂的合同文本，应当组织内部相关部门进行审核。相关部门提出不同意见的，应当认真分析研究，慎重对待，并准确无误地加以记录；必要时应对合同条款作出修改。内部相关部门应当认真履行职责。

企业应当按照规定的权限和程序与对方当事人签署合同。正式对外订立的合同，应当由企业法定代表人或由其授权的代理人签名或加盖有关印章。授权签署合同的，应当签署授权委托书。属于上级管理权限的合同，下级单位不得签署。下级单位认为确有需要签署涉及上级管理权限的合同，应当提出申请，并经上级合同管理机构批准后办理。上级单位应当加强对下级单位合同订立、履行情况的监督检查。

企业应当建立合同专用章保管制度。合同经编号、审批及企业法定代表人或由其授权的代理人签署后，方可加盖合同专用章。

企业应当加强合同信息安全保密工作，未经批准，不得以任何形式泄露合同订立与履行过程中涉及的商业秘密或国家机密。

2.合同的履行

企业应当遵循诚实信用原则严格履行合同，对合同履行实施有效监控，强化对合同履行情况及效果的检查、分析和验收，确保合同全面、有效履行。

合同生效后，企业就质量、价款、履行地点等内容与合同对方没有约定或者约定不明确的，可以协议补充；不能达成补充协议的，按照国家相关法律法规、合同有关条款或者交易习惯确定。在合同履行过程中发现有显失公平、条款有误或对方有欺诈行为等情形，或因政策调整、市场变化等客观因素，已经或可能导致企业利益受损，应当按规定程序及时报告，并经双方协商一致，按照规定权限和程序办理合同变更或解除事宜。

企业应当加强合同纠纷管理，在履行合同过程中发生纠纷的，应当依据国家相关法律法规，在规定时效内与对方当事人协商并按规定权限和程序及时报告。

企业财会部门应当在合同条款审核后办理结算业务。未按合同条款履约的，或应签订书面合同而未签订的，财会部门有权拒绝付款，并及时向企业有关负责人报告。

合同管理部门应当加强合同登记管理，充分利用信息化手段，定期对合同进行统计、分类和归档，详细登记合同的订立、履行和变更等情况，实行合同的全过程封闭管理。

企业应当建立合同履行情况评估制度，至少于每年年末对合同履行的总体情况和重大合同履行的具体情况进行分析评估，对分析评估中发现的合同履行中存在的不足，应当及时加以改进。

企业应当健全合同管理考核与责任追究制度。对合同订立、履行过程中出现的违法违规行为，应当追究有关机构或人员的责任。

（四）信息系统管理

为了促进企业有效实施内部控制，提高企业现代化管理水平，减少人为因素的影响，根据有关法律法规和《企业内部控制基本规范》，企业应实施信息系统管理。所谓信息系统，是指企业利用计算机和通信技术，对内部控制进行集成、转化和提升所形成的信息化管理平台。企业利用信息系统实施内部控制至少应当关注下列风险：

（1）信息系统缺乏或规划不合理，可能造成信息孤岛或重复建设，导致企业经营管理效率低下。

（2）系统开发不符合内部控制要求，授权管理不当，可能导致无法利用信息技术实施有效控制。

（3）系统运行维护和安全措施不到位，可能导致信息泄露或毁损，系统无法正常运行。

企业应当重视信息系统在内部控制中的作用，根据内部控制要求，结合组织架构、业务范围、地域分布、技术能力等因素，制定信息系统建设整体规划，加大投入力度，有序组织信息系统开发、运行与维护，优化管理流程，防范经营风险，全面提升企业现代化管理水平。

企业应当指定专门机构对信息系统建设实施归口管理，明确相关单位的职责权限，建立有效工作机制。企业可委托专业机构从事信息系统的开发、运行和维护工作。

企业负责人对信息系统建设工作负责。

1.信息系统的开发

企业应当根据信息系统建设整体规划提出项目建设方案，明确建设目标、人员配备、职责分工、经费保障和进度安排等相关内容，按照规定的权限和程序审批后实施。

企业信息系统归口管理部门应当组织内部各单位提出开发需求和关键控制点，规范开发流程，明确系统设计、编程、安装调试、验收、上线等全过程的管理要求，严格按照建设方案、开发流程和相关要求组织开发工作。

企业开发信息系统，可以采取自行开发、外购调试、业务外包等方式。选定外购调试或业务外包方式的，应当采用公开招标等形式择优确定供应商或开发单位。

企业开发信息系统，应当将生产经营管理业务流程、关键控制点和处理规则嵌入系统程序，实现手工环境下难以实现的控制功能。企业在系统开发过程中，应当按照不同业务的控制要求，通过信息系统中的权限管理功能控制用户的操作权限，避免将不相容职责的处理权限授予同一用户。企业应当针对不同数据的输入方式，考虑对进入系统数据的检查和校验功能。对于必需的后台操作，应当加强管理，建立规范的流程制度，对操作情况进行监控或者审计。

企业应当在信息系统中设置操作日志功能，确保操作的可审计性。对异常的或者违背内部控制要求的交易和数据，应当设计由系统自动报告并设置跟踪处理机制。

企业信息系统归口管理部门应当加强信息系统开发全过程的跟踪管理，组织开发单位与内部各单位的日常沟通和协调，督促开发单位按照建设方案、计划进度和质量要求完成编程工作，对配备的硬件设备和系统软件进行检查验收，组织系统上线运行等。

企业应当组织独立于开发单位的专业机构对开发完成的信息系统进行验收测试，确保在功能、性能、控制要求和安全性等方面符合开发需求。

2.信息系统的运行与维护

企业应当加强信息系统运行与维护的管理，制定信息系统工作程序、信息管理制度以及各模块子系统的具体操作规范，及时跟踪、发现和解决系统运行中存在的问题，确保信息系统按照规定的程序、制度和操作规范持续稳定运行。

企业应当建立信息系统变更管理流程，信息系统变更应当严格遵照管理流程进行操作。信息系统操作人员不得擅自进行系统软件的删除、修改等操作；不得擅自升级、改变系统软件版本；不得擅自改变软件系统环境配置。

企业应当根据业务性质、重要性程度、涉密情况等确定信息系统的安全等级，建立不同等级信息的授权使用制度，采用相应技术手段保证信息系统运行安全有序。

企业应当建立信息系统安全保密和泄密责任追究制度。委托专业机构进行系统运行与维护管理的，应当审查该机构的资质，并与其签订服务合同和保密协议。

企业应当采取安装安全软件等措施防范信息系统受到病毒等恶意软件的感染和破坏。

企业应当建立用户管理制度，加强对重要业务系统的访问权限管理，定期审阅系统账号，避免授权不当或存在非授权账号，禁止不相容职务用户账号的交叉操作。

企业应当综合利用防火墙、路由器等网络设备，漏洞扫描、入侵检测等软件技术以及远程访问安全策略等手段，加强网络安全，防范来自网络的攻击和非法侵入。

企业对于通过网络传输的涉密或关键数据，应当采取加密措施，确保信息传递的保密性、准确性和完整性。

企业应当建立系统数据定期备份制度，明确备份范围、频度、方法、责任人、存放地点、有效性检查等内容。

企业应当加强服务器等关键信息设备的管理，建立良好的物理环境，指定专人负责检查，及时处理异常情况。未经授权，任何人不得接触关键信息设备。

二、企业内部控制的局限性

内部控制制度为企业经营管理活动符合计划与规则的要求提供了重要保证。然而，内部控制并非绝对有效，内部控制无论设计与运行得多么完善，都无法消除其本身所固有的局限性。内部控制固有的局限性主要体现在以下几个方面：

（一）成本收益制约

设置内部控制制度要受成本收益的限制。一个内部控制系统所寻求的保证水平有必要根据制度耗费的成本来决定。一般来说，控制程序的成本不能超过风险或错误可能造成的损失和浪费，否则，内部控制措施就不符合经济性。因此，没有一种内部控制是无缺的。就一个大中型企业而言，由于企业的整个生产和管理环节分工较细，因而设置健全的内部控制制度是值得的；而在一个中小型企业，则很难保证建立与大中型企业同样健全的内部控制制度在经济上是合适的。

相关链接

《萨班斯法案》的主要影响

《萨班斯法案》的颁布与实施，标志着美国证券法律从根本思想的转变：从披露转向实质性管制。

它对美国《1933 年证券法》《1934 年证券交易法》作了不少修订，在会计职业监管、公司治理、证券市场监管等方面提出了许多新的规定，对上市公司信息披露、财务会计处理的准确性、改善公司治理等重要方面提出了十分严格的要求。同时，它强化了对上市公司欺诈的刑事惩罚力度。比如，它规定对违反本法案和渎职以及做假账的企业主管将实行严厉的制裁，财务报表被证实存在违规不实之处，首席执行官将面临 10～20 年的刑期和 100 万～500 万美元的罚款，相当于美国持枪抢劫的最高刑罚。

为确保《萨班斯法案》最终实施并产生期望的效果，美国国会 2003 年给美国证券交易委员会（SEC）拨款 0.98 亿美元用于聘请 200 名雇员，专职按照联邦证券法的要求对审计师和审计服务质量进行监管。

为达到404条款的要求，上市公司需要做以下工作：

（1）制定内部控制详细目录，保证对交易进行财务记录的每一个环节都有相应的内部控制制度（如产品销售的条件、记录付款的时间和人员等），与诸如COSO委员会内部控制框架对照，确定是否足够，并指出缺陷所在。

（2）公司要记录控制措施评估方式，以及未来将被用来弥补控制缺陷的政策和流程。

（3）公司的内部审计人员要定期测试，管理层在公司年报中要发表对公司财务报告相关内部控制体系及程序有效性的书面评估。

（4）聘请独立的审计机构对公司内控系统的有效性进行鉴定和评估。

美国资本市场拥有世界上最庞大的资本流量，交投十分活跃，融资及并购活动非常频繁，但自2002年《萨班斯法案》颁布以来，因其监管严厉、程序烦琐、成本高昂令许多市场融资者望而生畏，高昂的执行成本遭致退市或者被迫取消在美上市计划的公司的强烈不满，美国资本市场受到了空前考验。

调查显示：404条款遵循的第一年，遵循成本达到436万美元，仅支付给外部审计师的费用就上升了58%，而预算外的增长，比如咨询、软件和其他供应商的成本增加了66%。其中，通用电气公司称《萨班斯法案》致使它在执行内部控制规定上花费了3000万美元。

此外，有批评人士指出，除了可用数字衡量的直接成本外，《萨班斯法案》还会给企业带来间接成本——管理层因害怕承担风险而放弃极好的投资机会，影响了国外企业在美国的上市热情。

资料来源 李侠. 萨班斯法案的成本收益分析——国外研究进展［J］. 时代经贸，2015（26）.

（二）串通舞弊

不相容职务的恰当分离可以为避免单独的一人从事和隐瞒不合规行为提供一定的保证。但是，两名或更多的人员合伙可以逃避这种控制。比如，出纳人员和会计人员合伙舞弊、财产保管人员和财产核对人员合伙造假等，对此，再好的控制措施也无能为力。内部控制可能因为有关人员相互勾结、内外串通而失效。

║║相关链接

大疆创新的内部腐败案

深圳市大疆创新科技有限公司（简称大疆创新）于2006年由香港科技大学毕业生汪滔等人创立，是全球领先的无人飞行器控制系统及无人机解决方案的研发和生产商，客户遍布全球100多个国家。通过持续的创新，大疆创新致力于为无人机工业、行业用户以及专业航拍应用提供性能最强、体验最佳的智能飞控产品和解决方案。然而，这只朝气蓬勃的无人机独角兽，在2019年1月18日的内部反腐公告中称，公司内部贪腐预计导致损失10亿元。年初发布的内部公告显示，大疆创新近期处理多名涉嫌贪腐、舞弊的人员，并披露2018年由于供应链贪腐造成平均采购价格超过合理水平20%，造成超过10亿元人民币的损失，这一数字是2017年所有年终福利的2倍以上。大疆创新员工总数大约为1.4万人，一次反腐就揪出百人，这只独角兽内部的腐败问题相当惊人。

资料来源　陈位，贺海腾．大疆创新：企业内部腐败与审计治理［J］．企业管理，2019（4）．

（三）人为错误

内部控制发挥作用的关键在于执行人员准确的操作。然而，人们在执行控制职责时不可能始终正确无误。执行控制人员的生理和心理因素都会影响内部控制系统正常功能的发挥。如果内部控制执行者情绪和健康状况不佳，执行人员粗心大意、精力分散、身体不适、理解错误、判断失误、曲解指令等都会造成控制的失效。比如，发票金额计算的错误未被发现、发货时未索要提货单、签发支票时未审查支付用途等。

（四）管理越权

管理越权一般表现为挪用或者错误陈述。挪用主要指资产的违规转移和隐瞒。对于低层次的人员对资产的挪用可以通过文件凭证、限制接近和职责分离等措施来防止。然而，高层管理人员一旦越权挪用，任何内部控制程序都难以防止。错误陈述主要指管理部门或主要管理者极力弄虚作假，故意错报财务状况和经营成果等。当企业出现政企不分，行政干预导致公司董事会、监事会等法人治理结构形同虚设，丧失控制职能时，这类错误陈述也就无法防止。我国长期以来主管部门的行政干预常常导致错误陈述行为的发生，不少企业发生的重大舞弊和财务会计报告失真等情况即由管理越权所造成。

▌▌▌相关链接

马钢多名高管涉贪污受贿被起诉

人民网合肥电（2015年6月23日），安徽省人民检察院发布消息，马钢（集团）控股有限公司（以下简称马钢）原总经理助理赵志群、马钢股份公司能环部原副经理汪保平涉贪污受贿被起诉。

经安徽省人民检察院指定，6月19日，安庆市人民检察院以受贿罪、贪污罪对汪保平提起公诉。据指控，汪保平利用职务之便，为他人谋取利益，多次非法收受财物213万余元；单独或伙同他人贪污公款2481万余元，汪保平本人实得575万余元。

此前的6月19日下午，安徽省人民检察院发布消息称，安庆市人民检察院以涉嫌贪污罪对马钢纪委副书记、监察审计部部长杨俊国（正处级）立案侦查。马钢原副总经理施雄梁一审获刑11年6个月，马钢原财务科长李新受贿2660万余元被判刑11年。

看来，国企高管本身不执行企业的规章制度，管理越权，贪污受贿时有发生，因此，加强对国企高管的法治教育及监管十分重要与迫切。

资料来源　苗子健，韩震震．马钢两正处级高管涉贪污受贿被起诉，一人贪污公款575万元［EB/OL］．［2015-06-23］．http://news.163.com/15/0623/16/ASQBGGGD00014JB6.html.

（五）经济活动的不断变化

企业原有的内部控制一般都是为那些重复发生的业务类型而设计的，这些控制措施对于不正常或未能预料到的业务类型的控制则无能为力。内部控制可能因为经营环境、业务性质的改变而削弱或失效。企业针对经常变化的环境势必要经常调整经营策略，这就会导致原有的控制程序对新增的业务内容失去控制作用，在变化过程中可能会发生差错或不合规行为。即使环境不变，一旦内部控制系统发生变化，同样也会发生类似的问题。

第四节　内部控制建立的原则

原则通常是指观察问题、解决问题的准绳。内部控制原则则是指对建立和设计内部控制制度具有指导性的法则和标准。内部控制原则回答为实现控制目标应当如何科学地建立和设计内部控制制度的问题。没有正确的原则指导，就不可能设计出科学的内部控制制度。有效的内部控制制度通常应遵循以下一些原则：

一、合规与合法性原则

合规与合法性原则是指建立的内部控制制度应当遵循国家有关财经法律法规的规定，保证每一项经济业务活动能够在合规、合法的状态下开展。国家法律法规体现了广大人民群众的根本利益，对企业生产经营活动等起着强制性或指导性作用。因此，内部控制制度必须符合法律法规要求。比如，对货币资金控制，应当保证货币资金符合国家有关货币资金管理制度、结算纪律和账户管理规定；对产品控制，应当保证生产销售的产品符合质量标准要求，不得以次充好甚至生产劣质产品；对会计凭证控制，应当保证会计凭证都经过会计部门认真审核，对不符合法规要求的经济业务进行揭露与制止等。企业应在首先满足合规、合法性原则的前提下，根据实际情况和业务特点制定符合企业自身管理要求的内部控制制度，这是建立内部控制制度的先决条件。

二、目标性原则

目标性原则指内部控制制度必须依据企业总目标以及有关具体目标来确定经营活动应采取的方式、方法、措施和应当遵循的程序。控制的目的是实现目标，目标是控制活动的起点与归宿，明确的控制目标有助于实际操作和考核检查。所以，在进行控制活动时，要善于在特定的时期和条件下，去发现违背计划与规则要求的偏差作为控制的具体目标。

三、全面控制原则

全面控制原则的含义有二：一是全过程控制，即对企业整个经营管理活动过程进行全面的控制，包括企业管理部门用来授权与指导、进行购货、生产等经营管理活动的各种方式方法，也包括核算、审核、分析各种信息及进行报告的程序与步骤等。因此，企业应针对人、财、物、信息等要素及各个业务活动领域制定全面的控制制度。二是全员控制，即对企业全体员工进行控制。企业每一个成员既是施控主体，又是受控客体，保证每一位员工——从高层管理人员到基层执行操作人员都受到相应的控制。贯彻全面性原则可以保证企业生产经营活动有序进行。全面控制原则是建立内部控制制度的重要基本原则之一，实际工作中常常出现仅仅因为一个细节的疏忽而导致企业整个经营活动失败的例子。

四、相互制约原则

相互制约原则指凡是办理具有固定风险的经济业务事项涉及的不相容职务都应该严格加以分离，不得由一个人或一个部门包办到底。所谓固定风险又叫原发性风险，即在缺少内部控制制度的情况下经济业务事项本身客观上存在发生错弊的可能性，对此如不加以控制就会导致错弊的发生。所谓不相容职务是指集中于一人办理，既容易发生错弊同时又能够自行加以掩盖的两项或几项职务。凡属于具有固定风险的经济事项涉及的不相容职务，如不予以分离而由一个人或一个部门独断行事，就等于没有任何控制。所以，相互制约原则是建立内部控制制度应当遵循的又一个重要的基本原则。

▌▌▌相关链接

世通的破产案

世界通信公司（简称世通）曾是美国第二大电信公司，在美国《财富》杂志评选出的世界500强中曾排名前100位。然而就在2002年，世通被发现利用把营运性开支核算为资本性开支等弄虚作假的方法，在1998—2002年期间，虚报利润110亿美元。事发之后，世通的股价从最高时的96美元暴跌至90美分。世通于2002年年末申请破产保护令，世通的四名主管（包括公司的CEO和CFO）承认串谋讹诈，被联邦法院刑事起诉。美国证券交易委员会和法院在调查中发现：世通的董事会持续赋予公司的CEO绝对的权力，让他一人独揽大权，而CEO却缺乏足够的经验和能力领导世通。

美国证券交易委员会的调查报告指出：世通并非制衡机制薄弱，而是完全没有制衡机制。世通的董事会并没有担负起监督管理层的责任，该公司的审计委员会每年召开会议仅花3~5小时，会议记录草草了事，每年只审阅内审部门的最终审计报告或报告摘要，多年来从未对内审计划提出任何修改建议。由于世通为公司的高级管理层提供的丰厚薪酬和奖金，远多于他们对公司的贡献，这使得他们形成了一个拥有既得利益的小圈子。这种恶性循环，最终导致了世通的倒闭。

2006年1月，世通被Verizon以76亿美元收购，重组成为其属下的事业部门。目前公司已更名为MCI有限公司，总部位于弗吉尼亚州。重组后的公司负债57亿美金，拥有资金60亿美元，这60亿美元中的一半将用于赡后诉讼及清算。破产前公司的债券以1美元兑35.7美分获偿，而股票投资者则血本无归。许多小债主苦等两年多也没有收回自己的本钱，其中包括许多前公司雇员。

公司首席执行官Bernard Ebbers被判犯有欺诈、共谋、伪造罪，获刑25年。该公司其他涉案人员亦被裁定有罪。

资料来源　霖皙. 世通公司的破产案［EB/OL］.［2016-05-27］. https://zhidao.baidu.com/question/1577758001997937380.html.

五、适用性原则

适用性原则指制定的内部控制制度应当适合具体企业的应用。由于企业在性质、行业、规模、组织形式和内部管理体制及管理要求等方面往往存在差异，这就构成了各个企业不同的特点。所以企业应当根据各自的实际情况，根据企业中人与人、人与物、部门与部门、领导与职工之间交往的特点恰当地设置适用的控制措施、手段和程序等，才能发挥其应有的控制作用，满足管理的需要。

六、有效性原则

有效性原则的含义有二：一是企业的各项控制手段和方法在实施过程中应当具有明显的预防作用。内部控制本身既是预防性控制的一个组成部分，又是确保其他预防性控制实现的进一步控制。二是企业应定期检查内部控制制度的执行情况，对出现的违法、违规现象及时加以处理，并有针对性地采取相应的完善措施。

七、成本收益原则

成本收益原则指设置内部控制制度的成本应该低于制度带来的预期收益。内部控制制度设置过程中应树立成本收益观念，避免控制制度的烦琐与复杂。那种不顾企业实际，过分强调所谓的"严密"要求而设计出十分庞杂的控制制度的做法，不但浪费企业的人力、物力与财力，也会导致职工产生厌烦情绪，影响职工工作积极性。贯彻这一原则应注意：当一些业务通过不断增加控制点来达到较高的控制程序时，就应当注意考虑采用多少控制点才能够使控制收益减去控制成本的值最大化；而当控制收益难以确定时则应当考虑在满足既定控制目标的前提下如何使制度控制的成本达到最小化。

第五节　企业内部控制的理论基础

内部控制从产生至今，在世界各国无论政府、企事业单位、手工操作的会计单位、电子计算机系统操作会计的单位，还是其他业务领域，均有广泛的应用价值，因为它具有科学的理论依据。它是在控制论、信息论和系统论的理论基础上建立起来的，并依据经济控制的基本方式进行的一种科学合理的管理工具。

一、控制论

控制论是20世纪40年代出现的一门新型的综合学科，它的创始人是美国学者维纳，其代表作是1948年出版的《控制论》及1950年出版的《人有人的用处》。控制论是一门研究由各种耦合元素组成的系统调节和控制的一般规律的科学。所谓耦合，是指两个或两个以上的体系或运动形式之间，通过各种相互作用而彼此影响以至联合起来的现象。由于生物体、社会系统、经济系统及思维领域等都是由耦合元素组成的，因此应用于技术自动调节和控制的理论方法，在某种情况下也适用于研究社会经济过程。

用当代控制论的方法分析研究经济过程的学科称为经济控制论。经济控制论的目的是研究系统和经济过程如何发挥其功能，如何控制经济过程。经济控制论要求以信息的控制观点来系统地分析整个经济领域，并以此为基础进行定量描述。它要求以系统和动态的观点、结构和功能的观点、行动和目标的观点、信息和控制的观点来观察分析问题。

内部控制是以控制论和经济控制论的科学方法分析研究每个具体组织的内部经营管理过程，研究每个单位如何发挥管理功能，如何对管理过程进行有效的调节和控制。内部控制的建立和实施主要依据以下理论和方法：

（1）自检系统。控制论是一门研究耦合运行系统控制和管理的科学。只要是耦合运行系统都存在相似性，控制论研究所有系统的一般规律和原理。任何单位以及单位内的管理过程，不仅经济过程具有同构性，而且与生物系统、技术系统同样具有同构性。它同样是由依靠因果关系链联结在一起的因素的集合，而各元素之间同样存在着耦合关系。无论是政府机关，还是企事业单位；无论是经济管理过程，还是行政管理过程；无论采用手工操作，还是运用电子计算机系统，它们都是具有同构性的耦合运行系统，生物的自我调节原理和技术设备的自动调节原理对它们同样适用。由此推导出的结论是：在任何单位建立自我检验、自我控制的机制都是可行的，而且内部控制的理论和方法适用于不同性质的单位和不同性质的过程，就是说，任何单位在任何过程中都可以建立与实施自检系统。内部控制正是根据同构性系统均适用自动控制的原理而建立起来的。

（2）调节与控制。控制系统是一个有组织的系统，它根据内外部的种种变化进行调整，不断克服系统的不确定性，使系统保持某种特定的状态。"控制"也可以说是一种联系或调节，其目的在于保证系统在变化着的外部条件下完成某种目标。因此，目标是控制的前提，没有目标，就谈不上控制。经济活动，特别是生产活动，是目的性极强的人类社会最基本的活动。任何社会组织、经济组织均是有明确目标的组织，对其实施控制以克服随机因素，保证预期目标的实现是完全必要的。控制论的创始人维纳认为，一个闭合系统，总是存在着组织程度降低的自然趋势，即孤立系统具有熵增加的趋势。熵是组织解体的量度。为了使系统能稳定地保持或达到所需的状态，必须对系统施加一定的作用，同系统组织性降低的自然趋势（即熵增加的趋势）进行"斗争"，以克服系统的基础不稳定性，这种作用可称之为控制作用。

控制的目的表现为两个方面：一是保持系统的原有状态，如果偏离，就要使其复原；二是引导系统的状态变为一种新的预期状态。这两个目的有两层含义：系统在行动前，在确定的方向中含有目的；在行动中，正趋近的方向中也含有目的。目的在这种定向行为的控制过程中具体地表现为目标。内部控制的根本目的就是要支持组织既定目标的实现，而目标在实际执行中由于各种因素的影响总会出现偏差，要消除偏差，就必须进行调节。内部控制的总体调节方式采用闭环控制，而对待很多具体因素的调节方式采用开环控制和预防控制。

从控制论的观点看，控制就是按照一定的条件和预定目标，对一个过程或系统施加影响，使其按照预定的轨道运行，并达到预期目标的一种有组织的行动。通常，人们可以通过一定的手段和方法对客观事物的发展方向进行调节，使其沿着预定的轨道前进。控制的方法主要有"黑箱"控制法、反馈控制法、前馈性控制法、保护控制法和优化控制法。

二、信息论

信息论产生于20世纪40年代末，它的主要创立者是美国的数学家申农（G.E. Shannon）和控制论的创始人维纳。最初，信息论仅局限于通信领域，是一门应用概率论和数量统计方法研究信息处理和信息传递的科学。它的基本内容是研究信源、信箱、信道及编码问题。后来，信息论作为控制论的基础，它研究的是通信和控制系统中普遍存在的信息传递的共同规律，同时研究如何提高信息传输系统的有效性和可靠性的通信理论。随着现代科学的综合化、整体化趋势，信息概念及其方法远远超出通信领域，已经推广和应用于其他学科，如生物学、医学、仿生学、语言学、管理科学等，从而使局限于通信领域的信息理论，发展成广义信息论——信息科学。

信息既不是物质，也不是能量，信息就是信息。目前，信息与物质、能量被并列为客观世界的三大要素，是维持社会活动、经济活动、生产活动的重要资源之一，在人类认识世界、改造世界的活动中发挥越来越重要的作用。信息之所以有如此巨大的作用，是与其特征分不开的。

信息具有客观性，信息是客观事物运动状态和变化规律的反映，是不以人的意志为转移的客观存在。信息具有价值性，它以无形的力量服务于社会，成为人类社会不可缺少的重要资源。信息的使用价值具有多样性和相对性。客观事物不断发展变化，使反映其变化规律的信息源源不断地产生。信息活动是动态的，信息是有时效性的。因此，信息一经产生，就应加快信息的传输，减少信息的滞留时间。信息具有共享性，即指信息的共用性。信息具有延续性和继承性，它可以一代一代地被记忆、传递下去，服务于人类。

信息在内部控制中的作用在于：

（1）信息是现代管理的基础。现代化管理的一个重要特点是管理过程控制化。控制和信息是不可分的，任何信息的传递和处理都是为了控制；任何控制都要凭借信息。管理就是控制，管理活动实际是过程控制和信息管理的统一。因此，信息既是现代社会的主要资源，也是现代管理的基础。

现代化的管理组织是一个复杂的大系统。在整个系统的管理活动中存在两种"流"：一种是人力、物力、财力等的物质流；另一种是随之产生的大量数据、资料、指标、图纸、报表等信息流。前一种流是管理活动的主体流程，后一种流则是前一种流的表现或描述。这两种流的交互作用，就构成了实际的管理活动。为使管理活动取得最优效果，就必须对人流、物流、财流加以科学的计划、组织和调节，使其按照一定的规律运动，使信息流畅通。信息流调节着人流、物流、财流的数量、质量、方向和速度。信息流的任何阻塞都会造成人流、物流、财流的紊乱和中断，管理活动就要停顿或遭到破坏，管理目标难以实现。所以，信息既是管理组织的中枢神经，又是现代管理的重要资源。现代管理中首要的是对信息进行有效的管理。

（2）管理信息系统是管理系统正常运行的必要条件。任何一个管理系统都是由三个要素构成的，即管理对象、管理机构和联系两者内外部关系的信息系统。这三个要素之间的有机联系，被人们形象地比喻为管理系统的实体、大脑和神经中枢，其中每一条信息流可视为神经脉络。由此可见，在任何管理条件下，信息系统都是管理系统的一个重要组成部分。

管理信息系统是服务于管理的信息处理系统。它是管理系统为了使自身最佳运转，达到满意的目标而建立的信息收集、处理、传输和反馈的综合系统。其特点在于系统输入的是管理信息，输出也是管理所需要的信息。按其处理的手段不同，管理信息系统可分为手工系统、机械处理系统、电子计算机化的信息处理系统。不管哪一类管理信息系统，都是管理系统的一个子系统。

管理行为可以分为信息行为和决策行为，管理信息系统是为支持决策系统而存在的。建立完备的管理信息系统是管理系统得以正常运行的必要条件。没有完善的管理信息系统或管理信息系统不能正常地运转，管理系统就无法得到必要的、足够的管理信息，管理活动就难以正常进行。管理信息系统的基本功能是产生并向有关管理部门提供决策和控制的信息。它的具体任务是根据使用者的需要，对数据进行收集、加工、存储和检索，对信息传输进行筹划，然后将信息提供给使用者，作为决策的依据。

（3）信息是决策的基础。从信息论的观点看，决策是获得信息、加工信息、作出判断的过程。正确的决策取决于多种因素，如决策体制、决策方法、领导者的经验、能力和领导艺术等，但决定性的因素是对客观实际和未来及其后果的正确判断。而正确的判断又取决于掌握全面的、及时的、准确的信息，信息不充分，决策就失去了根本的依据，信息闭塞可能导致决策失误。尤其是科技飞速发展、日新月异的时代，要实现正确的决策，必须拥有大量的信息。信息是发现问题、确定目标的凭借，是制订和选择方案的依据，是决策实施和控制的手段。

现代企业的内部控制系统不仅是一个控制系统，同时也是一个信息系统。在企业的经营过程中，存在着各种各样的信息，必须把这些信息及时地在企业内部各部门之间相互沟通，才能做到信息资源共享，以提高经济管理水平。从控制论的角度看，管理过程是一个控制系统；从信息论的角度看，控制过程实质上就是一个信息系统的运行过程，即通过信息流去指导物流和资金流。内部控制信息的运行过程如下：一是收集原始信息，这是基础，原始信息不真实，整个信息系统就会乱；二是筛选，即对收集到的信息进行取舍，留下相关的信息，舍弃不相关的信息；三是加工信息，使其成为符合内部控制要求的有用信息；四是传输信息，要及时把信息传输出去，必要时要把信息存储下来，并建立信息反馈组织，及时把各方面的信息反馈回来，必要时再把指令性信息传输出去，以指导物流和资金流按照预定目标运行，以达到控制的目的。

从信息论的观点看，会计系统是提供资金运动状况即资金流的信息系统。会计系统的输入表现为各种用货币表示的数据，输出表现为财务信息。会计系统提供的信息用于管理部门监督和控制企业经营活动的合法性、效益性和稳健性。信息是控制的依据和基础，控制离不开信息的交换和反馈，没有信息，控制就失去依据。而信息的真实性和及时性，又决定了控制的有效性。

三、系统论

系统论的主要创立者是美籍奥地利生物学家贝塔朗菲（L.V.Bertalanffy），他于1945年发表了题为《关于一般系统论》的论文，宣告了这门学科的诞生。经过几十年的发展和完善，系统论已经蜚声世界，并在现代科学技术群中独树一帜。它不仅在自然科学和社会科学等领域结出了累累硕果，而且给人类带来了新的思想观念，并引起了管理方式的巨大变化。

系统论的创立者贝塔朗菲把系统确定为："处于一定的相互关系中并与环境发生联系的各组成部分（要素）的总体（集合）。"从这个定义可以看出，一个具体的系统必须具备三个条件：一是系统必须由两个以上的要素（元素、部分或环节）组成；二是系统的要素和要素、要素与整体、整体与环境之间相互作用和相互联系；三是系统整体具有确定的功能。这三个条件缺一不可，否则就不能构成一个具体的系统。

系统思维要点是层次及自顶向下的思想方法。人们对一个系统的认识包括两个方面：一方面了解其各部分（或元素）的属性或情况；另一方面了解其各部分（或元素）之间的关系或联系。这两方面都是不可缺少的。相对来说，前者是局部的问题，后者是全局的问题；前者是较低层次应予以考虑的问题，后者是当前层次面临的问题。在一定条件下，前者应该而且可以看作"黑箱"，只抓住其输入与输出，而把其内部的细节留待以后或其他人员去解决，以便集中力量解决当前层次的问题。由于客观系统的层次关系是很复杂的，研究者应善于分清层次，主动地控制认识过程。

根据系统论的观点，可以把现代企业看成一个由相互联系、相互依存的若干个要素组成的系统。而内部控制是企业管理这个大系统中的一个子系统，即企业管理中专门发挥控制职能的子系统。一般来说，凡是由两个或两个以上要素组成并具有一定结构和功能的整体都可看成一个系统，内部控制也不例外。内部控制作为一个系统主要具有以下特点：

（1）整体性。内部控制系统是一个不可分割的整体，作为一个整体的控制系统，在管理中的功能将比各个组成要素的功能的总和大得多。因此，建立内部控制系统要注意发挥它的整体功能，树立整体观念，局部利益要服从整体利益，一切要为整体目标的实现而努力。

（2）相关性。内部控制系统内各个要素为相互依存、相互制约的关系。建立内部控制系统必须注意其内部各个要素之间的相互联系，既要密切配合，防止相互脱节，又要相互制约。

（3）目的性。任何系统的建立都是为了达到一定目的。企业建立内部控制系统的目的就是稳健经营、消除隐患、实现预期的利润目标。

（4）层次性。系统都具有一定的层次结构，以便更好地发挥系统的功能。企业建立内部控制系统，就要很好地研究系统的层次和结构如何设置，以最有利于系统目标的实现。

（5）环境适应性。任何系统都处在一定的外界环境之中，外界环境的变化对系统有很大影响。能经常同外界环境保持最佳适应状态的系统是理想的系统，不能适应外界环境变化的系统是没有生命力的。

（6）动态性。一切事物都在不断运动之中，内部控制系统也是在不断改进和发展中逐步趋向完善的。

第六节　案例与思考

案例一　安然事件

1.案例简介

安然1985年由美国休斯敦天然气公司和北方内陆天然气公司合并而成，公司总部设在美国得克萨斯州的休斯敦，首任董事长兼首席执行官为肯尼斯·雷，他既是安然的主要创立者，也是创造安然神话并在后来导致危机的关键人物。从1990年到2000年的10年间，安然的销售收入从59亿美元上升到1 008亿美元，净利润从2.02亿美元上升到9.79亿美元，其股票成为众多证券评级机构的推荐对象和众多投资者的追捧对象。2000年8月，安然股票攀升至历史最高水平，每股高达90.56美元，同年，安然名列《财富》杂志"美国500强"中的第七位，它一直是美国乃至世界最大的能源交易商。在最辉煌的年代，安然掌控着美国20%的电能、天然气交易。安然不仅是天然气、电力行业的巨擘，而且还是涉足电信、投资、纸业、木材和保险业的大户。

在破产前，安然营运业务覆盖全球40个国家和地区，共有雇员2.1万人，资产总额高达620亿美元；安然一直鼓吹自己是"全球领先企业"，业务包括能源批发与零售、宽带、能源运输以及金融交易，连续四年获得"美国最具创新精神的公司"称号。

然而，这个能源帝国的倒塌却源于一位投资者吉姆·切欧斯的质疑。2001年，吉姆·切欧斯公开对安然的盈利模式表示了怀疑。他指出，虽然安然的业务看起来很辉煌，但实际上赚不到什么钱，也没有人能够说清安然是怎么赚钱的。切欧斯还注意到有些文件涉及了安然背后的合伙公司，这些公司和安然有着说不清的幕后交易，而安然的首席执行官却一直在抛出手中的安然股票，同时不断宣称安然的股票会从当时的70美元左右升至126美元。但是按照美国法律规定，公司董事会成员如果没有离开董事会，就不能抛出手中持有的公司股票。到了2001年8月中旬，人们对于安然的疑问越来越多，并最终导致其股价下跌。

安然破产时间表：

8月9日，安然股价已经从年初的80美元左右跌到了42美元。

10月16日，安然发表2001年第二季度财报，宣布公司亏损总额达到6.18亿美元，即每股亏损1.11美元。同时首次透露因首席财务官安德鲁·法斯托与合伙公司经营不当，使公司股东资产缩水12亿美元。

10月22日，美国证券交易委员会开始关注安然，要求公司自动提交某些交易的细节内容，并最终于10月31日开始对安然及其合伙公司进行正式调查。

11月1日，安然抵押了公司部分资产，获得J.P.摩根和所罗门史密斯巴尼的10亿美元信贷额度担保，但美林和标准普尔公司仍然再次调低了对安然的评级。

11月8日，安然被迫承认做了假账，虚报数字让人瞠目结舌。自1997年以来，安然虚报盈利共计近6亿美元。

11月9日，迪诺基公司宣布准备用80亿美元收购安然，并承担其130亿美元的债务。当天午盘安然的股价下挫0.16美元。

11月28日，标准普尔将安然债务评级调低至"垃圾债券"级。

11月30日，安然股价跌至0.26美元，市值由峰值时的800亿美元跌至2亿美元。

12月2日，安然正式向破产法院申请破产保护，破产清单中所列资产高达498亿美元，成为美国历史上最大的破产企业。当天，安然还向法院提出诉讼，声称迪诺基中止对其合并不合规定，要求赔偿。

安然事件就像多米诺骨牌一样，引起了一系列企业倒闭的连锁反应。安然破产后，一批有影响的企业舞弊案相继暴露出来，IBM、思科、施乐、J.P.摩根、大通银行等大企业也传出存在财务违规行为。自2001年12月2日安然申请破产后，美国又有几家大企业宣布申请破产保护：2002年1月22日，美国第二大零售商凯马特因资不抵债而申请破产保护，该公司资产总额达170亿美元；2002年1月28日，美国环球电信公司由于债台高筑，向纽约破产法院申请破产保护，该公司在破产申请文件中列出的资产为224亿美元；2002年6月25日，全美第六大有线电视公司Adelphia宣布，该公司及其200余家子公司已在纽约申请了破产保护；2002年7月21日，美国第二大长途电话公司世界通信公司宣布申请破产保护，从而以1 070多亿美元的资产超越安然，创造了美国最新的破产案纪录。

根据美国参议院成立的调查委员会提供的报告分析，导致安然董事会失灵和公司破产的原因有六个方面：受托责任的失败；高风险会计政策；利益冲突；大量未披露的公司表外经营活动；行政人员的高报酬计划；董事会缺乏独立性。

资料来源　浜尚亮. 财务欺诈之安然事件［EB/OL］.［2016-04-15］. http：//news.cpd.com.cn/n19016/n47141/c32775578/content.html.

2.案例思考

查阅相关背景资料，从COSO框架的五要素的角度分析安然破产的原因。

案例二　《萨班斯法案》及美国证券交易委员会对内部控制的要求

美国企业界普遍认为，《萨班斯法案》是自20世纪30年美国首次代通过证券法案以来，对美国商界和会计界影响最为巨大的一项立法。《萨班斯法案》完善了现行美国法规在处理虚假财务报表、虚假财务审计，销毁财务证据等方面的规定。

1.《萨班斯法案》的主要条款

《萨班斯法案》共11章，其中第1~7章主要涉及对会计职业及公司行为的监管，第8~11章主要涉及如何界定和追究公司白领犯罪的刑事责任，主要包括以下内容：

1）成立监察委员会，加强监管

《萨班斯法案》要求成立独立的公众公司会计监察委员会（以下简称PCAOB），负责监管执行公众公司审计的会计师事务所及注册会计师。该法案规定：

（1）PCAOB拥有注册、检查、调查和处罚权限，保持独立运作，自主制定预算和进行人员管理，不应作为美国政府的部门或机构，遵从《哥伦比亚非营利公司法》，其成员、雇员及所属机构不应视为联邦政府的官员、职员或机构。

（2）授权美国证券交易委员会（SEC）对PCAOB实施监督。PCAOB由5名专职委员组成，由SEC与美国财政部长和联邦储备委员会主席商议任命，任期5年。5名委员应熟悉财务知识，其中可以有2名是（或曾经是）执业注册会计师，其余3名必须是代表公众利益的非会计专业人士。

（3）要求执行或参与公众公司审计的会计师事务所须向PCAOB注册登记。PCAOB将向登记会计师事务所收取"注册费"和"年费"，以满足其运转的经费需要。

（4）PCAOB有权制定或采纳有关会计师职业团体建议的审计与相关鉴证准则、质量控制准则以及职业道德准则等。PCAOB如认为适合，将与指定的、由会计专家组成的、负责制定准则或提供咨询意见的专家团体保持密切合作，有权对这些团体建议的准则进行补充、修改、废除或否决。PCAOB须就准则制定情况每年向SEC提交年度报告。

（5）根据《1934年证券交易法》和修订的《1933年证券法》有关要求，授权SEC对会计准则制定机构的审计原则是否达到"一般公认"的目标进行认定。会计准则制定机构必须符合如下要求：第一，应为民间机构；第二，由某个理事会（或类似机构）管理，该理事会多数成员在过去两年内未在任何会计师事务所任职；第三，经费获取方式与PCAOB相似；第四，通过多数票的方式确认审计原则及时反映新的会计问题和商业实务；第五，制定准则时考虑准则适应商业环境的变动性，以及高质量会计准则国际趋同的必要性或适当性。此外，该法案还要求SEC就美国财务报告系统如何采用以原则为基础的会计准则问题进行研究，并在一年内向国会提交研究报告。

（6）PCAOB对公众公司审计客户超过100户的会计师事务所，要进行年度质量检查，其他事务所每三年检查一次。PCAOB和SEC可随时对会计师事务所进行特别检查。

（7）PCAOB有权调查、处罚和制裁违反该法案、相关证券法规以及专业准则的会计师事务所和个人。PCAOB的处罚程序要受SEC监督，SEC可以加重、减轻其作出的处罚，也可以修改或取消其处罚决定。PCAOB对会计师事务所和个人进行处罚和制裁的形式包括：临时或永久吊销注册；临时或永久禁止个人在会计师事务所执业；临时或永久限制会计师事务所或个人的执业活动、职能等；对于故意、明知故犯、不计后果的行为或者屡犯的过失行为，可对自然人处以75万美元以下的罚款，对单位处以1 500万美元以下的罚款；对于过失行为，自然人罚款不超过10万美元，单位罚款不超过200万美元；谴责；强制要求参加附加的专业培训和教育；其他处罚形式。

（8）审计美国公司（包括审计美国公司的国外子公司）的外国会计师事务所也必须向PCAOB登记。

2）要求加强注册会计师的独立性

（1）修改《1934年证券交易法》，会计师事务所不得为审计客户提供列入禁止清单的非审计服务，未明确列入禁止清单的非审计服务也要经过公司审计委员会的事先批准。被禁止的非审计服务包括：簿记服务以及为审计客户提供的与会计记录或财务报表相关的其他服务、财务信息系统设计与实施、评估或估价服务、精算服务、内部审计外包服务、管理职能或人力资源服务、经纪人以及投资顾问或投资银行服务、法律服务以及与审计无关的专家服务、公众公司监察委员会根据有关规则认为不可提供的其他服务。

（2）审计合伙人和复核合伙人每5年必须轮换，规定了注册会计师需向公司审计委员会报告的事项。

（3）如果公司首席执行官、财务总监、首席会计官等高级管理者在前一年内曾在会计师事务所任职，该事务所则被禁止为这家公司提供法定审计服务。

　　另外，责成各州监管机构自行决定 PCAOB 的独立性标准是否适用于未在该委员会登记的中小会计师事务所。

　　3）要求加大公司的财务报告责任

　　（1）要求公司的审计委员会负责选择和监督会计师事务所，并决定会计师事务所的付费标准。

　　（2）要求公司首席执行官和财务总监对呈报给 SEC 的财务报告"完全符合证券交易法，以及在所有重大方面公允地反映了财务状况和经营成果"予以保证。对违反证券法规而重编会计报表后发放的薪酬和红利应予退回。

　　（3）公司财务报告必须反映会计师事务所作出的所有重大调整，年报和季报要披露重大表外交易，以及与未合并实体之间发生的对现在或将来财务状况具有重大影响的其他关系。

　　（4）SEC 有权对违反证券法规者担任公司的董事或管理人员采取禁入措施。

　　（5）强制要求公司高级财务人员遵循职业道德规则。

　　（6）禁止公司给高层管理者或董事贷款，并要求公司管理层在买卖公司股票后立即告知 SEC。

　　4）要求强化财务披露义务

　　（1）公众公司应进行实时披露，即要求及时披露导致公司经营和财务状况发生重大变化的信息。

　　（2）由 SEC 制定规则，要求公众公司披露对公司财务状况具有重大影响的所有重要的表外交易和关系，且不以误导方式编制模拟财务信息。由 SEC 负责对特殊目的实体等表外交易的披露进行研究，提出建议并向国会报告。

　　（3）主要股东或高级管理者披露股权变更或证券转换协议的强制期间由原来的 10 个工作日减少为两个工作日。

　　（4）由 SEC 制定规则，强制要求公众公司年度报告中应包含内部控制报告及其评价，并要求会计师事务所对公司管理层作出的评价出具鉴证报告。

　　（5）由 SEC 制定规则，强制要求公司审计委员会至少应有一名财务专家，并且要予以披露。

　　5）加重了违法行为的处罚措施

　　（1）故意进行证券欺诈的犯罪最高可判处 25 年入狱。对犯有欺诈罪的个人和公司的罚金最高分别可达 500 万美元和 2 500 万美元。

　　（2）故意破坏或捏造文件以阻止、妨碍或影响联邦调查的行为将视为严重犯罪，将处以罚款或判处 20 年入狱，或予以并罚。

　　（3）执行证券发行的会计师事务所的审计和复核工作底稿至少应保存 5 年。任何故意违反此项规定的行为，将予以罚款或判处 20 年入狱，或予以并罚。

　　（4）公司首席执行官和财务总监必须对报送给 SEC 的财务报告的合法性和公允表达进行保证。违反此项规定，将处以 50 万美元以下的罚款，或判处入狱 5 年。

（5）起诉证券欺诈犯罪的诉讼时效由原来从违法行为发生起3年和被发现起1年分别延长为5年和2年。

（6）对检举公司财务欺诈的公司员工实施保护措施，并补偿其特别损失和律师费。

6）增加经费拨款，强化SEC的监管职能

从2003年起将SEC的拨款增加到7.76亿美元，加强欺诈防范、风险管理、市场监管与投资管理。其中9 800万美元用于招聘200名工作人员，加强对注册会计师和审计业务的监管。

7）要求美国审计总署加强调查研究

（1）授权美国审计总署对会计师事务所强制轮换制度进行研究。

（2）要求美国审计总署对1989年以来的会计师事务所的合并进行研究，评估其现在和未来的影响，并对发现的问题提出解决方案。

（3）要求美国审计总署研究导致会计师事务所竞争受限的因素，如高成本、低服务质量、独立性、缺乏选择等。调查联邦或州的监管政策是否存在妨碍会计师事务所正当竞争的因素。

（4）责成美国审计总署就调查研究的情况，在一年内分别向参议院银行委员会和众议院金融服务委员会报告。

2.美国证券交易委员会对内部控制的要求

为配合《萨班斯法案》的实施，SEC对上市公司财务报告中内部控制报告的内容作出了具体的规定，包括：

（1）建立维护公司财务报告内部控制制度的管理层责任公告。

（2）建立管理层用以评价内部控制制度框架的解释公告。

（3）管理层就内部控制制度有效性在该财政年度终了作出评价。

（4）说明公司审计师已就上一条中提到的管理层评价出具了证明报告。

在该规则下，管理层须就任何实质性缺点进行披露。一旦在公司内部控制中出现一个以上的此类实质性缺点，该公司的内部控制制度则为无效。另外，管理层评价所基于的适当、清楚的框架应当由一个团体或组织遵循责任程序，并在广泛征求公众意见后制定。2004年，美国上市公司会计监管委员会也发布了第2号审计准则，以满足404条款的要求。在第2号审计准则中，PCAOB就有关财务报告的内部控制审计的目标，审计的程序、方法和具体步骤，审计证据的收集，审计判断，审计意见的发表和财务报告的内部控制审计与财务报表审计的关系等，作出了具体的规定。

资料来源 梁晟耀. 萨班斯-奥克斯利法案（SOX）背景、内容及影响［EB/OL］.［2007-08-27］. http://blog.sina.com.cn/s/blog_54300dae01000b75.htm.

3.案例思考

谈谈你对《萨班斯法案》及SEC对内部控制要求的理解及借鉴。

延伸阅读

J公司全面预算管理的困境

J公司是国家电网江苏省电力有限公司下属的信息技术服务公司，其主要业务是为集团内其他公司提供信息系统的开发、咨询与运维服务，在企业生产能力过剩时也为集团外部公司提供信息技术服务。J公司作为集团公司信息化建设的重要支撑，在集团公司战略升级的背景下，提出实现精益管理、科学管理、规范管理的新目标。全面预算作为一种重要的整合工具，影响企业内部管理的各层级与各环节，是J公司实现管理新目标的关键。

J公司组织架构由四个业务部门和四个职能部门构成。四个业务部门负责不同类型的业务，不存在跨部门协作的情况。四个职能部门中的策划部门负责业务部门项目全生命周期管理，包括项目签订、项目概预算、项目进度及质量管控、项目结算、项目反馈等。其余三大职能部门主要对公司日常经营活动进行管理。

J公司在推行全面预算的过程中遵循了全员、全方位、全过程的原则。首先，预算管理由公司各部门协同配合，各部门根据职责范围进行责任预算编制，以实现全员管理。其次，预算管理工作覆盖企业生产经营活动的各个环节，即以销售为起点，包括生产、采购、人资管理、技术研发等各环节，以实现全方位管理。最后，预算管理通过及时分析预算执行情况以及内外部环境变化进行季度滚动，以实现全过程管理。

J公司作为项目驱动型企业存在产品非标准化、客户需求个性化、组织结构柔性等特征，未充分考虑以上特征对预算功能的影响，致使J公司预算管理工作面临以下困境：

1. 责任中心最小化与预算责任难的矛盾

责任中心制是全面预算管理的基石，实现责任中心最小化，有利于管理层将绩效压力分解下沉并充分激发全体员工的工作积极性。J公司目前最大的绩效压力来自上级公司下达的绩效指标，上级考核压力与J公司战略升级共同作用，促使J公司产生责任中心最小化的管理需求。在划分责任中心时要遵循"责任可控"的原则，还要以"责任在事前可精确量化描述"作为重要前提。若责任中心的责任难以预测，就会导致后续预算执行和绩效评价环节失去管控，产生有权无责的不良后果。J公司要实现责任中心最小化，至少应将责任划分至项目层级。然而，J公司具有组织结构柔性和项目销售难预测的特征。一方面，J公司的项目组根据项目需求灵活地成立与解散，没有固定的职责范围，无法基于历史数据进行项目层成本中心的责任预测；另一方面，J公司的项目在年初大部分均处于未知状态，无法基于项目内容进行项目层成本中心的责任预测。因此，大部分项目组的责任成本年初难以预测,不满足责任中心划分的重要前提。J公司有实现责任中心最小化的管理需求,又有预算责任难预测的现实情况,两者的矛盾导致其责任中心划分工作陷入困境。目前,J公司所采取的做法是不成立项目层的成本中心,所有项目成本责任由业务部门统一管理。由此,预算责任下沉不彻底,也就无法实现绩效压力分解下沉的管理目标。

2.预算编制起点选择不合理

J公司遵循全面预算管理理论,采取以销售预算作为预算编制起点的做法,在编制年度预算和季度预算时均从销售预算出发,首先对预算期内的项目数量和项目金额进行预测,形成销售预算,然后依次编制项目成本预算、期间费用预算、现金流预算、资产负债表预算。

然而,以销售预算作为起点并不是J公司合理的选择。从可操作性角度来看,传统工业企业的销量具有稳定性,而项目驱动型企业的销售具有一次性的特征,在年初不论是销量还是销售收入的预测都具有极大的不确定性。J公司在年初通常只能预测全年30%的项目,以销售预算作为其余预算编制的基础极大地影响预算质量。从利润目标实现角度来看,传统工业企业产品具有标准成本,且每件产品的利润贡献值是明确的,由目标利润可以直接推算出销售预算,而J公司各项目的利润贡献值差异很大,项目收入、项目量与企业目标利润均没有显著数字依存关系。预算编制起点选择不合理,导致以目标为导向的年度预算与现实基础分离,以现实为导向的季度预算与绩效目标脱节,预算成为形同虚设的工具,无法指导企业的资源分配。

3.项目预算与项目计划勾稽关系不准确

J公司作为项目驱动型企业,其预算编制工作的核心是项目计划和项目预算编制:项目计划包括项目工作量预估、外包工作量预估、采购需求预估等以非财务指标表示的计划;项目预算包括项目成本预算、项目收入预算、项目现金流预算、项目采购预算等以财务指标表示的预算。项目具有非标准化的特征,项目预算需要根据每个项目的实际业务内容进行独立编制,要求财务部门预测每个项目的业务内容和所需资源是不切实际的,因此,J公司的项目预算编制工作属于业务部门和策划部门的职责范畴。

而业务部门由于缺乏必要的财务知识与财务预算编制经验,在没有财务人员辅助的情况下很难根据项目计划编制出相对准确的项目损益预算及项目现金流预算,导致单个项目计划与项目预算的勾稽关系不准确、不同项目计划与项目预算的勾稽关系不可比。此外,考虑到预算博弈的可能性,业务部门在编制时也有动机放低预算实现难度,导致项目计划与项目预算勾稽关系不准确。同时,由于项目预算不能准确反映项目真实的资源需求,导致公司资源分配不均衡、不合理,在项目后续执行过程中对成本费用的管控难度增加。

资料来源 李洁等. 项目驱动型企业全面预算管理的困境与对策——基于J信息技术服务公司的案例研究[J]. 财务与会计,2019(19).

案例思考

谈谈阅读学习本案例带给你的思考及解决问题的对策。

本章小结

内部控制是一个由企业的董事长、管理层和其他人员实现的过程，旨在为下列目标提供合理保证：一是财务报告的可靠性；二是经营的效果和效率；三是符合适用的法律和法规。

内部控制概念的演变经历了五个发展阶段：内部牵制阶段，内部控制制度阶段，内部控制结构阶段，内部控制整合框架阶段，风险管理整合框架阶段。

内部控制发展的原因是企业加强内部管理的要求，是股份制经济发展的促进，是外部审计发展的推动，是政府对内部控制的推动。

内部控制可以保证党和国家方针政策与法规制度的贯彻执行，保证企业经营目标的顺利实现，保证财务会计信息的质量，保证财产物资的安全完整，便于审计工作的开展。内部控制的局限性包括：成本收益制约、串通舞弊、人为错误、管理越权、经济活动的不断变化。

内部控制建立的原则包括：合规与合法性原则，目标性原则，全面控制原则，相互制约原则，适用性原则，有效性原则和成本收益原则。

内部控制是在控制论、信息论和系统论的理论基础上建立起来的，并依据经济控制的基本方式进行的一种科学合理的管理工具。

第二章

我国企业内部控制发展的现状

学习目标

通过本章学习，了解我国企业内部控制的相关法律法规，掌握我国《企业内部控制基本规范》及配套指引的内容及应用，了解我国内部控制信息披露状况，能恰当运用内部控制理论对内部控制案例进行分析

第一节　我国企业内部控制的相关法律法规

自20世纪90年代起，我国政府开始加大对企业内部控制的推行，在借鉴其他国家和经济组织内部控制规范的基础上，颁布和修订了一系列内部控制相关法律法规，强调内部控制的重要性，要求企业建立相应的内部管理和内部控制制度。

一、《中华人民共和国会计法》有关内部控制的规定

我国1999年首次颁布《中华人民共和国会计法》。2017年11月4日，经第十二届全国人民代表大会常务委员会第三十次会议决定，通过对《中华人民共和国会计法》作出的修改，自2017年11月5日起施行。《中华人民共和国会计法》是我国第一部体现内部会计控制要求的法律，该法第二十七条明确提出："各单位应当建立、健全本单位内部会计监督制度。单位内部会计监督制度应当符合下列要求：记账人员与经济业务事项和会计事项的审批人员、经办人员、财物保管人员的职责权限应当明确，并相互分离、相互制约；重大对外投资、资产处置、资金调度和其他重要经济业务事项的决策和执行的相互监督、相互制约程序应当明确；财产清查的范围、期限和组织程序应当明确；对会计资料定期进行内部审计的办法和程序应当明确。"该法将企业（单位）内部控制制度作为保障会计信息"真实和完整"的基本手段之一，是我国对内部控制的最高法律规范。

二、审计署有关内部控制的规定

2004年，为了规范审计人员在审计过程中对被审计单位内部控制的测评行为，保证审计工作质量，审计署根据《中华人民共和国国家审计基本准则》，制定了《审计机关内部控制测评准则》，并规定于2004年2月1日起施行。该准则共24条，主要规定了内部控制测评的程序与方法。

该准则明确了内部控制的定义：是指被审计单位为了维护资产的安全、完整，确保会计信息的真实、可靠，保证其管理或者经营活动的经济性、效率性和效果性并遵守有关法规，制定和实施相关政策、程序和措施的过程。内部控制由控制环境、风险评估、控制活动、信息与沟通以及监督五个要素组成。该准则明确了建立健全内部控制并保证其有效实施是被审计单位的责任，审计人员的责任是对内部控制的健全性和有效性进行评价。

该准则还将审计人员进行内部控制测评的步骤明确为四个步骤：（1）对内部控制进行调查了解；（2）对内部控制进行初步评价，评估控制风险；（3）对内部控制的执行情况进行符合性测试；（4）提出内部控制测评结果，并利用测评结果确定实质性测试的范围、重点和方法。

该准则还介绍了审计人员对内部控制的调查了解和初步评价的方法：（1）查阅被审计单位的各项管理制度和相关文件；（2）询问被审计单位管理人员和其他有关

人员；（3）检查内部控制过程中形成的文件和记录；（4）观察被审计单位的业务活动和内部控制的实际运行情况。

三、中国人民银行、中国银行业监督管理委员会、中国保险监督管理委员会有关内部控制的规定

为防范金融风险，健全金融机构内部控制机制，1997年5月，中国人民银行颁布了《加强金融机构内部控制的指导原则》，这是我国第一个关于内部控制的行政规定。该指导原则明确了完善金融机构内部控制是金融监管工作的重要组成部分，是规范金融机构经营行为、有效防范风险的关键，也是衡量金融机构经营管理水平高低的重要标志，并明确了内部控制的目标、原则，内部控制的要素及内容，提出建立内部控制的基本要求。

2004年8月20日，中国银行业监督管理委员会（以下简称银监会）通过了《商业银行内部控制评价试行办法》，自2005年2月1日起施行。该办法规定商业银行内部控制评价是指对商业银行内部控制体系建设、实施和运行结果独立开展的调查、测试、分析和评估等系统性活动。内部控制评价包括过程评价和结果评价。商业银行应建立并保持系统、透明、文件化的内部控制体系，定期或当有关法律法规和其他经营环境发生重大变化时，对内部控制体系进行评审和改进。商业银行内部控制评价由银监会及其派出机构组织实施。

2007年7月26日，银监会发布《商业银行内部控制指引》，以法规形式明确商业银行内部控制。根据该指引，商业银行授信内部控制的重点是：实行统一授信管理，健全客户信用风险识别与监测体系，完善授信决策与审批机制，防止对单一客户、关联企业客户和集团客户授信风险的高度集中，防止违反信贷原则发放关系人贷款和人情贷款，防止信贷资金违规使用。该指引明确规定，商业银行应当严格审查和监控贷款用途，防止借款人通过贷款、贴现、办理银行承兑汇票等方式套取信贷资金，改变借款用途。商业银行还应当建立统一的授信操作规范，明确贷前调查、贷时审查、贷后检查各个环节的工作标准和尽职要求。贷前调查应做到实地查看，如实报告授信调查掌握的情况，不回避风险点。

为加强并规范内部控制评价工作，最终推动寿险公司完善内部控制，2006年1月10日，中国保险监督管理委员会（以下简称保监会）颁布了《寿险公司内部控制评价办法（试行）》。该评价办法共7章56条，对寿险公司内部控制评价目标、评价原则、评价内容、评价方式、评价程序、评价结果利用等进行明确规定，主要内容是：（1）借鉴COSO报告框架，针对寿险公司每一项经营过程和风险建立统一规范的内部控制评价标准，从充分性、合理性、有效性三个方面展开评价，为全面建设内部控制和准确评价内部控制状况提供完整的框架和有效的方法；（2）采用寿险公司自我评估与监管部门抽查评价相结合的评价方式，确保对寿险公司内部控制进行持续评价，全面了解寿险公司内部控制的状况及改善情况；（3）将内部控制评价结果纳入非现场监管风险评级体系，根据非现场监管结果实施分类监管，通过惩

劣奖优，切实推动公司加强内部控制建设，提升内部控制水平；（4）明确董事会、监事会和经理层在内部控制中的责任，为建立公司问责制奠定基础。

四、中国证监会有关内部控制的规定

1999年，中国证监会（以下简称证监会）发布《关于上市公司做好各项资产减值准备等有关事项的通知》，要求上市公司本着审慎经营、有效防范化解资产损失风险的原则，责成相关部门拟定（或修订）内部控制制度，监事会对内部控制制度制定的情况进行监督。

2000年，证监会发布的《公开发行证券公司信息披露编报规则》第1号、第3号、第5号要求商业银行、保险公司、证券公司建立健全内部控制制度，并对内部控制制度的完整性、合理性和有效性作出说明；同时要求注册会计师对其内部控制制度及风险管理系统的完整性、合理性和有效性进行评价，提出改进建议，并以内部控制评价报告的形式作出报告。

2002年12月19日，证监会发布《证券投资基金管理公司企业内部控制指导意见》，首次系统地提出基金公司企业内部控制的目标和要求。

2006年6月5日，依据《中华人民共和国公司法》（以下简称《公司法》）、《中华人民共和国证券法》（以下简称《证券法》）、《国务院批转证监会关于提高上市公司质量意见的通知》等法律法规及规范性文件和《上海证券交易所股票上市规则》的规定，上海证券交易所正式对外发布了《上海证券交易所上市公司内部控制指引》，并要求从2006年7月1日起正式实施。这是我国首部指导上市公司建立健全内部控制机制的规范性文件，意在推动和指导上市公司建立健全和有效实施内部控制制度，提高上市公司风险管理水平，保护投资者的合法权益。

《上海证券交易所上市公司内部控制指引》对上市公司建立与实施内部控制，提高风险管理水平有着深远的影响：一是强制性地要求上市公司应在定期报告和临时公告中披露内部控制制度的实施情况；二是对上市公司建立健全和有效实施内部控制制度，提高上市公司风险管理水平提出了规范性的指导意见。为了使上市公司实施有效的内部控制体系，该指引也鼓励上市公司聘请中介机构协助建立内部控制制度，并提出在信息披露中必须有中介机构对企业内部控制提出的审核评价意见。

2006年9月28日，深交所为了加强上市公司内部控制，促进上市公司规范运作和健康发展，保护投资者合法权益，根据《公司法》《证券法》等法律、行政法规、部门规章和《深圳证券交易所股票上市规则》，也发布了《深圳证券交易所上市公司内部控制指引》。该指引要求深市主板上市公司自发布之日至2007年6月30日期间建立起完备的内部控制制度，并从2007年年报开始，按照内部控制指引的要求披露内部控制制度的制定和实施情况。

《深圳证券交易所上市公司内部控制指引》共70条，包括总则、基本要求、对控股子公司的管理控制、关联交易的内部控制、对外担保的内部控制、募集资金使用的内部控制、重大投资的内部控制、信息披露的内部控制等章节。该指引强调，公司的控制活动应当涵盖公司所有的营运环节，并重点加强对控股子公司的管理、关联交易、对外担保、募集资金使用、重大投资（含委托理财）、信息披露等控制活动，并要求公司董事会对内部控制负责；要求公司设立专职部门负责内部控制，定期向董事会报告；要求发现内部控制存在重大问题时，公司董事会应向交易所报告并公告。

五、国家经济贸易委员会、国务院国有资产监督管理委员会有关内部控制的规定

根据党的十五届四中全会《关于国有企业改革和发展若干重大问题的决定》的要求，为推动国有及国有控股大中型企业建立现代企业制度和加强管理，1999年8月，国家经济贸易委员会颁布了《国有大中型企业建立现代企业制度和加强管理的基本规范（试行）》，于2000年实施。该规范是对国有企业内部控制的宽泛规定。

为了指导企业开展全面风险管理工作，进一步提高企业管理水平，增强企业竞争力，促进企业稳步发展，国务院国有资产监督管理委员会于2006年6月20日出台了《中央企业全面风险管理指引》（以下简称《指引》）。该《指引》共10章70条，借鉴了发达国家有关企业风险管理的法律法规、国外先进的大公司在风险管理方面的通行做法，以及国内有关内部控制机制建设方面的规定，对中央企业开展全面风险管理工作的总体原则、基本流程、组织体系、风险评估、风险管理策略、风险管理解决方案、监督与改进、风险管理文化、风险管理信息系统等方面进行了全面阐述，并明确要求贯彻落实。

该《指引》所称全面风险管理，指企业围绕总体经营目标，通过在企业管理的各个环节和经营过程中执行风险管理的基本流程，培育良好的风险管理文化，建立健全全面风险管理体系，包括风险管理策略、风险理财措施、风险管理的组织职能体系、风险管理信息系统和内部控制系统，从而为实现风险管理的总体目标提供合理保证的过程和方法。该《指引》介绍，企业风险一般可分为战略风险、财务风险、市场风险、运营风险、法律风险等；也可以按能否为企业带来盈利的机会为标志，将风险分为纯粹风险（只有带来损失一种可能性）和机会风险（带来损失和盈利的可能性并存）。

该《指引》中明确规定，对于央企开展全面风险管理要努力实现五大总体目标：一是确保将风险控制在与总体目标相适应并可承受的范围内；二是确保内外部，尤其是企业与股东之间实现真实、可靠的信息沟通，包括编制和提供真实、可靠的财务报告；三是确保遵守有关法律法规；四是确保企业有关规章制度和为实现经营目标而采取的重大措施的贯彻执行，保障经营管理的有效性，提高经营活动的效率和效果，降低实现经营目标的不确定性；五是确保企业建立针对各项重大风险发生后的危机处理计划，保护企业不因灾害性风险或人为失误而遭受重大损失。

按照该《指引》的规定，风险管理基本流程应包括：收集风险管理初始信息、进行风险评估、制定风险管理策略、提出和实施风险管理解决方案以及风险管理的

监督与改进。企业应本着从实际出发、务求实效的原则，以对重大风险、重大事件的管理和重要流程的内部控制为重点，积极开展全面风险管理工作，建立全面风险管理体系。

六、财政部等五部委的《企业内部控制基本规范》及配套指引

1996年12月，财政部发布《独立审计具体准则第9号——内部控制和审计风险》（于1997年1月1日起施行），要求注册会计师审查企业的内部控制，并对内部控制的定义、内部控制的内容（包括控制环境、会计系统和控制程序）等作出了规定。2001年6月22日，财政部发布了《内部会计控制规范——基本规范（试行）》。该规范对内部会计控制进行了定义："内部会计控制是指单位为了提高会计信息质量，保护资产的安全、完整，确保有关法律法规和规章制度的贯彻执行等而制定和实施的一系列控制方法、措施和程序。"可见，该规范所说的内部控制只限于会计控制和法规控制，而没有管理控制。

为了加快推进我国企业内部控制标准体系建设，经国务院有关部门同意，财政部会同有关部门于2006年7月15日发起成立具有广泛代表性的企业内部控制标准委员会，共同研究推进企业内部控制规范体系建设问题。

2008年6月28日，财政部、证监会、审计署、银监会、保监会五部委联合发布《企业内部控制基本规范》，该基本规范在形式上借鉴了COSO报告五要素框架，同时在内容上体现了风险管理八要素框架的实质。该基本规范的发布标志着我国内部控制制度建设取得了重大突破，是我国继实施与国际接轨的企业会计准则和审计准则之后，又一与国际接轨的重大改革。

2010年4月，财政部会同证监会、审计署、银监会、保监会制定了《企业内部控制应用指引第1号——组织架构》等18项应用指引，《企业内部控制评价指引》和《企业内部控制审计指引》（以下共称企业内部控制配套指引），与2008年颁布的《企业内部控制基本规范》，共同构建了中国企业内部控制规范体系。

《企业内部控制基本规范》和企业内部控制配套指引的颁布与实施，标志着以防范风险和控制舞弊为中心，以控制标准和评价标准为主体的完备的企业内部控制标准体系已初步形成。这是继我国企业会计准则、审计准则体系建成并有效实施之后的又一项重大系统工程。

第二节   我国企业内部控制基本规范及配套指引

一、《企业内部控制基本规范》

2008年6月，在借鉴和吸收国际监管新理念的背景下，财政部、审计署、证监会、银监会和保监会五部委联合印发了《企业内部控制基本规范》。这一被称为中国版《萨班斯－奥克斯利法案》的基本规范是我国第一部加强和完善企业内部控制

系统，提高企业经营管理水平和风险防范能力，促进企业可持续发展，维护社会主义市场经济秩序和社会公众利益的重要法规文件。

《企业内部控制基本规范》共7章50条，各章分别是：总则、内部环境、风险评估、控制活动、信息与沟通、内部监督和附则。基本规范坚持立足我国国情，借鉴国际惯例，确立了我国企业建立和实施内部控制的基础框架，有以下几个特点：

（1）科学界定内部控制的内涵。强调内部控制是由企业董事会、监事会、经理层和全体员工实施的旨在实现控制目标的过程，有利于树立全面、全员、全过程控制的理念。

（2）准确定位内部控制的目标。内部控制的目标是合理保证企业经营管理合法合规、资产安全、财务报告及相关信息真实完整，提高经营效率和效果，促进企业实现发展战略。

相关链接

会计信息质量特征

会计信息质量特征是选择或评价可供取舍会计准则、程序和方法的标准，是财务目标的具体化。其主要功能是辨别什么样的会计信息才能有用或有助于决策。

会计信息质量特征包括会计信息的相关性、可靠性、真实性、及时性、中立性、可比性、决策有用性。

相关性要求会计信息应当符合国家宏观经济管理的要求；

可靠性要求会计信息必须真实可靠；

真实性要求会计信息准确地揭示各项经济活动所包含的经济内容；

及时性要求会计主体对已经发生的交易，及时进行确认、计量及报告，不得提前或延后；

中立性要求信息不存在企图取得预定结果或诱发特定行为的偏向；

可比性要求同一会计主体前后期会计信息保持可比或两个不同的会计主体同一时期的会计信息保持可比；

决策有用性要求会计信息具有决策有用性。美国财务会计准则委员会（FASB）发布的《财务概念公告》构建的会计概念体系就是以"决策有用性"为核心，将相关性、可靠性等会计质量特征连成一体。决策有用性是会计信息最基本的质量特征，会计信息质量直接关系决策者的决策及其后果，会计信息的真实性和可靠性是保证信息使用者作出正确决策的基本前提和条件，提供符合质量特征要求的信息是会计人员的基本任务。

（3）合理确定内部控制的原则。企业建立与实施内部控制，应当遵循全面性原则、重要性原则、制衡性原则、适应性原则和成本效益原则。

（4）统筹构建内部控制的要素。我国《企业内部控制基本规范》在形式上借鉴了COSO《内部控制——整合框架》五要素框架体系，内容上却体现了《企业风险管理——整合框架》八要素框架的实质，构建了以内部环境为重要基础，以风险评估为重要环节，以控制活动为重要手段，以信息与沟通为重要条件，以内部监督为重要保证，相互联系、相互促进的五要素内部控制框架。

（5）有效建立实施和保障机制。要求建立以企业为主体、以政府监管为促进、以中介机构审计为重要组成部分的内部控制实施机制。要求企业实行内部控制自我评价制度，并将各责任单位和全体员工实施内部控制的情况纳入绩效考评体系；国务院有关监管部门有权对企业建立并实施内部控制的情况进行监督检查；企业依法委托会计师事务所对本企业内部控制的有效性进行审计，出具审计报告。

根据《企业内部控制基本规范》的执行要求，其自2009年7月1日起在上市公司范围内施行，鼓励非上市的大中型企业执行。上市公司应当对本公司内部控制有效性进行自我评估，披露年度自我评价报告，并可聘用具有证券、期货从业资格的会计师事务所对内部控制的有效性进行审计。

我国《企业内部控制基本规范》提出的企业内部控制框架要素包括内部环境、风险评估、控制活动、信息与沟通和内部监督。

（一）内部环境

内部环境是企业实施内部控制的基础，一般包括公司治理结构、内部审计、人力资源政策、企业文化等。

1.公司治理结构

公司治理结构是指内部治理结构，又称法人治理结构，是根据权力机构、决策机构、执行机构和监督机构相互独立、权责明确、相互制衡的原则实现对公司的治理。公司治理结构是现代企业制度的重要组成部分。公司治理结构是由股东（大）会、董事会、监事会和管理层组成的，决定公司内部决策过程和利益相关者参与公司治理的办法，主要作用在于协调公司内部不同产权主体之间的经济利益矛盾，避免或减少代理成本。

根据我国《企业内部控制基本规范》的要求，企业应当根据国家有关法律法规和企业章程，建立规范的公司治理结构和议事规则，明确决策、执行、监督等方面的职责权限，形成科学有效的职责分工和制衡机制。具体包括：

（1）股东（大）会。享有法律法规和企业章程规定的合法权力，依法行使企业经营方针、筹资、投资、利润分配等重大事项的表决权。

股东（大）会是公司的最高权力机关，它由全体股东组成，对公司重大事项进行决策，有权选任和解除董事，并对公司的经营管理有广泛的决定权。股东（大）会既是一种定期或临时举行的由全体股东出席的会议，又是一种非常设的由全体股东所组成的公司制企业的最高权力机关。它是股东作为企业财产的所有者，对企业行使财产管理权的组织。企业一切重大的人事任免和重大的经营决策一般都由股东（大）会认可和批准才有效。

股东（大）会的性质主要体现在两个方面：一是股东（大）会应体现全体股东意志，是由全体股东组成的权力机关。二是股东（大）会是企业经营管理和股东利益的最高决策机关，不仅要选举或任免董事会和监事会成员，而且企业的重大经营决策和股东的利益分配等都要得到股东（大）会的批准。但股东（大）会并不具体和直接介入企业生产经营管理，它既不对外代表企业与任何单位发生关系，也不对内执行具体业务，本身不能成为企业法人代表。

（2）董事会。对股东（大）会负责，依法行使企业的经营决策权。董事会负责内部控制的建立健全和有效实施。其具有以下特征：董事会是股东（大）会这一权力机关的业务执行机关，负责公司或企业业务经营活动的指挥与管理，对股东（大）会负责并向其报告工作。上市公司董事会可以按照股东（大）会的有关决议，设立战略、审计、提名、薪酬与考核等专门委员会。专门委员会成员全部由董事组成，其中审计委员会、提名委员会、薪酬与考核委员会中独立董事应占多数并担任召集人，审计委员会中至少应有一名独立董事是会计专业人士。

董事会的主要职权包括：召集股东（大）会会议，并向股东（大）会报告工作；执行股东（大）会的决议；决定公司的经营计划和投资方案；制订公司的年度财务预算方案、决算方案；制订公司的利润分配方案和弥补亏损方案；制订公司增加或减少注册资本以及发行公司债券的方案；制订公司合并、分立、解散或变更公司形式的方案；决定公司内部管理机构的设置；决定聘任或解聘公司经理及其报酬事项，并根据经理的提名决定聘任或解聘公司副经理、财务负责人及其报酬事项；制定公司的基本管理制度；公司章程规定的其他职权。

（3）监事会。对股东（大）会负责，监督企业董事、经理和其他高级管理人员依法履行职责。监事会对董事会建立与实施内部控制进行监督。

在现代公司制度中，所有权与控制权的事实分立使股东一般难以直接管理或控制公司，公司交由董事会治理。为了避免代表所有者的董事会因追求自身利益而损害公司、股东、债权人、职工的权益，必须通过一定的制度安排对董事会进行制约和监督。为此，多数国家设置了监事会，作为公司的专门监督机构，代表股东（大）会行使监督职能。监事会依法行使的职权包括：

①审查公司财务，可在必要时以公司名义另行委托会计师事务所独立审查公司财务；

②对公司董事、总裁、副总裁、财务总监和董事会秘书执行公司职务时违反法律法规或公司章程的行为进行监督；

③当公司董事、总裁、副总裁、财务总监、董事会秘书的行为损害公司的利益时，要求前述人员予以纠正；

④核对董事会拟提交股东（大）会的财务报告、营业报告和利润分配方案等财务资料，发现疑问的可以以公司名义委托注册会计师、执业审计师帮助复审；

⑤可以对公司聘用会计师事务所发表建议；

⑥提议召开临时股东（大）会，也可以在股东年会上提出临时提案；

⑦提议召开临时董事会；

⑧代表公司与董事交涉或对董事起诉。

（4）经理层。负责组织实施股东（大）会、董事会决议事项，主持企业的生产经营管理工作。经理层负责组织领导企业内部控制的日常运行。

（5）审计委员会。企业应当在董事会下设立审计委员会。审计委员会负责审查企业内部控制，监督内部控制的有效实施和内部控制自我评价情况，协调内部控制审计及其他相关事宜等。审计委员会负责人应当具备相应的独立性、良好的职业操守和专业胜任能力。

企业应当结合业务特点和内部控制要求设置内部机构，明确职责权限，将权利与责任落实到各责任单位。

（6）员工。企业应当通过编制内部管理手册，使全体员工掌握内部机构设置、岗位职责、业务流程等情况，明确权责分配，正确行使职权。

此外，为合理保证内部控制的科学设计和有效运行，企业应当成立专门机构或者指定适当的机构具体负责组织协调内部控制的建立实施及日常工作。

▌▌▌相关链接

中信泰富事件折射出国企内部治理问题

2008年10月20日，香港特别行政区曝出自金融危机以来香港交易所（以下简称港交所）绩优股公司最大的一宗亏损事件。港交所蓝筹股中信泰富在当天发布公告警示称，为锁定公司位于大洋洲铁矿项目的开支成本，该公司曾与银行签订的以澳元累计目标可赎回远期合约，由于金融危机影响已产生约147亿港元浮亏，其中逾8亿港元亏损确认于2009年入账。

从中信泰富整个事件来看，企业外汇衍生品投资暴露了其内部管理控制特别是风险管理环节的重大缺陷。除此之外，公司治理结构不规范是其投资失利的另外一个深层原因。董事会作为公司治理和内部控制的组织核心，承担着公司战略决策和监督管理的重要职责。纵观中信泰富事件始末，董事会在其中的表现较差。作为香港证券交易所的红筹、蓝筹双料明星股，其董事会治理暴露出的不少问题也间接凸显国企上市公司在经济全球化新形势下的诸多诟病。在中信泰富组织形式规范的董事会里，公司治理仍存在严重问题：

董事长荣智健权力集中，董事会内部带有"家族化"影子。中信泰富的股权结构显示出，荣家作为董事会第二大股东，荣智健、荣明杰父子分别担任公司董事长和副董事总经理，而女儿荣明方在2007年财务报告中标明为财务部董事，使得中信泰富的公司治理带有一些"家族控制"影子，公司经营管理中已呈现出"家族化"的趋向。

某种程度上，公司董事会"家族化"趋向易导致公司组织权力的失衡、运营决策的集中、经营管理的权责模糊、董事会治理监督的薄弱和事后问责的无力，最终威胁到风险管理和内部控制机制的有效运行。

独立董事制度流于形式、制度失效是决策失误的深层原因。纵观中信泰富董事会，各位董事都是有着扎实深厚经营或财务背景的人物，有财务金融知识的董事就有五位，但这些众多财务领域的专业董事在事件前前后后并没有任何消息表明其对累计期权等金融衍生品有任何说明和异议，这与董事会高管高额薪酬助推激进的决策息息相关。

资料来源 吴亮. 中信泰富事件折射出国企内部治理问题 [J]. 中国集体经济，2009（5）.

2.内部审计

根据国际内部审计师协会的定义，内部审计是一种旨在增加组织价值和改善组织营运的独立、客观的确认和咨询活动。它通过系统化、规范化的方法来评价和改善风险管理、内部控制及治理程序的效果，以帮助实现组织目标。内部审计承担着帮助组织实施整体目标的责任，而其工作范围也包括风险管理、内部控制和治理程序。

我国2008年发布的《企业内部控制基本规范》，明确要求企业应当加强内部审计工作，保证内部审计机构设置、人员配备和工作的独立性。此外，内部审计机构应当结合内部审计监督，对内部控制的有效性进行监督检查。内部审计机构对监督检查中发现的内部控制缺陷，应当按照企业内部审计工作程序进行报告；对监督检查中发现的内部控制重大缺陷，有权直接向董事会及其审计委员会、监事会报告。

▎▎相关链接

世通公司财务造假是如何暴露的？

曾是美国第二大电话服务和数据传输公司的世通公司因财务造假、欺诈投资者而倒闭多年，名声却依然"显赫"，不仅被世界各名牌大学商学院作为经典教学案例，在中国各类企业管理培训班上，也同样被频频提起。

这起美国有史以来最大的财务造假诈骗案是如何暴露的呢？

伴随手中世通股票价格高企，首席执行官Bernard Ebbers成为商界富豪，他用这些股票向银行融资以从事个人投资（购买木材、游艇等）。然而，在公司收购MCI后不久，美国通信业步入低迷时期，2000年对SPRINT的收购失败更使公司严重受挫，从那时起，公司的股价开始走低，Ebbers不断经受来自贷款银行的压力，要他弥补股价下跌带来的头寸亏空。

从1999年开始，直到2002年5月，在公司财务总监Scott Sullivan、审计官David Myers和总会计师Buford Buddy Yates的参与下，公司采用虚假记账手段掩盖不断恶化的财务状况，虚构盈利增长以操纵股价。他们主要采用两种手段进行财务欺诈：少记"线路成本"（与其他电信公司网络互联所产生的费用），将这部分费用计入固定资产。假造企业未分配收入科目，虚增收入。

2002年2月，公司审计委员会与安达信讨论2001年会计报表时，双方并不存在任何分歧，公司所采用的会计政策也得到安达信的认可。出乎意料的是，此案是由不起眼的公司内部审计人员发现的。世通公司内部审计部副总经理辛西娅·库柏在履行审计公务中发现，2002年一季度及2001年资本账户有几笔可疑费用转入，这些转入的成本在公司以前财务报表中是作为当期费用列支的。经核实，公司共少计了费用39亿美元，辛西娅·库柏直接向董事会审计委员会主席进行了报告，案件由此牵出。

内部审计人员以公正无私的职业操守，揭开了震惊全球的欺诈案件的"盖子"。

2002年6月，SEC正式起诉世通公司欺诈投资者，随后世通公司申请破产保护。2005年7月13日案件尘埃落定，前CEO Bernard Ebbers以诈骗罪被判25年徒刑；前CFO Scott Sullivan以同罪被判5年徒刑。而公司10名外部董事（包括独立董事）与原告股东达成协议，赔偿原告1 800万美元，占世通除住房和养老金以外资产的20%。

通过世通公司案件，我们对内部审计在公司治理中的作用有了更深刻的认识：内部审计是公司内部治理的重要机制和手段，高效的内部审计在实现公司治理目标方面发挥着不可取代的重要作用，同时良好的公司治理也为内部审计效能发挥提供了制度支撑和保障，随着全球风险管理的加强，这种关系更为密切。

实践证明，内部审计工作的强弱取决于董事会治理公司的能力。强势的董事会不仅高度重视内部审计工作，而且应着力在内部审计体制上保障其独立性，比如内部审计直接由董事会审计委员会领导或董事会与经营层双向管理，将内部审计作为了解公司经营层执行董事会战略规划和重大决策以及风险管理情况的重要渠道和依靠力量。

世通案件警示我们，在两权分离的公司制下，对代理人追求自身利益最大化的经济人本性必须从外部审计与内部审计两个方面进行全方位监督，尤其要注意强化内部审计作用，这一点非常重要。内部审计对公司的经营管理情况更为了解，因此，董事会应高度重视如何充分发挥内部审计的作用，为其提供必要的履职条件和机制保障。

资料来源　黄世忠.内审——揭开"世通"黑幕［EB/OL］.［2013-08-15］.https://bbs.pinggu.org/thread-2582974-1-1.html.

3.人力资源政策

人力资源政策是企业管理的核心内容之一，企业应当制定和实施有利于企业可持续发展的人力资源政策。人力资源政策应当包括下列内容：员工的聘用、培训、辞退与辞职；员工的薪酬、考核、晋升与奖惩；关键岗位员工的强制休假制度和定期岗位轮换制度；掌握国家秘密或重要商业秘密的员工离职的限制性规定；有关人力资源管理的其他政策。

企业应当将职业道德修养和专业胜任能力作为选拔和聘用员工的重要标准，切实加强员工培训和继续教育，不断提升员工素质。

‖‖‖ 相关链接

互联网技术下人才招聘的创新策略

（1）构筑完善的信息化人才资料库。一方面，企业管理者应结合移动互联网的优势和大数据技术，树立创新的工作理念，促进企业人才招聘工作的创新式发展。另一方面，企业还应该结合移动互联的技术特征，构建完善、系统的信息化人才资料库，确保人力资源管理工作更具合理性、科学性与高效性，帮助企业实现对员工实时情况的掌控，及时发现并填补重要岗位的人才空缺，促进信息化技术与企业发展、运营及招聘管理的高度结合，增强企业人力资源管理效果。

（2）为招聘提供数据支持。企业应基于移动互联技术，展开互动形式的职位分析，并依托信息化人才资料库，对企业重要岗位的动态变化进行合理剖析，全面检测应聘者与岗位的匹配程度，为企业人才招聘工作的有序开展提供科学依据。企业制订招聘计划，需要用客观数据作为支持，依靠大数据资源优势，对自身的未来发展方向、发展目标及运营需求进行研究，使管理者能够从企业岗位的数量需求、结构需求、质量需求与水平需求入手，预判企业对人才的需求，从而制订更具针对性的人才招聘计划。

（3）创新人才招聘模式。企业应根据移动互联技术的优势，创新人才招聘模式。

①企业应该与相关移动互联平台展开合作，打造线上人才信息筛选系统，大范围收集面试者简历，并对简历进行精准分类、筛选与审查，最大限度地提高人才招聘效率。

②企业应合理运用移动互联招聘平台的智能化筛选模式，推动工作形式创新，采用多元化的招聘方式，使招聘更加精准、专业、高效。企业还可积极与移动互联人才招聘APP运营商合作，在小程序里发布人才招聘广告，提高人才招聘信息发布的宽度与广度，提高企业招聘工作的成功率。同时，企业可以根据移动互联网络互动性高、交互性强、普及面广以及传播速度快等技术特点，在受众面更广的短视频平台发布企业用工需求。

资料来源 续浩天. 移动互联背景下的人才招聘创新策略［J］. 人力资源，2021（8）.

4.企业文化

企业应当加强文化建设，培育积极向上的价值观和社会责任感，倡导诚实守信、爱岗敬业、开拓创新和团队协作精神，树立现代管理理念，强化风险意识。

董事、监事、经理及其他高级管理人员应当在企业文化建设中发挥主导作用。企业员工应当遵守员工行为守则，认真履行岗位职责。

企业应当加强法治教育，增强董事、监事、经理及其他高级管理人员和员工的法制观念，严格依法决策、依法办事、依法监督，建立健全法律顾问制度和重大法律纠纷案件备案制度。

相关链接

新时代企业文化的创新

企业是社会的细胞，优秀的企业文化是中国特色社会主义文化的重要组成部分。中电科仪器仪表有限公司（简称"中电仪器"）在改革发展过程中，将"建设社会主义文化强国"的要求融入企业文化建设之中，用不可或缺的"大国重器"理想追求和社会主义核心价值观塑造企业文化体系，坚定文化自信。

（1）坚持文化铸魂引方向。企业文化是企业的灵魂，对企业的发展具有强大的导向、规范、凝聚和激励作用，是推动企业发展的不竭动力。中电仪器积极传承国防军工企业"国家利益高于一切"的红色基因，大力弘扬"团结务实、勤奋创新、自信自强、专业专注、纪律严明"的优良传统，着力构建符合企业特点、具有时代特色、富有竞争力和创新活力的企业文化，提出了"人尽其才，成就梦想"的人才理念，通过对一系列文化理念的大力宣贯，构筑企业精神家园，为职工提供精神力量，为企业持续健康发展铸魂引路。

（2）坚持文化育人强基础。国有企业的企业文化建设要坚持以人为本，以构建和谐文化为灵魂，以促进企业科学发展为宗旨，通过以文育人，努力建设一支忠诚企业、开拓创新、敢于担当、奋发作为的干部职工队伍，从而为实现企业持续发展提供有力的人才保证。

（3）坚持文化兴企求实效。中电仪器坚持以先进的企业文化为引领，积极实施"一三五"发展思路，大力推进仪器主业"专业化""市场化""产业化""国际化"进程，努力践行"变思做严"的工作要求，狠抓年度重点工作，形成了改革、发展和党建一体化推进的工作格局。中电仪器连续四年获得集团年度经营业绩考核 A 级，并持续保持健康、快速、高质量发展的态势。

资料来源　王启南. 坚定文化自信：用新思想引领新时代企业文化创新升级［J］. 国防科技工业，2021（2）.

（二）风险评估

风险评估是企业及时识别、系统分析经营活动中与实现内部控制目标相关的风险，合理确定风险应对策略。

企业应当根据设定的控制目标，全面、系统、持续地收集相关信息，结合实际情况，进行风险评估。其具体包括风险识别、风险评估分析和风险应对三方面：

1.风险识别

企业开展风险评估，应当准确识别与实现控制目标相关的内部风险和外部风险，确定相应的风险承受度。风险承受度是企业能够承担的风险限度，包括整体风险承受能力和业务层面的可接受风险水平。

企业识别内部风险，应当关注下列因素：董事、监事、经理及其他高级管理人员的职业操守、员工专业胜任能力等人力资源因素；组织机构、经营方式、资产管理、业务流程等管理因素；研究开发、技术投入、信息技术运用等自主创新因素；财务状况、经营成果、现金流量等财务因素；营运安全、员工健康、环境保护等安全环保因素；其他有关内部风险因素。

企业识别外部风险，应当关注下列因素：经济形势、产业政策、融资环境、市场竞争、资源供给等经济因素；法律法规、监管要求等法律因素；安全稳定、文化传统、社会信用、教育水平、消费者行为等社会因素；技术进步、工艺改进等科学技术因素；自然灾害、环境状况等自然环境因素；其他有关外部风险因素。

2.风险评估分析

企业应当采用定性与定量相结合的方法，按照风险发生的可能性及其影响程度等，对识别的风险进行分析和排序，确定关注重点和优先控制的风险。

企业进行风险分析，应当充分吸收专业人员，组成风险分析团队，按照严格规范的程序开展工作，确保风险分析结果的准确性。

2008年金融危机爆发，导致国际油价暴跌，东方航空、中国国航和南方航空三家公司因燃油套期保值合约发生巨额公允价值损失，导致企业净亏损共达279亿元，约占全球航空企业亏损总额的48%。其中，中国国航套期保值合约亏损近75亿元，东方航空套期保值合约亏损62亿元。从国际经验看，订立套期保值合约以平抑油价已经成为航空公司普遍采取的策略。然而，这几家航空公司却为何因套期保值而蒙受巨大损失？为何因套期保值发生巨额亏损的事件不断发生？金融衍生工具风险有什么特点？其控制具有何种特殊性？

||| 相关链接

金融衍生品交易风险的特点

（1）"投机"与"保值"的双重交易属性。对金融衍生品的风险控制首先要明确交易目标和使用原则。东方航空套期保值发生损失的一个重要原因就是没有明确金融衍生品交易的目标，未严格执行套期保值的使用原则。

（2）风险构成复杂。由于金融衍生品通常集市场风险、操作风险、流动性风险、信用风险和法律风险于一身，因此，增加了对金融衍生品风险控制的难度。

（3）产品结构复杂，专业化程度高。东方航空此次使用的期权套期保值是在套期保值方案中镶嵌结构性期权工具，虽然能够降低期权费用，但由于产品复杂，需要更专业的技术人才对风险加以控制。

（4）金融衍生品价格波动迅速且范围大，短期具有"超调"反应。对金融衍生品风险的控制更应该制订及时且全面的应对方案。

（5）金融衍生品交易具有"小概率事件，大损失"的特点。对金融衍生品交易的风险控制不能忽视小概率事件发生所导致的风险，风险控制要全面。

从风险评估要素看，首先，风险管理目标不恰当或与经营目标不一致，未能考虑金融衍生品交易风险对公司总体经营的影响。作为一家航空公司，其采用金融衍生工具进行风险管理的目标应该是套期保值，而不应该是投机。其次，未能对公司套期保值策略风险的可能性和影响进行有效评估，缺乏及时、有效的风险应对机制，没有充分考虑相应的交易止损和预警机制，从而导致公司期权交易的巨大损失。

3.风险应对

企业应当根据风险分析的结果，结合风险承受度，权衡风险与收益，确定风险应对策略。企业应当合理分析、准确掌握董事、经理及其他高级管理人员、关键岗位员工的风险偏好，采取适当的控制措施，避免因个人风险偏好给企业经营带来重大损失。

企业应当综合运用风险规避、风险降低、风险分担和风险承受等风险应对策略，实现对风险的有效控制。所谓风险规避，是指企业对超出风险承受度的风险，通过放弃或者停止与该风险相关的业务活动以避免和减轻损失的策略。

所谓风险承受，是指企业对风险承受度之内的风险，在权衡成本效益之后，不准备采取控制措施降低风险或者减轻损失的策略。

企业应当结合不同发展阶段和业务拓展情况，持续收集与风险变化相关的信息，进行风险识别和风险分析，及时调整风险应对策略。

（三）控制活动

控制活动是企业根据风险评估结果，采用相应的控制措施，将风险控制在可承受限度之内。企业应当结合风险评估结果，通过手工控制与自动控制、预防性控制与发现性控制相结合的方法，运用相应的控制措施，将风险控制在可承受度之内。

企业采用的控制措施一般包括：不相容职务分离控制、授权审批控制、会计系统控制、财产保护控制、预算控制、运营分析控制和绩效考评控制等。

1.不相容职务分离控制

不相容职务分离控制要求企业全面系统地分析、梳理业务流程中所涉及的不相容职务，实施相应的分离措施，形成各司其职、各负其责、相互制约的工作机制。

▌▌▌相关链接

中海集团惊现"资金门"事件的缘由

2008年4月14日，据《经济观察报》报道，中国海运集团总公司（以下简称"中海集团"）爆出一桩中国航运界罕见的财务丑闻。据悉，中海集团驻韩国釜山子公司的巨额运费收入和部分投资款被公司内部人员非法截留转移。目前已经确认的抽逃资金总额大约4 000万美元（约合人民币3亿元），主要涉案人员为中海集团釜山子公司财务部经理兼审计李某某。

那么，中海集团惊现"资金门"事件的缘由是什么呢？

根据报道，此次事件的主要嫌疑人李某某既是中海集团釜山子公司的财务负责人，又兼任审计工作。这样一来就存在两个致命缺点：第一，财务机构和审计机构没有独立分设，审计职能完全依附于财务机构；第二，财务人员和审计人员身份上也没有独立。内部审计是专门的监督机构，其监督的对象主要是财务会计工作。这是企业控制链条中很重要的一环。如果离开审计的监督，企业的财务工作就失去了约束和控制。财务舞弊和风险就可能发生。中海集团在这方面显然存在着缺陷。在我国，不少企业也没有设置单独的审计机构，而是把内部审计置于财务部之下。但是，他们在人员上是独立的，经办财务工作的人员不兼任审计职能工作，所以多少还是能够发挥一定的监督作用。因为毕竟审计人员和财务人员不是同一个人，财务人员能够受到审计人员相对独立的监督与制约。而中海集团恰恰是机构和人员都没有独立，所谓的审计职能完全成了摆设，起不到任何程度的监督作用。这应该是此次"资金门"事件得以发生的重要原因之一。

资料来源　李若山，林波.中海釜山公司资金门暴露出内部控制体系的薄弱［EB/OL］.［2014-12-22］. https://www.gaodun.com/guoshui/647263.html.

2.授权审批控制

授权审批控制要求企业根据常规授权和特别授权的规定，明确各岗位办理业务和事项的权限范围、审批程序和相应责任。

企业应当编制常规授权的权限指引，规范特别授权的范围、权限、程序和责任，严格控制特别授权。常规授权是指企业在日常经营管理活动中按照既定的职责和程序进行的授权。特别授权是指企业在特殊情况、特定条件下进行的授权。

企业各级管理人员应当在授权范围内行使职权和承担责任。对于重大的业务和事项，应当实行集体决策审批或者联签制度，任何个人不得单独进行决策或者擅自改变集体决策。

3.会计系统控制

会计系统控制要求企业严格执行国家统一的会计准则制度，加强会计基础工作，明确会计凭证、会计账簿和财务会计报告的处理程序，保证会计资料真实完整。

企业应当依法设置会计机构，配备会计从业人员。会计机构负责人应当具备会计师以上专业技术职务资格。大中型企业应当设置总会计师。设置总会计师的企业，不得设置与其职权重叠的副职。

4.财产保护控制

财产保护控制要求企业建立财产日常管理制度和定期清查制度，采取财产记录、实物保管、定期盘点、账实核对等措施，确保财产安全。企业应当严格限制未经授权的人员接触和处置财产。

5.预算控制

预算控制要求企业实施全面预算管理制度，明确各责任单位在预算管理中的职责权限，规范预算的编制、审定、下达和执行程序，强化预算约束。

6.运营分析控制

运营分析控制要求企业建立运营情况分析制度，经理层应当综合运用生产、购销、投资、筹资、财务等方面的信息，通过因素分析、对比分析、趋势分析等方法，定期开展运营情况分析，发现存在的问题，及时查明原因并改进。

7.绩效考评控制

绩效考评控制要求企业建立和实施绩效考评制度，科学设置考核指标体系，对企业内部各责任单位和全体员工的业绩进行定期考核和客观评价，将考评结果作为确定员工薪酬以及职务晋升、评优、降级、调岗、辞退等的依据。

企业应当根据内部控制目标，结合风险应对策略，综合运用控制措施，对各种业务和事项实施有效控制。企业应当建立重大风险预警机制和突发事件应急处理机制，明确风险预警标准，对可能发生的重大风险或突发事件，制定应急预案、明确责任人员、规范处置程序，确保突发事件得到及时妥善处理。

（四）信息与沟通

1.信息与沟通机制

信息与沟通是指企业及时、准确地收集、传递与内部控制相关的信息，确保信息在企业内部、企业与外部之间进行有效沟通。

企业应当建立信息与沟通制度，明确内部控制相关信息的收集、处理和传递程序，确保信息及时沟通，促进内部控制有效运行。具体要做好以下几方面的工作：

（1）企业应当对收集的各种内部信息和外部信息进行合理筛选、核对、整合，提高信息的有用性。企业可以通过财务会计资料、经营管理资料、调研报告、专项信息、内部刊物、办公网络等渠道，获取内部信息。企业可以通过行业协会组织、社会中介机构、业务往来单位、市场调查、来信来访、网络媒体以及有关监管部门等渠道，获取外部信息。

（2）企业应当将内部控制相关信息在企业内部各管理级次、责任单位、业务环节之间，以及企业与外部投资者、债权人、客户、供应商、中介机构和监管部门等有关方面之间进行沟通和反馈。信息沟通过程中发现的问题，应当及时报告并加以解决。重要信息应当及时传递给董事会、监事会和经理层。

（3）企业应当利用信息技术促进信息的集成与共享，充分发挥信息技术在信息与沟通中的作用。

企业应当加强对信息系统开发与维护、访问与变更、数据输入与输出、文件储存与保管、网络安全等方面的控制，保证信息系统安全稳定运行。

2.反舞弊机制

企业应建立反舞弊机制，坚持惩防并举、重在预防的原则，明确反舞弊工作的重点领域、关键环节和有关机构在反舞弊工作中的职责权限，规范舞弊案件的举报、调查、处理、报告和补救程序。企业至少应当将下列情形作为反舞弊工作的重点：

（1）未经授权或者采取其他不法方式侵占、挪用企业资产，牟取不当利益。

（2）在财务会计报告和信息披露等方面存在虚假记载、误导性陈述或者重大遗漏等。

（3）董事、监事、经理及其他高级管理人员滥用职权。

（4）相关机构或人员串通舞弊。

企业应当建立举报投诉制度和举报人保护制度，设置举报专线，明确举报投诉处理程序、办理时限和办结要求，确保举报、投诉成为企业有效掌握信息的重要途径。举报投诉制度和举报人保护制度应当及时传达至全体员工。

（五）内部监督

内部监督是指企业对内部控制建立与实施情况进行监督检查，评价内部控制的有效性，发现内部控制缺陷，及时加以改进。

企业应当根据相关法律法规的要求，结合企业的实际情况，制定内部控制监督制度，明确内部审计机构（或经授权的其他监督机构）和其他内部机构在内部监督中的职责权限，规范内部监督的程序、方法和要求。

内部监督分为日常监督和专项监督。日常监督是指企业对建立与实施内部控制的情况进行常规、持续的监督检查；专项监督是指在企业发展战略、组织结构、经营活动、业务流程、关键岗位员工等发生较大调整或变化的情况下，对内部控制的某一或者某些方面进行有针对性的监督检查。专项监督的范围和频率应当根据风险评估结果以及日常监督的有效性等予以确定。

企业应当制定内部控制缺陷认定标准，对监督过程中发现的内部控制缺陷，应当分析缺陷的性质和产生的原因，提出整改方案，采取适当的形式及时向董事会、监事会或者经理层报告。内部控制缺陷包括设计缺陷和运行缺陷。企业应当跟踪内部控制缺陷整改情况，并就内部监督中发现的重大缺陷，追究相关责任单位或者责任人的责任。企业应当结合内部监督情况，定期对内部控制的有效性进行自我评价，出具内部控制自我评价报告。

内部控制自我评价的方式、范围、程序和频率，由企业根据经营业务调整、经营环境变化、业务发展状况、实际风险水平等自行确定。国家有关法律法规另有规定的，从其规定。

企业应当以书面或者其他适当的形式，妥善保存内部控制建立与实施过程中的相关记录或者资料，确保内部控制建立与实施过程的可验证性。

综上所述，内部环境、风险评估、控制活动、信息与沟通以及内部监督构成了内部控制框架的五大要素；实施内部控制的目的是合理保证企业目标的顺利实现；要真正实现上述目标，则需要公司的治理层、管理层、普通员工以及各个业务单位的共同努力。因此一个完整的内部控制理论框架应包括要素、目标、主体等内容，这样才是一个立体的整合框架。

二、企业内部控制配套指引

继《企业内部控制基本规范》发布后，财政部、证监会、审计署、银监会及保监会五家监管机构相继发布了《企业内部控制应用指引》、《企业内部控制评价指引》和《企业内部控制审计指引》（以下共称企业内部控制配套指引），作为实施《企业内部控制基本规范》的具体指引。

企业内部控制配套指引于2011年1月1日起对在境内外同时上市的公司首先实施，自2012年1月1日起对在上海证券交易所上市的公司及深圳证券交易所主板上市的公司实施。相关指引的出台，对国内企业，尤其是上市公司完善其内部控制和风险管理架构提出了更为明确和可操作性的要求。如何高效地满足相关指引的要求，进一步提高企业内部控制意识和风险管理水平，成为上市公司董事会和管理层面临的重大挑战。

（一）《企业内部控制应用指引》

《企业内部控制应用指引》是根据《企业内部控制基本规范》的要求，对企业在开展各项业务过程中如何建立和实施内部控制作出具体规定，具体包括：组织框架的设计与运行，企业发展战略的制定与实施，人力资源的引进、开发、使用与退出，企业履行社会职责与义务，企业文化的建立与评估，资金的筹集与营运，采购与付款的采购业务，存货、固定资产与无形资产的资产管理，销售与收款的销售业务，研究与开发业务，工程立项、招标、造价、建设与验收的工程项目业务，调查评估审批、执行与监控的担保业务，承包方选择与业务外包实施的外包业务，财务报告的编制、对外提供与分析利用，全面预算的编制、执行与考核，合同的订立与履行的合同管理，内部报告的形成与使用的内部信息传递，信息系统的开发、运行与维护的信息系统管理。

（二）《企业内部控制评价指引》

《企业内部控制评价指引》是为企业管理层对本企业进行内部控制自我评价提供的指引和要求，包括评价内容和标准、评价程序和方法、评价报告的出具和披露，目的是规范企业内部控制的评价工作，指导企业对内部控制有效性进行综合评价，发现缺陷，提出并实施改进方案，确保内部控制有效执行。

（三）《企业内部控制审计指引》

《企业内部控制审计指引》是为了规范注册会计师执行企业内部控制审计业务，明确工作要求，保证执业质量，根据《企业内部控制基本规范》《中国注册会计师鉴证业务基本准则》及相关执业准则制定的。

本指引所称内部控制审计，是指会计师事务所接受委托，对特定基准日内部控制设计与运行的有效性进行审计。建立健全和有效实施内部控制，评价内部控制的有效性是企业董事会的责任。按照本指引的要求，在实施审计工作的基础上对内部控制的有效性发表审计意见，是注册会计师的责任。注册会计师执行内部控制审计工作，应当获取充分、适当的证据，为发表内部控制审计意见提供合理保证。注册会计师应当对财务报告内部控制的有效性发表审计意见，并对内部控制审计过程中注意到的非财务报告内部控制的重大缺陷，在内部控制审计报告中增加"非财务报告内部控制重大缺陷描述段"予以披露。

第三节　我国企业内部控制的信息披露

内部控制信息披露是建立在董事会和管理层对内部控制效率评价基础上，由上市公司向投资者提供以内部控制状况等相关信息为内容的披露行为。其披露内容和形式也随着我国内部控制理论的逐步发展，经历了自愿披露—局部强制披露—整体强制披露阶段。

一、自愿披露阶段

证监会对上市公司内部控制信息披露相关规范出台前，我国无论是理论界，还是实务界对于内部控制信息披露的研究极少，这一阶段，对于内部控制信息披露并无强制的规定，内部控制信息依然附属于会计信息的一部分，并没有单独分离。如

2001年财政部颁布实施的《内部会计控制规范——基本规范》中规定，以单位内部会计控制为主，同时兼顾会计相关控制。单位可以聘请中介机构或相关专业人员对本单位的内部会计控制的建立健全及有效实施进行评价，接受委托的中介机构或相关专业人员应当对委托单位内部会计控制中的重大缺陷提出书面报告，出具评价报告。

二、局部强制披露阶段

2000年年底，证监会颁布《公开发行证券的公司信息披露编报规则》第1、3、5号，分别要求商业银行、保险公司和证券公司招股说明书应对内部控制制度的完整性、合理性和有效性作出说明，还应委托所聘请的会计师事务所对其内部控制制度，尤其是风险管理系统的完整性、合理性与有效性进行评价，提出改进建议，并出具评价报告。第7号和第8号还要求商业银行和证券公司的内部控制评价报告随年度报告一并报送证监会和证券交易所。可见，证监会对商业银行、证券公司和保险公司的内部控制信息披露的要求是强制性的，对一般上市公司的要求在此阶段仍属自愿。

2001年年初，证监会分别颁布了《公开发行证券的公司信息披露内容与格式准则第1号——招股说明书》和《公开发行证券的公司信息披露内容与格式准则第11号——上市公司发行新股招股说明书》，规定"发行人应披露公司管理层对内部控制制度完整性、合理性及有效性的自我评估意见。注册会计师指出以上'三性'存在重大缺陷的，应披露并说明改进措施"。上述两项规定主要是针对上市公司发行新股涉及的内部控制信息披露。

《公开发行证券的公司信息披露内容与格式准则第2号——年度报告》（2001年、2003年、2004年、2005年和2007年均有修订）中，前面的四个版本虽然说明在治理结构部分强调要披露独立董事执行情况，控股股东的职责分离，以及高管薪酬及激励机制与内部控制有着千丝万缕的关系，但是始终没有明确提出披露内部控制相关信息。

2007年，证监会颁布《公开发行证券的公司信息披露内容与格式准则第2号——年度报告的内容与格式》（修订版），修订的准则第2号对内部控制信息的披露有了强制性的规定：公司应该说明生产经营控制、财务管理控制、信息披露控制等内部控制制度的建立和健全情况，包括内部控制制度建立健全的工作计划及其实施情况、内部控制检查监督部门的设置情况、董事会对内部控制有关工作的安排、与财务核算相关的内部控制制度的完善情况；同时鼓励中央控股的、金融类及其他有条件的上市公司披露董事会出具的、经审计机构核实评价的公司内部控制自我评估报告。

三、整体强制披露阶段

2006年，上海证券交易所和深圳证券交易所分别发布了《上海证券交易所上市公司内部控制指引》《深圳证券交易所上市公司内部控制指引》。这两个指引均要求上市公司在年报中披露内部控制制度的制定和实施情况，并明确了公司董事会要对内部控制制度负责，董事会应形成内部控制自我评价报告；注册会计师在对公司进行年度审计时，应出具内部控制评价意见；内部控制自我评价报告和注册会计师评价意见与公司年度报告同时对外披露。

　　2008年5月，财政部等五部委联合发布《企业内部控制基本规范》，该规范要求企业应结合内部监督情况，定期对内部控制的有效性进行自我评价，出具内部控制自我评价报告。内部控制自我评价报告成为上市公司年报中强制性的附件。至此，我国上市公司内部控制信息披露进入了一个强制性披露阶段。

第四节　案例与思考

案例一　中国航油集团（新加坡）股份有限公司事件

1.案例简介

　　2004年12月1日，中国航油公司（新加坡）股份有限公司（以下简称"中航油"）因错判油价走势，在石油期货投资上累计亏损5.5亿美元，决定向新加坡高等法院申请破产保护，这在当时不但是新加坡的一大新闻，也是震撼世界的金融大丑闻。在破产保护之前，公司经营的成功为其赢来了一连串声誉：新加坡国立大学将其作为MBA的教学案例；2002年公司被新加坡交易所评为"最具透明度的上市公司"，并且是唯一入选的中资公司；公司总裁陈久霖被《世界经济论坛》评选为"亚洲经济新领袖"，他还曾入选"北大杰出校友"名录。

　　中航油成立于1993年，由中央直属大型国企中国航油集团公司控股，总部和注册地均位于新加坡。中国航空用油百分之百由中航油集团包办，其中有33%左右的航油通过进口采购。当时，中航油集团内部有着一个强势的采购部门。远在新加坡的中航油被闲置一边，陷入了停业状态。

　　1997年，陈久霖出任中航油总经理，公司开始参与集团对外的进口油投标，并逐渐获得了越来越多的采购权。中航油在整个中国进口航油的市场份额也由1997年的不足3%飙升到1999年的83%、2000年的92%，再到2001年采购进口航油160万吨，市场占有率接近100%。

　　就在2004年9月，中航油还因股东年度总回报率高达346.3%，名列新加坡600多家上市企业的首位，被新加坡《商业时报》评为新加坡股市表现第一名。9月24日，新加坡证券投资者协会向中航油颁发"最具透明度企业"奖。

　　8月27日，公司在与投资者的在线沟通中，针对某位投资者关于公司是否会在原油价格上涨中获益的提问，答复道："公司自身的状况比油价对公司的盈利情况影响更大，所以我们不能说我们能从原油价格上涨中获益。"而当讨论到公司的股票时，公司方面称，从当前的市场水平来看，公司股价便宜，还对全年的盈利数据表示乐观。然而，随着公司在交易中损失的骤增，公司再也无力应付来自银行的担保需求。最后，公司不得不向"黑暗"中的投资者揭示真相。事件回顾如下：

2003年下半年：中航油开始交易石油期权，最初涉及200万桶石油。中航油在交易中获利。

2004年一季度：油价攀升导致公司潜亏580万美元，公司决定延期交割合同，期望油价能回跌，交易量也随之增加。

2004年二季度：随着油价持续升高，公司的账面亏损额增加到3 000万美元左右。公司因而决定再延后到2005年和2006年才交割；交易量再次增加。

2004年10月：油价再创新高，公司此时的交易盘口达5 200万桶石油，账面亏损再度大增。

10月10日：面对严重资金周转问题的中航油，首次向母公司呈报交易和账面亏损。为了补加交易商追加的保证金，公司已耗尽近2 600万美元的营运资本、1.2亿美元银团贷款和6 800万美元应收账款资金。账面亏损高达1.8亿美元，另外已支付8 000万美元的额外保证金。

10月20日：母公司提前配售15%的股票，将所得的1.08亿美元资金贷款给中航油。

10月26日和28日：公司因无法补加一些合同的保证金而遭逼仓，蒙受1.32亿美元实际亏损。

11月8日到25日：公司的衍生商品合同继续遭逼仓，截至25日的实际亏损达3.81亿美元。

12月1日：在亏损5.5亿美元后，中航油宣布向法庭申请破产保护令。国际石油期货交易以5%的保证金放大20倍持有合约，中航油5.5亿美元巨亏意味着其"豪赌"了约110亿美元合约。

根据公司前总裁陈久霖向法院作出的证明，6月份公司就已经面临着3 580万美元的潜在亏损，同时在原油价格继续上升的时候还继续追加了错误方向（做空）的资金。而在8月12日披露的第二季度报告中，公司的净利润仍有1 020万美元，但该报告没有揭示交易损失和负债情况，相反，还在吹嘘公司紧抓风险管理的程序。中航油在11月12日发布的声明中还表示："公司仍有把握认定，2004年全年收益将超过2003年，因此将达到创纪录水平。"

中航油在新加坡注册成立，其治理结构完全按照新加坡关于上市公司监管的要求建立，因此中航油并不缺乏完善的公司治理结构和相应的制度安排，但总裁陈久霖的个人权力没有得到有效制约，个人权力凌驾于公司内部监督及风险内部控制制度之上。陈久霖把中航油集团公司向新加坡公司派出的财务经理调开，从当地雇人担任财务经理，只听命于他一人。集团党委书记在新加坡两年多，一直不知其从事OTC投机交易。由于个人绝对权力过大，没有谁能监督他，导致公司的风险管理制度形同虚设。

从中航油的案例来看，公司给陈久霖的权力过大，以至于他本人对规则极端漠视，造成高层控制无效。公司曾聘请国际知名的会计师事务所安永为其编制了《风险管理手册》，设有专门的风险控制员及软件监控系统，还规定了严格的预警和止损制度。中航油规定，每位交易员对损失20万美元以上的交易要提交公司风险管理委员会评估，累计损失超过35万美元的交易必须得到总裁同意才能继续，任何将导致50万美元以上损失的交易将自动平仓。中航油共有10位交易员，也就是说，损失上限是500万美元，这与5.5亿美元的数字极不相称。不知道这是由于交易员隐瞒了交易及其亏损的规模，还是管理层低估了期权隐含的巨大风险，或是对其视而不见，不及时止损，却希望有朝一日能挽回损失。这无疑告诉外界，该公司内部控制、董事会对管理团队的监督出了问题。

但当中航油在期货市场上继续亏损时，公司内部的风险控制机制仍然没有启动。中航油事件表明，一方面，应当采取措施使公司治理结构得以有效实施；另一方面，公司的内部控制运行机制应当能够防止由于高层决策失误而导致的风险和损失。

1999年6月，国务院发布的《期货交易管理暂行条例》规定："期货交易必须在期货交易所内进行。禁止不通过期货交易所的场外期货交易。""国有企业从事期货交易，限于从事套期保值业务，期货交易总量应当与其同期现货交易量总量相适应。"2001年10月，证监会发布的《国有企业境外期货套期保值业务管理制度指导意见》规定："获得境外期货业务许可证的企业在境外期货市场只能从事套期保值交易，不得进行投机交易。"中航油的期权交易远远超过远期套期保值的需要，属于纯粹的博弈投机行为。据中航油的公告，自2003年以来，公司的利润结构中，原先的核心业务如中国进口航油采购和国际石油贸易仅占总利润的16%，而公司依靠投资获得的回报则已经占公司税前盈利的68%。陈久霖在给法院的陈述中称，一开始进入石油期货市场时，中航油获得了巨额的利润——相当于200万桶石油。正是在这种暴利的驱动下，中航油才越陷越深。事情败露后，陈久霖还认为："只要再有一笔钱，就能挺过去，就能翻身。"

2006年3月21日，中航油前总裁陈久霖在结束一天的审判后，被立即送往新加坡樟宜监狱服刑。他因局内人交易、公司业绩报告造假、没有向新交所披露重要信息、欺骗德意志银行等6项罪名，面临4年零3个月的监禁和33.5万新元的罚款。

中航油事件让我们很容易就联想到当年同样发生在新加坡的巴林银行事件，亏损11亿美元。搞垮百年老店的只是一起交易员的越权交易。一个普通交易员之所以能造成这么大的损失，从根本上说也是内部控制失当。无数的事实表明，在高风险的衍生品市场上，缺乏有效的内部控制机制会将一家辛辛苦苦经营多年的企业在几天甚至几分钟内全部赔光。

资料来源 王文华. 从"中航油事件"看企业的内部控制［J］. 财会月刊，2005（11）.

2.案例思考

（1）从内部控制角度分析中国航油集团（新加坡）股份有限公司破产的原因。

（2）谈谈你对中国航油集团（新加坡）股份有限公司破产事件的看法。

案例二　雅百特财务造假事件

1.案例回顾

江苏雅百特科技有限公司（简称雅百特）前身为江苏中联电气股份有限公司（简称中联电气）。中联电气成立于2002年10月，主要从事矿用隔爆变电站和矿用隔爆型变压器的生产。经过快速发展，中联电气于2009年12月在创业板上市。2014年，受宏观环境影响，中联电气业绩大幅下滑。2015年，中联电气向山东雅百特科技有限公司的瑞鸿、纳贤和智度德诚（股东）定向发行股票并进行资产置换，取得山东雅百特100%的股权，成功实现借壳上市，旨在将其主营业务转型为金属维护系统和分布式光伏发电，从根本上改善经营业绩。重组完成后，借壳公司名称变更为江苏雅百特科技股份有限公司，公司股票更名为雅百特。在进行资产重组时，雅百特签订业绩对赌协议，允诺2015—2017年实现各年高盈利；若未能实现业绩承诺，将向瑞鸿和纳贤以股份及现金方式、向智度德诚以股份方式进行补偿。2015年，雅百特财报显示当年完成了业绩承诺。然而在2015年，雅百特曾多次被媒体质疑财务造假。2017年4月，雅百特发布公告称因其涉嫌信息披露违法被证监会正式立案调查，之后钟某实名举报雅百特虚构海外项目。经过证监会查证，雅百特在2015年至2016年9月期间，累计虚增营业收入5.83亿元，虚增利润2.56亿元。2018年7月5日，雅百特被强制退市。最终，证监会决定对雅百特依法处以60万元罚款，对主管人员陆某处以30万元罚款并终身市场禁入，对其他有关责任人员分别处以行政处罚或终身市场禁入。

2.雅百特财务造假的手段

（1）虚拟海外项目

因国外项目相对较难进行审计，雅百特虚构了一个巴基斯坦木尔坦市的城市快速公交专线海外项目。2015年年报显示，雅百特与巴基斯坦木尔坦合作的公交工程项目带来超过2亿元收入，占年度销售总额的21.8%，且当年营业收入达到9.26亿元，同比增长86.8%。然而经过调查，这个项目的业主方为木尔坦发展署，项目虽然存在，但木尔坦发展署并没有和雅百特公司合作。雅百特通过一家海外公司虚构了合同和信件，宣称向海外出口了一批建筑材料，再通过第三方公司把材料进口回来，获得了报关单和托运单，加上伪造的施工现场图片，由此虚构了海外工程正在施工的假象并虚增利润。

（2）虚构国际贸易

雅百特宣称，2015年曾与安哥拉一家公司签订建筑材料采购合同，然而这是虚假的国际贸易。据此雅百特获得报关单等凭证，但是建筑材料并未运往安哥拉，而是运往中国香港，再通过一家国际贸易公司进口回来。除此之外，雅百特使用同样的手段虚构了一些与其他地区的贸易，虚增利润。2015—2016年，雅百特通过第三方支付和银行票据经过100多个银行账户进行资金划转，由于涉及账户多且复杂，因此追查困难。

（3）利用关联交易

雅百特2015年虚拟关联交易，以虚假采购方式将资金转入其关联公司，再通过客户公司将资金以销售款的名义收回，伪造现金流。2015年，雅百特从多个国内企业虚假购进建筑材料，再虚假售出，其交易过程并未实现建筑材料的流动，仅完成了资金的流动。雅百特2015年报并没有披露供应商的具体名称，只以客户1、客户2等形式列出。在2017年被深交所询问后，雅百特才披露了前五大供应商的具体名称。经过查证，其中两家公司为其关联方。此外，2015—2016年雅百特还通过关联公司拆入资金4.55亿元。

3.雅百特财务造假暴露的问题

（1）盲目对赌。雅百特在借壳上市前盲目与山东雅百特科技有限公司股东签订业绩赌约，允诺2015—2017年各年业绩不低于2.55亿元、3.6亿元和4.71亿元。一方面，期望高业绩能够使公司在重组时获得更好的溢价。另一方面，想以此向资本市场传递利好信息，使投资者误认为公司在不断发展，进而维持股价的不断上涨，为后续再融资奠定基础。

（2）股权治理失衡。雅百特最初由陆永夫妻创立，2015年借壳上市后，陆永夫妻持股超过50%，是典型的家族式企业，夫妻二人对公司的决策有着绝对的话语权，而其他股东由于持股比较分散，因此无法形成牵制效果，形成"一言堂"。

（3）财务形同虚设。财务部本应具有内部监督职能，然而雅百特的财务人员顺应大股东的要求，职业道德缺失。据查证，雅百特财务造假是由一名会计师和一名不懂会计的助理作出的，财务监控职能丧失。

（4）监管失效。雅百特的很多走账公司和供应商都是空壳公司，空壳公司为其打开了资金往来的便利之门。然而对此，监管机构并未察觉，直至媒体多次质疑后才开始调查，财务造假的发生不乏监管机构的疏漏。

（5）惩处微痛。据查证，雅百特仅2015年一年就虚增净利润2.32亿元，占当期利润总额的73%。相比之下，证监会最后依法对雅百特仅处以60万元罚款，对主管人员仅处以30万元罚款，其惩处金额较造假金额少之又少，可见财务造假成本之低廉，风险之小。

（6）审计失职。会计师事务所是间接防止财务造假的第一防线。然而雅百特聘请的会计师事务所却在2015年对雅百特出具了标准无保留审计意见，2016年出具了带有强调事项的无保留审计意见。很明显，会计师事务所的审计出现了问题。

资料来源　牛彦秀，宫子琇. 雅百特财务造假暴露的问题及对策探究［J］. 财务与会计，2019（4）.

4.案例思考

查阅相关背景资料，从我国内部控制基本规范角度，分析雅百特财务造假的原因及解决雅百特财务造假问题的对策。

本章小结

自20世纪90年代起，我国政府开始加大对企业内部控制的推行，在借鉴其他国家和经济组织内部控制规范的基础上，颁布和修订了一系列内部控制相关法律法规，涉及审计署、中国人民银行、银监会、保监会、证监会有关内部控制的规定。为了加快推进我国企业内部控制标准体系建设，2008年5月，财政部、证监会、审计署、银监会、保监会五部委联合发布《企业内部控制基本规范》，于2010年发布了《企业内部控制应用指引》、《企业内部控制评价指引》和《企业内部控制审计指引》作为实施《企业内部控制基本规范》的具体指引。企业内部控制配套指引于2011年1月1日起对在境内外同时上市的公司首先实施，自2012年1月1日起对在上海证券交易所上市的公司及深圳证券交易所主板上市的公司实施。

我国内部控制的框架是在借鉴了COSO报告内部控制框架、风险管理框架理论成果的基础上结合中国的实际提出的，其内部控制框架包括内部环境、风险评估、控制活动、信息与沟通以及内部监督五要素。其中，内部环境是整个内部控制的基础，风险评估是依据，控制活动是手段，信息与沟通是载体，内部监督是保证，内部控制要素的五个方面相互联系、彼此融合，形成了一个完整的框架。

《企业内部控制应用指引》是根据《企业内部控制基本规范》的要求，对企业在开展各项业务过程中如何建立和实施内部控制作出具体规定。《企业内部控制评价指引》是为企业管理层对本企业进行内部控制自我评价提供的指引和要求。《企业内部控制审计指引》是为了规范注册会计师执行企业内部控制审计业务，明确工作要求，保证执业质量，根据《企业内部控制基本规范》《中国注册会计师鉴证业务基本准则》及相关执业准则制定的。

我国内部控制信息披露的形式经历了自愿披露阶段、局部强制披露阶段和整体强制披露阶段。

第三章

风险管理理论

学习目标

通过本章学习，了解风险以及风险管理的含义，熟知风险的类别，掌握企业全面风险管理框架的主要内容及基本流程，能恰当运用内部控制理论对内部控制案例进行分析。

第一节　风险的内涵及种类

在竞争激烈的市场过程中，企业的经营活动经常伴随着各种各样的不确定性，它们有可能使企业遭受损失，或者赢利，这种不确定性就是所谓的风险。从某种意义上来说，企业的生存和发展就是识别、评估与管理各种风险的过程。风险管理是20世纪70年代在国外发展起来的，目前已成为经济学界和企业界备受关注的热门领域。

一、风险的内涵

对风险进行开拓性研究的是美国经济学家奈特（Knight），他在1921年出版的《风险、不确定性与利润》中对风险作了经典的定义[①]："可测定的不确定性"，是指经济主体的信息虽然不充分，但却难以对未来可能出现的各种情况给定一个概率值。

传统的契约经济学把企业风险的来源分为两种：（1）企业内部交易的不确定性，指因企业内部的委托代理交易、经理知识的有限性、劳动雇佣关系等各种状况的不确定性而产生的风险；（2）企业外部环境的变化，指因企业经营环境的变化而产生的风险。一般地，人们把环境的不确定性分为两种：一种是基于环境自身的动态和随机的变化；另一种是企业对环境的认知能力相对有限。企业风险实质表现为企业的交易费用增加。

风险的高低可以用两个维度来衡量：一个是利害程度；另一个是不确定性。利害程度可以是收益，也可以是损失，利害程度越大，潜在的收益或损失也越大，风险的大小不但与不确定性有关，而且还和利害程度有关，这两者的坐标位置决定了风险的大小。

2001年，国际内部审计师协会（IIA）将风险定义为可能对目标的实现产生影响的不确定性，并指出风险衡量标准的后果与可能性。随后的学者研究的风险概念不仅包含了未来结果朝不利方向变动的可能性，即风险损失，而且将未来结果朝有利方面的变动也包括在内。2002年，英国风险管理协会、保险和风险管理师协会以及公共部门风险管理协会共同发布了风险管理标准，将风险定义为事件及其后果的可能性的结合，既关注风险的消极面，也关注风险的积极面。

在现代市场经济中，随着全球贸易以及电子信息技术的发展，企业面临风险的机会大大增多，人们意识到必须重视"风险能够导致变革和机会"。随着社会的发展，人们的风险观念发生了巨大的变化。

---

① Knight F H.Risk, Uncertainty, and Profit [M]. NewYork: Augustus M.Kelley, 1964.

二、风险的种类

风险的分类是认识企业风险管理的前提。在实际当中，企业面对的风险要复杂得多，而且许多形式的风险是混杂在一起的。根据不同的风险定义有不同的分类，在学术上也没有一个统一的分类标准。例如：根据风险对企业产生的过程不同可以分为环境风险、过程风险和决策信息风险等；根据引起不确定性的原因可以归纳为系统性风险和非系统风险两类。

（1）系统性风险（systematic risk），或称不可分散风险，指外部经济体的整体变化，这些变化包括社会、经济、政治等企业难以控制的事实或事件。这类风险对企业影响的程度不一，企业的自身无法控制，但所有的企业都要面对。

（2）非系统风险（unsystematic risk），又称可分散风险，指企业受自身因素影响的风险，这种风险只造成企业自己的不确定性，对其他企业不发生影响。它是特定企业或特定行业所特有的，与政治、经济和其他影响所有资产的市场因素无关。因此，企业针对此类风险进行控制的措施就比较多。

第二节　风险管理的内涵及发展

一、风险管理的内涵

风险管理是"风险"和"管理"两个概念的整合。因此，风险管理本质上是针对各种风险的管理活动的总称，包括风险识别、风险评估、风险应对和风险控制等。

风险管理起源于第一次世界大战中战败的德国，20世纪30年代在美国兴起，50年代以来发展成为一门独立的学科，20世纪60年代，风险管理在美国工商企业界发展为一种现代化的管理手段；70年代以后，全球性的企业风险管理运动兴起，90年代以后，整体层面的风险管理思想出现并逐渐得到推广。它是组织管理功能特殊性的一部分。由于风险存在的普遍性，风险管理的涵盖面甚广。从不同的角度，不同的学者提出了不尽相同的定义，如法约尔的安全生产思想、马歇尔的"风险分担管理"观点等。但是，风险管理作为一门学科得到系统的发展则是始于20世纪中叶：1950年，加拉格尔在《风险管理：成本控制的新阶段》的论文中，提出了风险管理的概念；Johnso（1952）提到了农场管理中如何处理风险和不确定性问题，从而较早涉及企业（农场）的风险管理问题。

风险管理真正作为一门学科的出现，是以Mehr和Hedges的《企业风险管理》（1963）和C.A.Williams和Richard M.Heins的《风险管理与保险》（1964）的出版为标志。Williams和Heins认为："风险管理是通过对风险的识别、衡量和控制从而以最小的成本使风险所致损失达到最低程度的管理方法。"①风险管理不仅是一门技

---

① 王稳，王东. 企业风险管理理论的演进与展望［J］. 审计研究，2010（4）.

术、一种方法、一种管理过程，而且是一门新兴的管理科学。

COSO委员会《企业风险管理——整合框架》对企业风险管理的表述为：企业风险管理是指管理层通过制定战略目标，力求实现增长和报酬目标以及相关的风险之间的最优平衡，并且在追求所在主体目标的过程中高效率和有效地调配资源，使价值得以最大化。

二、风险管理的发展

风险管理是一门新兴的管理科学，其发展历史不长，其研究对象是风险发生的机理、规律、管控技术手段以及对其建立的预警机制，尤其关注风险管理过程中损失的最小化。风险管理理论的发展经历了保险与财务的风险管理阶段和整体、全面的风险管理阶段。

1.保险和财务的风险管理

20世纪30年代以来，众多学者和研究机构对风险管理研究的内容基本限于可保风险和财务风险。风险应对的主要手段就是保险，即通过保险来承受或转嫁风险。这一阶段的研究者也大多来自金融保险界，这在一定程度上使风险管理研究打上了金融保险的烙印。

1955年，《管理评论》上发表的论文《对风险问题的一种管理方法》，认为保险作为企业管理风险的最重要手段应该得到企业管理层和股东的重视，保险是企业支出的各种成本中最具有价值的部分。Denenberg等（1966）也强调了保险在这个阶段风险管理中的重要作用，指出风险经理的重要职责就是为企业确定合适的保险策略和保险产品，以至于将风险经理的名称改为"保险和风险经理"。Snider（1956）、McCahill，Jr.（1971）强调，风险管理部门在企业的组织结构中不仅要具有一定的地位，向最高管理层汇报工作，而且要与财务部门保持良好的沟通和配合。

20世纪50年代，美国工商业界发生了两件大事：一件是通用汽车公司的一场大火造成了5 000万美元的巨额经济损失；另一件是由于团体人身保险福利和退休金问题，钢铁业发生了长达半年的工人罢工，给国民经济带来难以估量的损失。这两件大事引起了美国理论界和工商企业界的震动，工商企业高层决策者真正意识到风险管理的重要性，风险管理实践与理论研究由此从金融业扩展到非金融业。在此阶段，风险管理研究的方法以模型化的定量研究为主。

1963年，梅尔与赫尔奇斯出版的《企业风险管理》一书标志着风险管理的研究逐步趋于系统化、专门化。在此之后，概率论和数理统计技术大量应用于风险管理领域的研究，使风险分析发生了质的飞跃，风险管理从经验走向科学。Sharpe、Lintner和Mossin分别于1964年、1965年、1966年进一步完善了资本资产定价模型。通过将风险管理理论与传统的企业理论相结合，将风险管理的决策过程与企业的整体决策相融合，并利用资本资产定价模型，将企业的决策规则拓展到最优自留比例、累计免赔额的选择以及选择储备政策等方面，使得风险管理融入金融市场理论中，并运用于企业财务政策方面。

Zmijewsk（1984）运用 Probit 模型进行企业风险预测；Morgan（1997）提出了风险价值理论（一种以损失为基础的新的风险管理模型），即 value at risk（VAR）。Morgan 将其定义为"在既定头寸被冲销或重估前可能发生的市场价值最大损失的估计值"。VAR 成功将风险量化和标准化，成为风险管理领域的量化指标之一。

2.整体的风险管理

20世纪90年代以来，社会环境和经济环境发生了很大的变化，从巴林银行倒闭事件到墨西哥金融危机、亚洲金融危机、拉美部分国家金融动荡等系统性事件，证明损失不再是由单一风险造成的，而是由信用风险、市场风险和操作风险等多种风险因素交织作用而成的，建立良好的全面风险管理体系迫在眉睫。在这样的社会经济背景下，基于整体层面的风险管理应运而生。整体层面的风险管理涵盖了保险、套期保值、投资融资、薪酬设计甚至税收管理等多个领域，它代表着新的管理思想，是对以往的风险管理技术、方法进行整合创新。

1992年，Kent D.Miller提出了整合风险管理（integrated risk management）的概念，开创了整合风险之先河。随后的十多年，不同学者从自己的研究领域出发对整体风险管理理论的阐释各有侧重，形成了多个学派。各个学派在研究的角度、关注的侧重点等方面存在着差异，但他们的基本思路是一致的：强调将各种风险及其管理综合起来，赋予全面的考虑。①

Doherty 和 HeilA（2000）认为，企业要从整体角度出发分析、识别、评价企业面对的所有风险，并实施相应的管理策略。其主要观点在于企业可以根据具体的风险状况，对多种风险管理方式进行整合，强调风险研究范围的扩展。

李志辉（2002）②强调对金融机构面临的风险作出连贯一致、准确和及时的度量；试图建立一种严密的程序，用来分析总的风险在交易过程、资产组合及其他经营活动范围内的分布情况以及对不同类型的风险应该怎样进行定价和合理配置资本。

3.全面风险管理

进入21世纪，世界各国包括政府和行业、民间机构纷纷展开了对全面风险管理的研究。

北美非寿险精算师协会（CAS）在一份报告（2003）中明确提出了全面风险管理（Enterprise Risk Management，ERM）的概念，CAS 将全面风险管理定义为：一个对各种来源的风险进行评价、控制、研发、融资、监测的过程，任何行业的企业都可以通过这一过程提升短期或长期利益相关者的价值。这一概念不仅明确了风险管理的价值取向，而且首次将风险管理措施扩展到"研发""融资"，反映了风险管理理念的最新成果和较高水平。CAS 的风险管理包括环境扫描、风险识别、风险分析、风险集成、风险评估、风险应对和风险监控7个紧密联系的步骤。

① 张维功，何建敏，德臣. 企业全面风险管理研究综述［J］. 软科学，2008（12）.
② 李志辉. 国际金融业风险管理发展的新趋势——综合风险管理［J］. 南开经济研究，2002（1）：63.

巴塞尔银行监管委员会在正式发布的《巴塞尔新资本协议》（2004）中，首次提出了全面风险管理的理念；提出了银行风险监管的三大支柱，即资本充足率、监管当局的监督检查和市场纪律；提出了两大监管目标：一是提高监管资本的风险敏感度，二是激励商业银行不断提高风险管理水平。新协议允许商业银行主动进行资本套利，监管当局允许银行将内部测算的经济资本作为监管资本的基础。新协议指导并鼓励集市场风险、信用风险和其他多种风险于一体的各种新模型的创立，对风险进行量化管理。

COSO委员会结合《萨班斯-奥克斯利法案》报告方面的要求和企业主动风险控制的要求，正式发布了《企业风险管理——整合框架》（简称ERM）（2004），整合风险管理的概念被正式提出。ERM从内部控制的角度出发，融合了整合风险管理、整体风险管理、综合风险管理的思想，宽泛地定义了风险管理，确立了适用于各种类型的组织、行业和部门的风险管理标准。ERM一经发布，立即为世界各国普遍接受并成为目前风险管理和内部控制最具权威性的文献。

在国内，2006年6月，国务院国资委在借鉴发达国家有关企业风险管理的理论成果的基础上，发布了《中央企业全面风险管理指引》，这是我国第一个权威的风险管理框架，明确了风险管理的基本内涵、基本流程及体系构成。该指引的出台，标志着我国的风险管理理论和实践进入了一个新的历史阶段。

第三节　全面风险管理的整合框架

一、全面风险管理的内涵及特征

从理论的发展来看，整合风险管理已经成为不少管理学者的重要研究领域。Kent D. Miller较早提出整合风险管理概念，早在1992年就针对公司的国际业务领域提出了整合风险管理的思想，对企业国际化经营中面对的各种不确定性作了归类分析，认为全面风险管理是一种从整体上考虑系统面临的各种风险，建立全瞻性的优化组合机制的管理体系。

就一般企业而言，全面风险管理是从企业所有资源出发，对企业的商业目标形成威胁或为企业带来竞争优势的整体风险进行评估和管理的经济活动。就保险企业而言，全面风险管理是整个保险业风险与价值的动态整合优化，它包括为实现提高企业价值的目标而对公司财务风险和操作风险进行评估、减低、融资或利用等技术手段的选择，以及对其所采取的财务战略和经营战略的强化、执行和控制。

在内部控制领域具有权威影响的COSO委员会，于2004年9月颁布了《全面风险管理——整合框架》报告。该报告对全面风险管理的定义是：全面风险管理是一个过程，它由一个企业的董事会、管理当局和其他人员实施，应用于企业战略制定并贯穿于企业各种经营活动之中，目的是识别可能会影响企业价值的潜在事项，管理风险于企业的风险容量之内，并为企业目标的实现提供保证。

我国《中央企业全面风险管理指引》（2006）指出，企业风险指未来的不确定性对企业实现其经营目标的影响。企业风险一般可分为战略风险、财务风险、市场风险、运营风险、法律风险等；也可以能否为企业带来盈利等机会为标志，将风险分为纯粹风险（只有带来损失一种可能性）和机会风险（带来损失和盈利的可能性并存）。

对全面风险管理的界定，适用于各种类型的组织、行业和部门。全面风险管理定义直接关注企业目标的实现，并且为衡量企业风险管理的有效性提供了基础。全面风险管理具有以下特征：

（1）企业的风险管理是一个过程，其本身并不是一个结果，而是实现结果的一种方式。企业的风险管理并不是一个事项或环境，而是渗透于企业各项活动中的一系列行动。这些行动普遍存在于管理者对企业的日常管理中，是企业日常管理所固有的。

（2）企业风险管理是一个由人参与的过程，它不只是企业的政策、调查和表格，还涉及一个企业各个层次的员工。

（3）该过程可用于企业的战略制定。一个企业确定其对未来的预期和任务，并制定企业的战略目标。企业的战略目标是企业最高层次的目标，它与企业的预期和任务相联系并支持预期和任务的实现。一个企业为实现其战略目标而制定战略，并将战略分解成相应的子目标，再将子目标层层分解到业务部门、行政部门和各生产过程。在制定战略时，管理者应考虑与不同的战略相关联的风险。

（4）该风险管理过程应用于企业内部每个层次和部门，企业管理者对企业所面临的风险应有一个总体层面上的风险组合观。为使企业的风险管理获得成功，一个企业必须从全局、总体层面上考虑企业的各项活动。企业的风险管理应考虑组织内所有层面的活动，从企业总体的活动（如战略计划和资源分配）到业务部门的活动（如市场部、人力资源部），再到业务流程活动（如生产过程和新客户信用复核）。

（5）该过程是用来识别可能对企业造成潜在影响的事项并在企业风险偏好的范围内管理风险。

（6）设计合理、运行有效的风险管理能够为企业的管理者和董事会在企业各目标的实现上提供合理的保证。不确定性和风险是与未来相关的，但是没有人可以确切地预测未来。因此，即使建立风险管理框架，也只能提供合理保证。其原因在于人们在进行决策时的判断可能出错，对风险反应的决策和建立的控制需要考虑相关的成本和效益，由于人们简单的失误和错误可能导致企业的破产，可能由于两个或多个人的串通而绕过控制，管理者有可能忽视企业的风险管理决策等因素。这些限制使得董事会和管理者无法得到企业目标实现的绝对保证。

（7）企业风险管理框架针对一类或几类相互独立但又存在重叠的目标，目的在于企业目标的实现。有效的风险管理可以为企业财务报告和合法性目标的实现提供合理的保证。这些目标的实现一般在企业的控制范围内，其实现依赖于相关活动执行的好坏。但是，战略性目标和经营性目标并不一定在企业的控制范围内。对于战略目标和经营目标，企业风险管理只能合理保证管理者和董事会及时了解企业目标实现的进度。

总之，企业风险管理是一个过程，企业风险管理的有效性是某一时点的一个状态或条件。决定一个企业的风险管理是否有效是在对风险管理八要素设计和执行是否正确的评估基础上的一个主观判断。企业的风险管理要有效，则其设计必须包括所有的八要素并得到执行。但是，各要素之间可能存在着相互抵消的作用，因此，这并不意味着在不同的企业间，不同企业的同一管理层次间，每一要素的执行都同样有效。企业风险管理可以从一个企业的总体来认识，也可以从一个单独的部门或多个部门的角度来认识。即使是站在某一特定的业务部门的角度来看待风险管理，所有的八要素也都应作为基准包含在内。

▌▌相关链接

国信集团的全面风险管理

江苏省国信资产管理集团有限公司（以下简称国信集团）成立于2002年2月22日，是兼具资本投资和运营功能的综合性投资集团。该集团结合集团管理的现状，对开展全面风险管理进行探索，提升了集团管理能力，增强了集团核心竞争力。具体做法如下：

1.构建国信集团二维风险组织机构

国信集团结合集团发展方向，逐步建立了具有特色的二维全面风险管理体系，分层级搭建了与全面风险管理配套的组织机构。

（1）集团层面。设立集团风险管理委员会为全面风险管理领导机构，设立风险管理与法律部为风险管理职能部门。风险管理委员会由集团总经理任委员会主任，风险管理与法律部、人力资源部、财务部、发展规划部、资产管理部、审计与法律事务部、信息技术部等部门负责人和子集团主要负责人为主要成员。其主要职责包括：批准全面风险管理相关制度和标准，审定风险管理目标和风险管理策略，决策和协助重大管理事项，审定年度全面风险管理报告，培育集团风险管理文化等。

（2）子集团层面。对应集团的机构设置，相应设立子集团全面风险管理委员会和风险管理部，负责组织开展子集团内部全面风险管理工作，实现风险分层管理，定期向集团报送风险管理报告，提交集团风险管理监督检查。

（3）建立纵横二维风险管理机制。在明确集团全面风险管理委员会、风险管理与法律部机构设置及职责的基础上，进一步结合集团行业跨度大、股权结构复杂等实际情况，以全面风险管理为导向，以价值增值为目标，以分类管理为原则，突出市场化的法人治理结构，按行业市场化程度实行差异化的集团风险管理策略。

2.建立国信集团风险识别和评估体系

风险事项信息收集是风险管理的第一步，对收集来的风险事项信息进行归类识别并分析是风险管理的基础。集团风险管理与法律部作为风险管理的管理部门，负责组织各职能部门及子集团共同开展风险识别并建立集团风险事项库，逐步形成集团母子公司通用的风险识别和评估体系。

3.建立风险管理制度体系

将内部审计作为公司治理的监督主体，不对建立企业风险管理体系承担责任，只对风险管理提供建议，不设风险容忍度，重点是加强风险监督管理。

4.以业务流程为导向强化关键风险要素管理

国信集团从国有资本投资与运营两方面出发，以集团主要业务流程为导向，分析关键风险要素。在集团层面，重点推进集团战略风险、投资风险、人力资源风险、财务风险、资产管理风险、信息系统风险等关键风险要素监控的工作；在子集团层面，结合板块实际加强风险管理，如政策风险、战略风险等管理。

资料来源 浦宝英．国信集团实施全面风险管理初探［J］．财务与会计，2017（9）．

二、全面风险管理的构成要素

企业的风险管理框架包括四类目标和八要素。四类目标分别是战略目标、经营目标、报告目标和合法性目标，八要素是内部环境、目标制定、事项识别、风险评估、风险反应、控制活动、信息和沟通、监控，是企业实现各类目标的保证，它们相互之间存在直接的关系。而且，全面风险管理框架还强调在整个企业范围内实行风险管理。对此，可以用一个三维矩阵图来表示（如图3-1所示）。

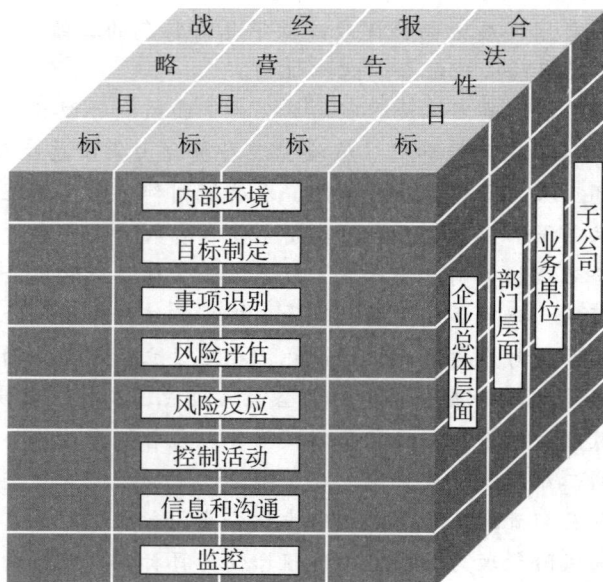

图3-1　全面风险管理框架及要素

1.内部环境

企业的内部环境是其他所有风险管理要素的基础，为其他要素提供规则和结构。企业的内部环境不仅影响企业战略和目标的制定、业务活动的组织和对风险的识别、评估和反应，它还影响企业控制活动、信息和沟通系统以及监控活动的设计和执行。内部环境包含的内容很多，包括企业员工的价值观、人员的胜任能力和发展计划、管理者的经营模式、权限和职责的分配方式等。董事会是内部环境的重要组成部分，对其他内部环境要素有重要的影响。企业的管理者也是内部环境的一部分，其职责是建立企业风险管理理念，确定企业的风险偏好，营造企业的风险文化，并将企业的风险管理和相关的初步行动结合起来。

2.目标制定

根据企业确定的任务或预期，管理者制定企业的战略目标，选择战略并确定其他与之相关的目标并在企业内层层分解和落实。其中，其他相关目标是指除战略目标之外的其他三个目标，其制定应与企业的战略相联系。管理者必须首先确定企业的目标，才能够确定对目标的实现有潜在影响的事项。而企业风险管理就是提供给企业管理者一个适当的过程，既能够帮助其制定企业的目标，又能够将目标与企业的任务或预期联系在一起，并且保证制定的目标与企业的风险偏好相一致。

企业的目标可以分为四类：

战略目标，是企业的高层次目标，与企业的任务和预期相联系并支持企业的任务和预期。

经营目标，是指企业经营的有效性和效率，包括业绩目标和盈利性目标，根据管理者对企业结构和经营选择的不同而变化。

报告目标，是指企业报告的有效性，包括内部和外部报告，既涉及财务信息，也涉及非财务信息。

合法性目标，是指企业是否符合相关的法律和法规规定。

某些企业使用另一类目标——"资源安全"目标，有时也叫"资产安全"目标。从广义上看，这一目标是防止企业资产或资源的损失，防止由于偷窃、浪费、无效率或仅仅是企业错误的商业决策等引起的损失。这里的商业决策错误包括以过低的价格出售产品、没有留住企业的关键员工、没有阻止对本企业专利权的侵害，或者是出现未预期的负债等。这类广义的资产安全目标可以针对某些报告目的而收窄其范围，此时的资产安全概念可以仅仅指预防或及时防止对企业资产的未经授权的购买、使用或处置。

3.事项识别

不确定性的存在，即管理者不能确切地知道某一事项是否会发生、何时发生或者事项的结果，使得企业的管理者需要对这些事项进行识别。而潜在事项对企业可能有正面的影响、负面的影响或者两者同时存在。有负面影响的事项是企业的风险，要求企业的管理者对其进行评估和反应。因此，风险是指某一对企业目标的实现可能造成负面影响的事项发生的可能性。机遇可以在企业战略或目标制定的过程中加以考虑，以确定有关行动抓住机遇。可能潜在地抵消风险的负面影响的事项则应在风险的评估和反应阶段予以考虑。

4.风险评估

风险评估可以使管理者了解潜在事项如何影响企业目标的实现。管理者应从两个方面对风险进行评估——风险发生的可能性和影响。风险发生的可能性是指某一特定事项发生的可能性，影响则是指事项的发生将会带来的影响。对于风险的评估应从企业战略和目标的角度进行。首先，应对企业的固有风险进行评估。固有风险是指企业没有采用任何管理措施而可能使企业面临的风险。确定对固有风险的风险反应模式就能够确定对固有风险的管理措施。其次，管理者应在对固有风险采取有关管理措施的基础上，对企业的残存风险进行评估。残存风险是指管理者采取有关的管理措施后仍旧存在的风险。

5.风险反应

风险反应可以分为规避风险、减少风险、共担风险和接受风险四类。规避风险是指采取措施退出会给企业带来风险的活动。减少风险是指减少风险发生的可能性、减少风险的影响或两者同时减少。共担风险是指通过转嫁风险或与他人共担风险，来降低风险发生的可能性或降低风险对企业的影响。接受风险则是不采取任何行动而接受可能发生的风险及其影响。对于每一个重要的风险，企业都应考虑所有的风险反应方案，为风险反应方案的选择提供广泛的空间，这也是对现状提出的挑战。有效的风险管理要求管理者选择可以使企业风险发生的可能性和影响都落在风险容忍度之内的风险反应方案。

选定某个风险反应方案后，管理者应在残存风险的基础上重新评估风险，即从企业总体的角度或者组合风险的角度重新计量风险。各行政部门、职能部门或者业务部门的管理者应采取一定的措施对该部门的风险进行复合式评估并选择相应的风险反应方案。这种组合风险观是相对于部门的目标和风险容忍度而言的。应用于各独立部门的风险组合观，也可以被大多数高层管理者所采用，以决定企业总体的风险组合与相对企业目标而言的企业总体的风险偏好是否相等。

6.控制活动

控制活动是帮助保证风险反应方案得到正确执行的相关政策和程序。控制活动存在于企业的各部分、各个层面和各个部门。控制活动是企业为实现其商业目标而执行的过程的一部分。通常包括两个要素：确定应该做什么的一个政策和影响该政策的一系列程序。

每个主体都有自己的一套目标和执行目标的方法，因此，其子目标、结构和相关的控制活动也会不同。即使两个企业有同样的目标和结构，由于每个企业的管理人员都不同，不同的管理人员在影响内部控制时使用不同的个人判断，他们的控制活动也很可能不同。而且，控制活动还会受企业所处的环境和行业、企业的复杂性、企业的历史和文化的影响。

7.信息和沟通

来自企业内部和外部的相关信息必须以一定的格式和时间间隔进行确认、捕捉和传递，以保证企业的员工能够执行各自的职责。有效的沟通也是广义上的沟通，包括企业内自上而下、自下而上以及横向的沟通。有效的沟通还包括将相关的信息与企业外部相关方进行有效沟通和交换，如客户、供应商、行政管理部门和股东等。

8.监控

对企业风险管理的监控是指评估风险管理要素的内容和运行以及一段时期的执行质量的一个过程。企业可以通过两种方式对风险管理进行监控——持续监控和个别评估。持续监控和个别评估都是用来保证企业的风险管理在企业内各管理层面和各部门持续得到执行的。

所有风险管理的失效都会影响企业确定和执行战略的能力，影响企业实现其既定目标的能力。这里"失效"是指企业风险管理过程中值得注意的某种情形。失效可能代表一种预期的、潜在的或真实的缺陷，或者代表加强风险管理过程的一个机会，以增加企业目标实现的可能性。对此，应将企业所有的风险管理失效都报告给适当的管理层，以保证其采取必要的措施以纠正风险管理失效。

监控还包括对企业风险管理的记录，对企业风险管理进行记录的程度根据企业的规模、经营的复杂性和其他因素的影响而有所不同。企业风险管理的内容没有记录并不意味着风险管理无效或无法对风险管理进行评估。但是，适当的记录通常会使风险管理的监控更有效果和有效率。当企业管理者打算向外部相关方提供关于企业风险管理效率的报告时，他们应考虑为企业风险管理设计一套记录模式并保持有关的记录。

三、全面风险管理的基本流程

（一）风险管理初始信息的识别

实施全面风险管理，企业应广泛、持续不断地收集与本企业风险和风险管理相关的内部、外部初始信息，包括历史数据和未来预测，应把收集初始信息的职责分工落实到各有关职能部门和业务单位。

1.战略风险方面

企业应广泛收集国内外企业战略风险失控导致企业蒙受损失的案例，并至少收集与本企业相关的以下重要信息：国内外宏观经济政策以及经济运行情况、本行业状况、国家产业政策；科技进步、技术创新的有关内容；市场对本企业产品或服务的需求；与企业战略合作伙伴的关系，未来寻求战略合作伙伴的可能性；本企业主要客户、供应商及竞争对手的有关情况；与主要竞争对手相比，本企业实力与差距；本企业发展战略和规划、投融资计划、年度经营目标、经营战略，以及编制这些战略、规划、计划、目标的有关依据；本企业对外投融资流程中曾发生或易发生错误的业务流程或环节。

2.财务风险方面

在财务风险方面，企业应广泛收集国内外企业财务风险失控导致危机的案例，并至少收集本企业的以下重要信息（其中有行业平均指标或先进指标的，也应尽可能收集）：负债、或有负债、负债率、偿债能力；现金流、应收账款及其占销售收入的比重、资金周转率；产品存货及其占销售成本的比重、应付账款及其占购货额的比重；制造成本和管理费用、财务费用、销售费用；盈利能力；成本核算、资金结算和现金管理业务中曾发生或易发生错误的业务流程或环节；与本企业相关的行业会计政策、会计估算、与国际会计制度的差异与调节（如退休金、递延税项等）。

3.市场风险方面

在市场风险方面，企业应广泛收集国内外企业忽视市场风险、缺乏应对措施导致企业蒙受损失的案例，并至少收集与本企业相关的以下重要信息：产品或服务的价格及供需变化；能源、原材料、配件等物资供应的充足性、稳定性和价格变化；主要客户、主要供应商的信用情况；税收政策和利率、汇率、股票价格指数的变化；潜在竞争者、竞争者及其主要产品、替代品情况。

4.运营风险方面

在运营风险方面，企业应至少收集与本企业、本行业相关的以下信息：产品结构、新产品研发；新市场开发，市场营销策略，包括产品或服务定价与销售渠道，市场营销环境状况等；企业组织效能、管理现状、企业文化，高、中层管理人员和重要业务流程中专业人员的知识结构、专业经验；期货等衍生产品业务中曾发生或易发生失误的流程和环节；质量、安全、环保、信息安全等管理中曾发生或易发生失误的业务流程或环节；因企业内、外部人员的道德风险致使企业遭受损失或业务控制系统失灵；给企业造成损失的自然灾害以及除上述有关情形之外的其他纯粹风险；对现有业务流程和信息系统操作运行情况的监管、运行评价及持续改进能力；企业风险管理的现状和能力。

5.法律风险方面

在法律风险方面，企业应广泛收集国内外企业忽视法律法规风险、缺乏应对措施导致企业蒙受损失的案例，并至少收集与本企业相关的以下信息：国内外与本企业相关的政治、法律环境；影响企业的新法律法规和政策；员工道德操守的遵从性；本企业签订的重大协议和有关贸易合同；本企业发生重大法律纠纷案件的情况；本企业和竞争对手的知识产权情况。

（二）风险评估

企业应对收集的风险管理初始信息和企业各项业务管理及其重要业务流程进行风险评估。风险评估包括风险辨识、风险分析、风险评价三个步骤。

风险评估应由企业组织有关职能部门和业务单位实施，也可聘请有资质、信誉好、风险管理专业能力强的中介机构协助实施。

1.风险评估的内容

风险辨识是指查找企业各业务单元、各项重要经营活动及其重要业务流程中有无风险，有哪些风险。

风险分析是对辨识出的风险及其特征进行明确的定义描述，分析和描述风险发生可能性的高低、风险发生的条件。

风险评价是评估风险对企业实现目标的影响程度、风险的价值等。

2. 风险评估的主要方法

进行风险辨识、分析、评价，应将定性与定量方法相结合。定性方法可采用问卷调查、集体讨论、专家咨询、情景分析、政策分析、行业标杆比较、管理层访谈、由专人主持的工作访谈和调查研究等。定量方法可采用统计推论（如集中趋势法）、计算机模拟（如蒙特卡罗分析法）、失效模式与影响分析、事件树分析等。

（三）风险管理策略

风险管理策略指企业根据自身条件和外部环境，围绕企业发展战略，确定风险偏好、风险承受度、风险管理有效性标准，选择风险承担、风险规避、风险转移、风险转换、风险对冲、风险补偿、风险控制等适合的风险管理工具的总体策略，并确定风险管理所需人力和财力资源的配置原则。

一般情况下，对战略、财务、运营和法律风险，可采取风险承担、风险规避、风险转换、风险控制等方法。对能够通过保险、期货、对冲等金融手段进行理财的风险，可以采用风险转移、风险对冲、风险补偿等方法。

1. 风险承担

风险承担是指企业对所面临的风险采取被动接受的态度，从而承担风险带来的后果。

企业面临的风险有许多。通常企业能够明确辨识的风险只占全部风险的少数。风险评估的工作结果对于企业是否采用风险承担影响很大。

对未能辨识出的风险，企业只能采用风险承担；对辨识出的风险，企业也可能缺乏能力进行主动管理，对这部分风险只能采用风险承担。

2. 风险规避

风险规避是指企业回避、停止或退出蕴含某风险的商业活动或商业环境，避免成为风险的所有人。例如：

（1）退出某一市场以避免激烈竞争；

（2）拒绝与信用不好的交易对手进行交易；

（3）外包某项对工人健康安全风险较高的工作；

（4）停止生产可能有潜在客户安全隐患的产品；

（5）禁止各业务单位在金融市场进行投机；

（6）不准员工访问某些网站或下载某些内容。

3. 风险转移

风险转移是指企业通过合同将风险转移到第三方，企业对转移后的风险不再拥有所有权。转移风险不会降低其可能的严重程度，只是从一方移除后转移到另一方。例如：

（1）保险：保险合同规定保险公司为预定的损失支付补偿，作为交换，在合同开始时，投保人要向保险公司支付保险费。

（2）非保险型的风险转移：将风险可能导致的财务风险损失负担转移给非保险

机构。例如签署服务保证书。

（3）风险证券化：通过证券化保险风险构造的保险连接型证券（ILS）。这种债券的利息支付和本金偿还取决于某个风险事件的发生或严重程度。

4.风险转换

风险转换是指企业通过战略调整等手段将企业面临的风险转换成另一风险。风险转换的手段包括战略调整和衍生产品等。

风险转换一般不会直接降低企业总的风险，其简单的形式就是在减少某一风险的同时，增加另一风险。例如，通过放松交易客户信用标准，虽然增加了应收账款，但扩大了销售。

企业可以通过风险转换在两个或多个风险之间进行调整，以达到最佳效果。

风险转换可以在低成本或者无成本的情况下达到目的。

5.风险对冲

风险对冲是指采取各种手段，引入多个风险因素或承担多个风险，使得这些风险能够互相对冲，也就是使这些风险的影响互相抵消。

常见的例子有资产组合使用、多种外币结算的使用和战略上的多种经营等。

在金融资产管理中，对冲也包括使用衍生产品，如利用期货进行套期保值。

在企业的风险中，有些风险具有自然对冲的性质，应当加以利用。例如，不同行业的经济周期风险对冲。

风险对冲必须涉及风险组合，而不是单一风险；对于单一风险，只能进行风险规避、风险控制。

6.风险补偿

风险补偿是指企业对风险可能造成的损失采取适当的措施进行补偿。风险补偿表现在企业主动承担风险，并采取措施以补偿可能的损失。

风险补偿的形式有财务补偿、人力补偿、物资补偿等。财务补偿是损失融资，包括企业自身的风险准备金或应急资本等。

7.风险控制

风险控制是指控制风险事件发生的动因、环境、条件等，来达到减轻风险事件发生时的损失或降低风险事件发生的概率的目的。

通常影响某一风险的因素有很多。风险控制可以通过控制这些因素中的一个或多个来达到目的，但主要的是风险事件发生的概率和发生后的损失。

知识点滴

风险管理的持续改进——标杆管理

当改进风险管理时，企业可以参照一定的标准，如自身内部最佳的风险管理实践或者其他主体的企业风险管理实践，以此为标杆进行标杆管理。

（1）内部风险管理标杆——以企业内部最佳管理实践为基准的标杆管理。它是最简单且易操作的标杆管理方式之一。辨识内部风险管理绩效标杆的标准，即确立内部风险标杆管理的主要目标，可以做到企业内信息共享。辨识企业内部最佳风险管理职能或流程及其实践，然后推广到其他部门。不过单独执行内部风险标杆管理的企业往往持有内向视角，容易产生封闭思维。因此，在实践中内部风险标杆管理应该与外部风险标杆管理结合起来使用。

（2）竞争风险管理标杆——以竞争对象风险管理绩效为基准的标杆管理。竞争风险管理标杆的目标是与有着相同市场的企业在风险管理中的绩效与实践进行比较，直接面对竞争者。这类风险标杆管理的实践比较困难，因为竞争企业的内部风险管理信息较难取得。

（3）职能风险管理标杆——以行业领先或者某些企业的优秀风险管理作为基准进行的标杆管理。这类风险管理的标杆合作者常常能相互分享一些风险管理的技术和信息，企业可以在行业或者产业协会的主导下进行比较。其他企业可能会提供比较的信息。而一些行业中的同业复核职能机构能够帮助一家企业对照同业来评价它的风险管理。

（4）流程风险管理标杆——以最佳风险管理流程为基准进行的标杆管理。风险标杆管理是某种工作流程，而不是某项业务与操作职能。这类标杆管理可以跨不同类型的组织进行。它一般要求企业对整个风险管理流程和操作有很详细的了解。

第四节　风险评估的主要方法

风险评估的方法很多，既有定性分析，也有定量分析，对风险评估方法的运用主要取决于不同风险识别方法的特点。风险定性分析一般带有较强的主观性，需要借助分析者的经验或以行业标准和惯例为风险各要素的大小或高低程度定性评级。风险定性分析要求分析者具备较丰富的经验和较高的能力。风险定量分析比较客观，但操作难度较大，需要分析者对构成风险的各个要素和潜在损失的水平赋予数值，借助数学工具和计算机程序，使风险分析、评估过程和结果得以量化。以下介绍风险评估的主要方法。

一、德尔菲法

德尔菲法又名专家意见法，是采用背对背的通信方式征询专家小组成员的预测意见，经过几轮征询，使专家小组的预测意见趋于集中，最后作出符合市场未来发展趋势的预测结论。德尔菲法依据系统的程序，采用匿名发表意见的方式，即团队成员之间不得互相讨论，不发生横向联系，只能与调查人员接触，以反复填写问卷、集结问卷填写人的共识及收集各方意见，来构造团队沟通流程，应对复杂任务难题。

德尔菲法本质上是一种反馈匿名函询法。其大致流程是：在对所要预测的问题征得专家的意见之后，进行整理、归纳、统计，再匿名反馈给各专家，再次征求意见，再集中，再反馈，直至得到一致的意见。其过程可简单表示如下：

匿名征求专家意见—归纳、统计—匿名反馈—归纳、统计……若干轮后停止。

德尔菲法是一种利用函询形式进行的集体匿名思想交流过程。它有三个明显区别于其他专家预测方法的特点，即匿名性、多次反馈、小组的统计回答。它适用于在专家一致性意见基础上，在风险识别阶段进行定性分析。

二、流程图分析法

流程图分析法是对流程的每一阶段、每一环节逐一进行调查分析，从中发现潜在风险，找出导致风险发生的因素，分析风险产生后可能造成的损失以及对整个组织可能造成的不利影响。运用流程图绘制企业的经营管理业务流程，可将对企业各种活动有影响的关键点明确出来，结合这些关键点的实际情况和相关历史资料，明确企业的风险状况。

流程图分析法清晰明了，易于操作，且组织规模越大，流程越复杂，流程图分析法就越能体现出优越性。通过业务流程分析，可以更好地发现风险点，从而为防范风险提供支持。但是该方法的使用效果依赖于专业人员的水平。

通过业务流程图分析法，对企业生产或经营中的风险及其成因进行定性分析。流程图分析法实施步骤：根据企业实际绘制业务流程图；识别流程图上各业务节点的风险因素，并予以重点关注；针对风险及其产生原因，提出监控和预防的方法。

三、蒙特卡罗方法

蒙特卡罗方法是一种随机模拟数学方法。该方法用来分析评估风险发生的可能性、风险的成因、风险造成的损失或带来的机会等变量在未来变化的概率分布。具体操作步骤如下：

（1）量化风险。将需要分析评估的风险进行量化，明确其度量单位，得到风险变量，并收集历史相关数据。

（2）根据对历史数据的分析，借鉴常用建模方法，建立能描述该风险变量在未来变化的概率模型。建立概率模型的方法很多，如差分和微分方程方法、插值和拟合方法等。这些方法大致分为两类：一类是对风险变量之间的关系及其未来的情况作出假设，直接描述该风险变量在未来的分布类型（如正态分布），并确定其分布参数；另一类是对风险变量的变化过程作出假设，描述该风险变量在未来的分布类型。

（3）计算概率分布初步结果。利用随机数字发生器，将生成的随机数字代入上述概率模型，生成风险变量概率分布的初步结果。

（4）修正完善概率模型。通过对生成的概率分布初步结果进行分析，用实验数据验证模型的正确性，并在实践中不断修正和完善模型。

（5）利用该模型分析评估风险情况。

正态分布是蒙特卡罗风险评估方法中使用最广泛的一类模型。通常情况下，如果一个变量受很多相互独立的随机因素的影响，而其中每一个因素的影响都很小，则该变量服从正态分布。在自然界和社会中大量的变量都满足正态分布。

由于蒙特卡罗方法依赖于模型的选择，因此，模型本身的选择对于蒙特卡罗方法计算结果的精度影响甚大。蒙特卡罗方法计算量很大，通常借助计算机完成。

四、敏感性分析法

敏感性分析法是针对潜在的风险性，研究项目的各种不确定因素变化至一定幅度时，计算其主要经济指标变化率及敏感程度的一种方法。敏感性分析法是一种动态的不确定性分析法，是项目评估中不可或缺的组成部分。它用以分析项目经济效益指标对各不确定性因素的敏感程度，找出敏感性因素及其最大变动幅度，据此判断项目承担风险的能力。其实施步骤为：

1.确定敏感性分析指标

敏感性分析的对象是具体的技术方案及其反映的经济效益。因此，技术方案的某些经济效益评价指标，如息税前利润、投资回收期、投资收益率、净现值、内部收益率等，都可以作为敏感性分析指标。

2.计算该技术方案的目标值

一般将在正常状态下的经济效益评价指标数值，作为目标值。

3.选取不确定因素

在进行敏感性分析时，并不需要对所有的不确定因素都考虑和计算，而应视方案的具体情况选取几个变化可能性较大，并对经济效益目标值影响作用较大的因素。如产品售价变动、产量规模变动、投资额变化等或建设期缩短、达产期延长等，这些都会对方案的经济效益大小产生影响。

4.计算不确定因素变动时对分析指标的影响程度

在进行单因素敏感性分析时，要在固定其他因素的条件下，变动其中一个不确定因素，然后，再变动另一个因素（仍然保持其他因素不变），以此求出某个不确定因素本身对方案效益指标目标值的影响程度。

5.找出敏感因素，进行分析和采取措施，以提高技术方案抗风险的能力

敏感性分析法适用于对项目不确定性对结果产生的影响进行的定量分析。其主要优点是：为决策者提供有价值的参考信息；可以清晰地为风险分析指明方向；可以帮助企业制定紧急预案。该方法的局限性：经常缺乏分析所需要的数据，无法提供可靠的参数变化；分析时借助公式计算，没有考虑各种不确定因素在未来发生变动的概率，无法给出各参数的变化情况，因此其分析结果可能和实际相反。

五、事件树分析法

事件树分析法起源于决策树分析（简称DTA），它是一种按事故发展的时间顺序由初始事件开始推论可能的后果，从而进行危险源辨识的方法。这种方法将系统可能发生的某种事故与导致事故发生的各种原因之间的逻辑关系用一种称为事件树

的树形图表示，通过对事件树的定性与定量分析，找出事故发生的主要原因，为确定安全对策提供可靠依据，以达到猜测与预防事故发生的目的。

事件树分析法适用于对故障发生以后，在各种减轻事件严重性的影响下，对多种可能后果的定性和定量分析。其实施步骤为：

（1）首先要挑选初始事件。初始事件可能是粉尘爆炸这样的事故或是停电这样的事项。

（2）按顺序列出那些旨在缓解结果的现有功能或系统。用一条线来表示每个功能或系统成功（用"是"表示）或失败（用"否"表示）。

（3）在每条线上标注一定的失效概率，同时通过专家判断或故障树分析的方法来估算这种条件概率。这样，初始事件的不同途径就得以建模。

其主要优点：事件树分析法以清晰的图形显示了经过分析的初始事项之后的潜在情景，以及缓解系统或功能成败产生的影响；能说明时机、依赖性，以及事件树模型中很烦琐的多米诺效应；能生动地体现事件的顺序，而使用故障树是不可能表现的。

其局限性：为了将事件树分析法作为综合评估的组成部分，一切潜在的初始事项都要进行识别，这可能需要使用其他分析方法（如危害及可操作研究法），但总是有可能错过一些重要的初始事项；事件树分析法只分析了某个系统的成功及故障状况，很难将延迟成功或恢复事项纳入其中；任何路径都取决于路径上以前分支点处发生的事项。

六、统计推论法

统计推论法是进行项目风险评估和分析的一种十分有效的方法，它可分为前推、后推和旁推三种类型。前推就是根据历史的经验和数据推断出未来事件发生的概率及后果；后推是在手头没有历史数据可供使用时所采用的一种方法，是把未知的想象的事件及后果与一已知事件与后果联系起来，把未来风险事件归结到有数据可查的造成这一风险事件的初始事件上，从而对风险作出评估和分析；旁推就是利用类似项目的数据进行外推，用某一项目的历史记录对新的类似建设项目可能遇到的风险进行评估和分析。

统计推论法适合于各种风险分析预测。其实施步骤为：

（1）收集并整理与风险相关的历史数据；

（2）选择合适的评估指标并给出数学模型；

（3）根据数学模型和历史数据预测未来风险发生的可能性和损失大小。

统计推论法的主要优点：在数据充足可靠的情况下简单易行；结果准确率高。

统计推论法的局限性：由于历史事件的前提和环境已发生了变化，不一定适用于今天或未来；没有考虑事件的因果关系，使外推结果可能产生较大偏差。为了修正这些偏差，有时必须在历史数据的处理中加入专家或集体的经验。

七、情景分析法

情景分析法又称前景描述法，是假定某种现象或某种趋势将持续到未来的前提下，对预测对象可能出现的情况或引起的后果作出预测的方法。情景分析法通常可用来预计威胁和机遇可能发生的方式，以及如何将威胁和机遇用于各类长期及短期风险。

情景分析法适用于通过模拟不确定性情景，对企业面临的风险进行定性和定量分析。其实施步骤为：

（1）在建立了团队和相关沟通渠道，同时确定了需要处理的问题和事件的背景之后，确定可能出现变化的性质。

（2）对主要趋势、趋势变化的可能时机以及对未来的预见进行研究。

情景分析法的主要优点为：对于未来变化不大的情况能够给出比较精确的模拟结果。

任何企业若想生存、壮大，必须要尽可能做到"知己、知彼、知环境"。情景分析法就是企业从自身角度出发，通过综合分析整个行业环境甚至社会环境，评估和分析自身以及竞争对手的核心竞争力，进而制定相应决策。由于每一组对环境的描述最终都会产生一个相应的决策，因此情景分析法主要应用于分析环境和形成决策两个方面。

由于情景分析法重点考虑的是将来的变化，因此能够帮助企业很好地处理未来的不确定性因素，尤其是在战略预警方面，能够很好地提高企业或组织的战略适应能力。同时，企业持续的情景分析还可以为企业情报部门提供大量的环境市场参数，而这些参数又可以对企业提供多方面的帮助，如可以帮助企业发现自身的机会、威胁、优势和劣势等。

企业应根据风险管理策略，针对各类风险或每一项重大风险制订风险管理解决方案。方案一般应包括风险解决的具体目标，所需的组织领导，所涉及的管理及业务流程，所需的条件、手段等资源，风险事件发生前、中、后所采取的具体应对措施以及风险管理工具（如关键风险指标管理、损失事件管理等）。

企业制订风险管理解决的外包方案，应注重成本与收益的平衡、外包工作的质量、自身商业秘密的保护以及防止自身对风险解决外包产生依赖性风险等，并制定相应的预防和控制措施。

企业制订风险解决的内控方案，应满足合规的要求，坚持经营战略与风险策略一致、风险控制与运营效率及效果相平衡的原则，针对重大风险所涉及的各管理及业务流程，制定涵盖各个环节的全流程控制措施；对其他风险所涉及的业务流程，要把关键环节作为控制点，采取相应的控制措施。

企业应以重大风险、重大事件和重大决策、重要管理及业务流程为重点，对风险管理初始信息、风险评估、风险管理策略、关键控制活动及风险管理解决方案的实施情况进行监督，采用压力测试、返回测试、穿行测试以及风险控制自我评估等方法对风险管理的有效性进行检验，根据变化情况和存在的缺陷及时加以改进。

企业应建立贯穿于整个风险管理基本流程，连接各上下级、各部门和业务单位的风险管理信息沟通渠道，确保信息沟通的及时、准确、完整，为风险管理监督与改进奠定基础。

企业可聘请有资质、信誉好、风险管理专业能力强的中介机构对企业全面风险管理工作进行评价，出具风险管理评估和建议专项报告。

第五节　案例与思考

案例一　"银杏叶事件"及处置过程

1.案例简介

在全国引起重大反响的"银杏叶事件"，是国家食品药品监督管理总局2015年5月在对万邦德（湖南）天然药物有限公司进行飞行检查时发现的，是由国家食品药品监督管理总局新任领导班子运用现代风险管理手段，敏锐识别、正确处置的药品质量风险管理的成功案例。

桂林兴达制药厂（原名"桂林兴达植物制品厂"），成立于1998年，是中国核工业总公司的重点企业，是生产植物（中药）提取物的专业厂家，属国内植物（中药）提取行业最大的企业之一。万邦德（湖南）天然药物有限公司（原"湖南麓山天然植物制药有限公司"）成立于1992年，是中国万邦德集团旗下一家集研发、生产、销售于一体的现代化高科技企业，主要从事天然植物提取、天然植物及其制剂和原料药及其制剂的生产与销售，拥有自主的进出口权，坐落于浙江温岭市经济开发区。

2015年5月19日，国家食品药品监督管理总局发布针对低价销售银杏叶药品的企业进行飞行检查情况的通告，通报了桂林兴达药业有限公司、万邦德（湖南）天然药物有限公司违法违规生产银杏叶制剂的行为。总局查明，桂林兴达药业有限公司违法变更银杏叶提取生产工艺，由稀乙醇提取改为3%盐酸提取，并从不具备资质的企业购进以盐酸工艺生产的银杏叶提取物生产银杏叶片。此外，该公司还将外购的提取物销售给其他药品生产企业，并伪造了原料购进台账和生产检验记录。万邦德（湖南）天然药物有限公司用购进的银杏叶提取物生产银杏叶片和银杏叶胶囊等制剂，伪造原料购进台账和生产检验记录。

在初步固定证据之后，国家食品药品监督管理总局并没有就此止步，而是通过全面分析，判断这绝非简单个案，是在较大范围、较多品种、不少企业中存在的共性问题。因此，将个别银杏叶产品质量问题的偶然风险果断研判为系统性、全局性风险，在此基础上发出通告，启动了涵盖广西、湖南两个重灾区在内的二十几个食药监部门及近30家药品生产企业的全国性统一行动。

5月28日，广西食品药品监督管理局责令桂林兴达药业有限公司召回全部问题银杏叶提取物和问题银杏叶片，并依法收回该公司的药品GMP证书。桂林市食品药品监督管理局于5月27日将该公司涉嫌生产销售假药的案件移送公安机关处理。

6月4日，国家食品药品监督管理总局发布了银杏叶药品的补充检验方法。6月8日，国家食品药品监督管理总局即开始对银杏叶的流向——使用银杏叶提取物生产保健食品的企业开展执法检查，要求所有相关企业立即开展自查。总局组织对部分市场上销售的银杏叶药品进行专项监督抽验。同类产品生产企业一律严格自检，并将企业自检和食药监部门抽检结合起来，让守法企业放心生产经营，给非法企业以严厉制裁。

6月19日，国家食品药品监督管理总局通报对21家从桂林兴达药业有限公司、宁波立华制药有限公司购进银杏叶提取物的保健食品企业的核查情况。6月22日，90家银杏叶提取物和银杏叶药品生产企业自检情况公布。其中，经自检检出不合格产品的生产企业55家，部分批次产品不合格的企业25家，全部合格的企业35家。各省（区、市）食品药品监管局对相关生产企业自检结果进行了抽查复核，复核检验结果与企业自检结果一致。

在第一批专项监督抽验结果的基础上，7月31日，国家食品药品监督管理总局公布了第二批抽验结果。综合两阶段专项监督抽验情况，抽样企业覆盖率达到78%，在企业自检的2 000多批不合格药品中，共抽到不合格药品185批，银杏叶药品市场得到较好净化。

11月5日，国家食品药品监督管理总局对违法生产销售银杏叶提取物及制剂的企业提出了分类处罚意见。对违法生产销售假药、劣药的银杏叶提取物及制剂企业，依法予以处罚。至此，"银杏叶事件"处置工作基本结束。

资料来源　何伟."银杏叶事件"处置堪称样板［N］.医药经济报，2015-12-07（2）.

2.案例思考

（1）运用风险管理理论，分析思考国家食品药品监督管理总局对"银杏叶事件"的处置过程。

（2）查阅相关资料，了解"银杏叶事件"的处理结果，结合案例分析：该企业经营管理活动面临哪些风险？如何进行风险管理？

案例二　英国巴林银行倒闭案

1.案例简介

巴林银行创建于1763年，由于经营灵活变通、富于创新，很快就在国际金融领域获得了巨大的成功。20世纪初，巴林银行荣幸地获得了一个特殊客户：英国王室。由于巴林银行的卓越贡献，巴林家族先后获得了五个世袭的爵位。这一世界纪录奠定了巴林银行显赫地位的基础。

尽管是一家老牌银行，但巴林银行一直都在积极进取，在20世纪初进一步拓展了公司财务业务，获利甚丰。其20世纪90年代开始向海外发展，在新兴市场开展广泛的投资活动，仅1994年就先后在中国、印度、巴基斯坦、南非等地开设办事处，业务网点主要在亚洲及拉美新兴国家和地区。截至1993年年底，巴林银行的全部资产总额为59亿英镑，1994年税前利润高达15亿美元。其核心资本在全球1 000家大银行中排名第489位。

然而，这一具有233年历史、在全球范围内掌控270多亿英镑资产的巴林银行，竟毁于一个年龄只有28岁的毛头小子尼克·里森之手。

尼克·里森于1989年7月10日正式到巴林银行工作。在这之前，他是摩根·斯坦利银行清算部的一名职员。进入巴林银行后，他很快争取到了到印度尼西亚分部工作的机会。由于他富有耐心和毅力，善于逻辑推理，能很快地解决以前未能解决的许多问题，使工作有了起色，因此，他被视为期货与期权结算方面的专家，伦敦总部对里森在印度尼西亚的工作相当满意。1992年，巴林总部决定派他到新加坡分行成立期货与期权交易部门，并出任总经理。

1992年7月，他手下的一个交易员因操作失误亏损了6万英镑，里森知道后，因为害怕事情暴露影响他的前程，便决定动用88888号"错误账户"。所谓"错误账户"，是指银行对代理客户交易过程中可能发生的经纪业务错误进行核算的账户。以后，他为了私利一再动用"错误账户"，使银行账户上显示的均是盈利交易。

1993年7月，里森已将88888号账户亏损的600万英镑转为略有盈余，当时他的年薪为5万英镑，年终奖金则将近10万英镑。如果里森就此打住，那么，巴林的历史也会改变。后来由于对日本股市的错误判断，损失一再扩大，1994年，里森对损失的金额已经麻木了，88888号账户的损失由2 000万英镑、3 000万英镑发展到5 000万英镑。

巴林银行在1994年年底发现资产负债表上显示5 000万英镑的差额后，仍然没有警惕其内部控管的松散及疏忽，在发现问题至巴林银行倒闭的2个月时间里，有很多巴林银行的高级及资深人员曾对此问题加以关注，更有巴林总部的审计部门正式加以调查，但是这些调查都被里森轻易地蒙骗过去了。里森对这段时期的描述为："对于没有人来制止我的这件事，我觉得不可思议。伦敦的人应该知道我的数字都是假造的，这些人都应该知道我每天向伦敦总部要求的现金是不对的，但他们仍旧支付这些钱。"

1995年1月，日本经济呈现复苏势头，里森看好日本股市，分别在东京和大阪等地买进大量期货合同，希望在日经指数上升时赚取大额利润。天有不测风云，1995年1月17日突发的日本神户大地震打击了日本股市的回升势头，股价持续下跌。巴林银行因此损失金额高达14亿美元，这几乎是巴林银行当时的所有资产。这座曾经辉煌的金融大厦就此倒塌，最后被荷兰某集团以1英镑象征性地收购了，这意味着巴林银行的彻底倒闭。

资料来源　彭文峰. 论企业的内部控制制度建设——巴林银行倒闭案的再思考［J］. 湖南商学院学报，2008（6）.

2.案例思考

从内部控制的角度分析巴林银行破产的原因。从巴林银行破产的案例中能得什么启示？

本章小结

根据引起不确定性的原因可以将风险分为系统性风险和非系统风险，也可以将企业面对的风险分为外部风险和内部风险两大类。

风险管理是通过对风险的识别、衡量和控制从而以最小的成本使风险所致损失达到最低程度的管理方法。

在内部控制领域具有权威影响的 COSO 委员会，于 2004 年 9 月颁布了《全面风险管理——整合框架》报告。该报告对全面风险管理的定义是：全面风险管理是一个过程，它由一个企业的董事会、管理当局和其他人员实施，应用于企业战略制定并贯穿于企业各种经营活动之中，目的是识别可能会影响企业价值的潜在事项，管理风险于企业的风险容量之内，并为企业目标的实现提供保证。

企业的风险管理框架包括四类目标和八要素。四类目标分别是战略目标、经营目标、报告目标和合法性目标，八要素是内部环境、目标制定、事项识别、风险评估、风险反应、控制活动、信息和沟通、监控，其是企业实现各类目标的保证，它们相互之间存在直接的关系。

企业全面风险管理基本流程包括风险管理初始信息的识别、风险评估、风险管理策略。

风险评估的方法包括定性分析和定量分析。定性分析一般带有较强的主观性，需要借助分析者的经验和直觉，或以行业标准和惯例为风险各要素的大小或高低程度定性评级。风险定性分析要求分析者具备较丰富的经验和较高的能力。风险定量分析比较客观，但操作难度较大，需要分析者对构成风险的各个要素和潜在损失的水平赋予数值，借助数学工具和计算机程序，使风险分析、评估过程和结果得以量化。

风险评估的主要方法：德尔菲法、流程图分析法、蒙特卡罗方法、敏感性分析法、事件树分析法、统计推论法、情景分析法。

第四章

企业管理层面的内部控制

学习目标

通过本章学习，了解企业管理层面内部控制的内容，熟知企业各管理层面所具有的风险，掌握管理层面内部控制的建立的内容，能恰当运用内部控制理论对管理层面内部控制案例进行分析。

第一节　企业战略层面的内部控制

为了促进企业增强核心竞争力和可持续发展能力，根据有关法律法规和《企业内部控制基本规范》，企业应制定与实施发展战略。所谓发展战略，是指企业在对现实状况和未来趋势进行综合分析和科学预测的基础上，制定并实施的长远发展目标与战略规划。

企业制定与实施发展战略至少应当关注下列风险：缺乏明确的发展战略或发展战略实施不到位，可能导致企业盲目发展，难以形成竞争优势，丧失发展机遇和动力。发展战略过于激进，脱离企业实际能力或偏离主业，可能导致企业过度扩张甚至经营失败。发展战略因主观原因频繁变动，可能导致资源浪费甚至危及企业的生存和持续发展。

一、发展战略的制定

企业应当在充分调查研究、科学分析预测和广泛征求意见的基础上制定发展目标。企业在制定发展目标过程中，应当综合考虑宏观经济政策、国内外市场需求变化、技术发展趋势、行业及竞争对手状况、可利用资源水平和自身优势与劣势等影响因素。企业应当根据发展目标制定战略规划。战略规划应当明确发展的阶段性和发展程度，确定每个发展阶段的具体目标、工作任务和实施路径。

企业应当在董事会下设立战略委员会或指定相关机构负责发展战略管理工作，履行相应职责。企业应当明确战略委员会的职责和议事规则，对战略委员会会议的召开程序、表决方式、提案审议、保密要求和会议记录等作出规定，确保议事过程规范透明、决策程序科学民主。战略委员会应当组织有关部门对发展目标和战略规划进行可行性研究和科学论证，形成发展战略建议方案；必要时，可借助中介机构和外部专家的力量，为其履行职责提供专业咨询意见。

战略委员会成员应当具有较强的综合素质和丰富的实践经验，其任职资格和选任程序应当符合有关法律法规和企业章程的规定。董事会应当严格审议战略委员会提交的发展战略方案，重点关注其全局性、长期性和可行性。董事会在审议方案中如果发现重大问题，应当责成战略委员会对方案作出调整。企业的发展战略方案经董事会审议通过后，报经股东（大）会批准实施。

二、发展战略的实施

企业应当根据发展战略，制订年度工作计划，编制全面预算，将年度目标分解、落实；同时，完善发展战略管理制度，确保发展战略有效实施。

全面预算是企业在一定的时期内（一般为一年或一个既定期间内）各项业务活

动、财务表现等方面的总体预测。汤谷良（2003）①认为，公司预算不仅是出资者与经理人之间的游戏规则，还体现经营者与其下属员工之间的权利、责任安排，即在为实现整体利益的目标下，明确各单位的权利和责任区间。它包括经营预算（如开发预算、销售预算、销售费用预算、管理费用预算等）和财务预算（如投资预算、资金预算、预计利润表、预计资产负债表等）。全面预算是一种管理工具，也是一套系统的管理方法。全面预算通过合理分配企业人、财、物等战略资源，协助企业实现既定的战略目标，并与相应的绩效管理配合，以监控战略目标的实施进度，控制费用支出，并预测资金需求、利润和期末财务状况等。

全面预算的编制、执行与调整涉及公司的所有部门及主要人员，包括总公司所有的业务部门与职能部门，以及所有子公司的各项业务活动。全面预算是对企业战略规划的一种正式、量化的表述形式。在遵循企业战略目标的前提下概括了企业的战略目标及达成战略目标的可行步骤。

企业应当重视发展战略的宣传工作，通过内部各层级会议和教育培训等有效方式，将发展战略及其分解落实情况传递到内部各管理层级和全体员工。战略委员会应当加强对发展战略实施情况的监控，定期收集和分析相关信息，对于明显偏离发展战略的情况，应当及时报告。

由于经济形势、产业政策、技术进步、行业状况以及不可抗力等因素发生重大变化，确需对发展战略作出调整的，应当按照规定权限和程序调整发展战略。

第二节　企业人力资源管理层面的内部控制

为了促进企业加强人力资源建设，充分发挥人力资源对实现企业发展战略的重要作用，企业应实施人力资源管理。所谓人力资源，是指企业组织生产经营活动而任用的各种人员，包括董事、监事、高级管理人员和其他员工。企业的人力资源是提升企业竞争力的源泉。人力资源管理的理念之一就是将企业员工视为一种非常重要的资源，是企业价值的重要体现。人力资源政策就是将这些资源加以有效地开发利用，使之成为提高企业核心竞争力的重要推动力。

企业人力资源管理至少应当关注下列风险：

（1）人力资源缺乏或过剩、结构不合理、开发机制不健全，可能导致企业发展战略难以实现。

（2）人力资源激励约束制度不合理、关键岗位人员管理不完善，可能导致人才流失、经营效率低下或关键技术、商业秘密和国家机密泄露。

（3）人力资源退出机制不当，可能导致法律诉讼或企业声誉受损。

企业应当重视人力资源建设，根据发展战略，结合人力资源现状和未来需求预测，建立人力资源发展目标，制定人力资源总体规划和能力框架体系，优化人力资

---

① 汤谷良. 全面预算管理——一种新的"游戏规则"［J］.新理财，2003（3）.

源整体布局，明确人力资源的引进、开发、使用、培养、考核、激励、退出等管理要求，实现人力资源的合理配置，全面提升企业核心竞争力。

一、人力资源的开发

企业人力资源开发的根本目的，是市场经济条件下企业生存与发展的客观要求。通过对科技人员的开发增强企业技术创新的能力，通过对经营管理人员的开发增强企业的反应能力、组织管理能力和市场营销能力，通过对生产工人的开发增强企业的生产制造能力和连带服务能力，通过各方面能力的整合，增强企业竞争力①。

企业应当根据人力资源总体规划，结合生产经营实际需要，制订年度人力资源需求计划，完善人力资源引进制度，规范工作流程，按照计划、制度和程序组织人力资源引进工作。

企业应当根据人力资源能力框架要求，明确各岗位的职责权限、任职条件和工作要求，遵循德才兼备、以德为先和公开、公平、公正的原则，通过公开招聘、竞争上岗等多种方式选聘优秀人才，重点关注选聘对象的价值取向和责任意识。企业选拔高级管理人员和聘用中层及以下员工，应当切实做到因事设岗、以岗选人，避免因人设事或设岗。

企业选聘人员应当实行岗位回避制度。企业确定选聘人员后，应当依法签订劳动合同，建立劳动用工关系。企业对于在产品技术、市场、管理等方面掌握或涉及关键技术、知识产权、商业秘密或国家机密的工作岗位，应当与该岗位员工签订有关岗位保密协议，明确保密义务。企业应当建立选聘人员试用期和岗前培训制度，对试用人员进行严格考查，促进选聘员工全面了解岗位职责，掌握岗位基本技能，适应工作要求。试用期满考核合格后，方可正式上岗；试用期满考核不合格者，应当及时解除劳动关系。

企业应当重视人力资源开发工作，建立员工培训长效机制，营造尊重知识、尊重人才和关心员工职业发展的文化氛围，加强后备人才队伍建设，促进全体员工的知识、技能持续更新，不断提升员工的服务效能。

二、人力资源的使用

企业应当建立和完善人力资源的激励约束机制，设置科学的业绩考核指标体系，对各级管理人员和全体员工进行严格考核与评价，以此作为确定员工薪酬、职级调整和解除劳动合同等的重要依据，确保员工队伍处于持续优化状态。行为期望理论认为：人们采取某种行为方式是因为人们相信这种方式将产生他们期望的回报。因此，在一个组织里，如果想让核心员工为企业竞争力的构建和提高而更加努力工作，就必须要建立能激发他们积极性和创造性的有效激励机制。

---

① 蒋秀青. 人力资源管理与企业核心竞争力的提升研究［J］. 生产力研究，2010（3）.

企业应当制定与业绩考核挂钩的薪酬制度，切实做到薪酬安排与员工贡献相协调，体现效率优先、兼顾公平的原则。企业管理层应在管理观念上进行变革，强调全员绩效意识，通过绩效管理，促使员工开发自身潜能；增强团队凝聚力，发展员工与管理者之间的建设性的、开放的关系；帮助企业实现绩效的持续提高。①企业应当制定各级管理人员和关键岗位员工定期轮岗制度，明确轮岗范围、轮岗周期、轮岗方式等，形成相关岗位员工的有序持续流动，全面提升员工素质。

企业应当按照有关法律法规规定，结合企业实际，建立健全员工退出（辞职、解除劳动合同、退休等）机制，明确退出的条件和程序，确保员工退出机制得到有效实施。

企业应当定期对年度人力资源计划执行情况进行评估，总结人力资源管理经验，分析存在的主要缺陷和不足，完善人力资源政策，促使企业整体团队充满生机和活力。

知识点滴

如何在企业人力资源管理中应用激励制度

（1）要建立科学合理的激励制度。在激励制度制定过程中，企业应该从宏观的角度，建立公平、公正、公开的激励制度，具体可以根据以下几点来展开：①企业在制定激励制度过程中，应该保证制度能够长期运用，同时还要让它能够有较好的运用机会，要根据当前企业的发展状况来进行不断调整，从而保证其能够有效运用。②企业在运行过程中，应该建立与制度搭配的考核体系，其目标是让员工重视当前的激励制度。若员工能够重视当前的激励制度，则会将制度的作用充分展现出来，促进企业的整体发展。若员工不能完成任务，企业可以采取有效的惩戒措施。

（2）尊重员工个体化差异，采取相应的原则。企业在利用激励制度做好人力资源管理的过程中，一定要综合考虑，重视员工的个体差异。员工的个体差异具体体现在岗位区分、专业技能区分以及其他区分上，应根据个体上的差异做好调整，使他们更好地投入到企业发展中。

资料来源　马健. 探究激励制度在企业人力资源管理中的应用［J］. 时代经贸，2020（3）.

第三节　企业履行社会责任层面的内部控制

为了实现企业与社会的协调发展，企业应履行社会责任。最早提出"企业社会责任"这一概念的是英国学者Sheldon（1924），他认为企业应承担满足人类需求的责任，主张企业的经营应促进社会利益。但一般认为企业社会责任的研究始于20世纪50年代，其标志是1953年Bowen出版的《商人的社会责任》一书。书中指出，企业社会责任是指企业依从社会的目标与价值观，趋近并遵循相关政策，并进而进行决策、采取具体行动的义务。Carroll（1999）认为，企业社会责任乃社会寄希望

---

① 柳莎，夏桃葵. 影响企业核心竞争力的人力资源管理因素分析［J］. 科技创业月刊，2008（1）.

于企业履行之义务，社会不仅要求企业实现其经济上的使命，而且期望其能够遵法度、重伦理、行公益。

《企业内部控制应用指引》所定义的社会责任，是指企业在经营发展过程中应当履行的社会职责和义务，主要包括安全生产、产品质量（含服务，下同）、环境保护、资源节约、促进就业、员工权益保护等。

企业至少应当关注在履行社会责任方面的下列风险：安全生产措施不到位，责任不落实，可能导致企业发生安全事故。产品质量低劣，侵害消费者利益，可能导致企业巨额赔偿、形象受损甚至破产。环境保护投入不足，资源耗费大，造成环境污染或资源枯竭，可能导致企业巨额赔偿、缺乏发展后劲甚至停业。促进就业和员工权益保护不够，可能导致员工积极性受挫，影响企业发展和社会稳定。

企业应当重视履行社会责任，切实做到经济效益与社会效益、短期利益与长远利益、自身发展与社会发展相互协调，实现企业与员工、企业与社会、企业与环境的健康和谐发展。

一、安全生产

企业应当根据国家有关安全生产的规定，结合本企业实际情况，建立严格的安全生产管理体系、操作规范和应急预案，强化安全生产责任追究制度，切实做到安全生产。企业应当设立安全管理部门和安全监督机构，负责企业安全生产的日常监督管理工作。

企业应当重视安全生产投入，在人力、物力、资金、技术等方面提供必要的保障，健全检查监督机制，确保各项安全措施落实到位，不得随意降低保障标准。企业应当加强生产设备的经常性维护管理，及时排除安全隐患。

企业如果发生生产安全事故，应当按照安全生产管理制度妥善处理，排除故障，减轻损失，追究责任。重大生产安全事故应当启动应急预案，同时按照国家有关规定及时报告，严禁迟报、谎报和瞒报。

2010年3月28日，山西王家岭发生了透水矿难事故，115人获救，38人死亡。调查组组长、国家安全监管总局局长骆琳说，根据掌握的情况，经调查分析，王家岭煤矿在建设过程中存在着严重的违规违章行为，安全生产缺少监管，安全责任制流于形式，重生产进度，忽视安全细节（事故发生的前三天就有人报告有透水现象，没有引起任何人的重视），安全培训不到位等，一系列的安全管理漏洞直接导致了事故的发生，这起事故本身给我们带来惨痛的教训。[①]

二、产品质量

企业应当根据国家和行业相关产品质量的要求，从事生产经营活动，切实提高

---

① 企业内部控制编审委员会. 企业内部控制配套指引解读与案例分析［M］. 上海：立信会计出版社，2010.

产品质量和服务水平，努力为社会提供优质的产品和服务，最大限度地满足消费者的需求，对社会和公众负责，接受社会监督，承担社会责任。

企业应当规范生产流程，建立严格的产品质量控制和检验制度，严把质量关，禁止缺乏质量保障、危害人民生命健康的产品流向社会。企业应当加强产品的售后服务，一旦发现存在严重质量缺陷、隐患的产品，应当及时召回或采取其他有效措施，最大限度地降低或消除缺陷、隐患产品的社会危害。

企业应当妥善处理消费者提出的投诉和建议，切实保护消费者权益。

三鹿集团全称为"石家庄三鹿集团股份有限公司"，是集奶牛饲养、乳品加工、科研开发于一体的大型企业集团，连续6年入选中国企业500强。

早在2004年4月，安徽阜阳"大头娃娃"事件曝光时，就给三鹿上过一堂风险警示课。当时，阜阳地方媒体公布本市45家不合格奶粉和伪劣奶粉"黑名单"中，三鹿奶粉榜上有名。随后，三鹿婴儿奶粉在全国多个市场被强迫下架，每天损失超过1 000万元。此事件之后，三鹿集团应该从中吸取教训，加大对公司产品质量的监管。然而，自2007年12月以来，三鹿集团陆续接到消费者关于婴幼儿食用三鹿牌奶粉出现疾患的投诉。经企业检验，2008年6月发现奶粉中非蛋白氮含量异常，后确定其产品中含有三聚氰胺。①

2007年12月至2008年8月，三鹿集团明知自己的产品中含有可能致人伤害的三聚氰胺，却没有积极主动地向社会披露信息以承担责任，也未采取积极补救措施，召回问题产品。三鹿集团采取了能推就推、能拖就拖、能瞒就瞒的处理方式，仍继续生产和对外销售其产品，最终导致事态恶化，致三鹿企业集团破产。

三、环境保护与资源节约

企业应当按照国家有关环境保护与资源节约的规定，结合本企业实际情况，建立环境保护与资源节约制度，认真落实节能减排责任，积极开发和使用节能产品，发展循环经济，降低污染物排放，提高资源综合利用效率。

企业应当通过宣传教育等有效方式，不断提高员工的环境保护和资源节约意识。企业应当重视生态保护，加大对环保工作的人力、物力、财力的投入和技术支持，不断改进工艺流程，降低能耗和污染物排放水平，实现清洁生产。企业应当加强对废气、废水、废渣的综合治理，建立废料回收和循环利用制度。企业应当重视资源节约和资源保护，着力开发利用可再生资源，防止对不可再生资源进行掠夺性或毁灭性开发。

企业应当重视国家产业结构相关政策，特别关注产业结构调整的发展要求，加快高新技术开发和传统产业改造，切实转变发展方式，实现低投入、低消耗、低排放和高效率。

企业应当建立环境保护和资源节约的监控制度，定期开展监督检查，发现问题

---

① 胥安学. 企业内部控制体系构建初探——基于三鹿奶粉事件的思考［J］. 财政监督，2009（10）.

及时采取措施予以纠正。污染物排放超过国家有关规定的，企业应当承担治理或相关法律责任。发生紧急、重大环境污染事件时，应当启动应急机制，及时报告和处理，并依法追究相关责任人的责任。

四、促进就业与员工权益保护

企业应当依法保护员工的合法权益，贯彻人力资源政策，保护员工依法享有劳动权利和履行劳动义务，保持工作岗位相对稳定，积极促进充分就业，切实履行社会责任。

企业应当避免在正常经营情况下批量辞退员工，以免增加社会负担。企业应当与员工签订并履行劳动合同，遵循按劳分配、同工同酬的原则，建立科学的员工薪酬制度和激励机制，不得克扣或无故拖欠员工薪酬。企业应当建立高级管理人员与员工薪酬的正常增长机制，切实保持合理水平，维护社会公平。

企业应当积极履行社会公益方面的责任和义务，关心帮助社会弱势群体，支持慈善事业。

‖‖相关链接

企业社会责任信息

长期以来，企业社会责任是政府、社会和企业关注的焦点，尤其是对企业以及利益相关者群体来说，他们在进行相关决策时，除了考虑传统财务等信息的影响外，还往往将企业社会责任信息作为重要的参考依据。

越来越多的企业已经开始发布社会责任报告，披露企业在社会、环境等方面的信息。毕马威的一项调查报告显示，全球45个国家和地区约4 500家企业中有75%以上的企业发布了社会责任报告。我国监管部门并没有对企业社会责任报告信息披露的形式及内容作出强制性要求，社会责任信息披露是企业的自愿行为。从当前企业发布的社会责任报告可以发现，多数企业会有选择地披露积极的社会责任信息，而对相对负面的社会责任信息在报告中却很少披露，造成企业社会责任报告质量不高。

资料来源. 钟鹏，吴涛，李晓渝. 上市公司企业社会责任报告、社会责任缺失与财务绩效关系的实证研究［J］. 预测，2021（1）.

第四节　企业文化建设层面的内部控制

为了发挥企业文化在企业发展中的重要作用，企业应加强文化建设。所谓企业文化，是指企业在生产经营实践中逐步形成的、为整体团队所认同并遵守的价值观、经营理念和企业精神，以及在此基础上形成的行为规范的总称。

文化作为一组通过教育和模仿而继承下来的行为习惯，对各种制度安排的成本产生影响。新制度经济学家在研究正式制度的同时，并没有忽视意识形态、伦理道德、文化传统等非正式制度因素的影响①。在诺斯等人看来，文化作为秩序的伦理基础，是一种"意识形态"，不仅是减少经济秩序交易费用的重要制度基础，更重要的是它对经济主体创新和进取精神的推动，具有可与产权界定匹敌的巨大作用，可以提供选择性经济动力激励等方面的产出，是有效率的经济组织的基础②。

近代资本主义的兴起与日本的迅速崛起，无不证明了这一点。企业文化可在企业内部形成一定的思维框架和评价参照体系，也可谓之"心灵结构"，成为一种集体无意识机制，促进和制约管理活动的发展和企业竞争力的提升。可以说，企业文化是特定的价值取向、工作方式、公司内部的交往习惯、公司发展目标的意识形态化，能够从人的思想意识中起到管理作用。所有的企业都有自己的文化，这些企业文化均对企业员工和企业经营业绩产生巨大的影响，市场竞争激烈的时候更是如此。这种文化的影响甚至大于企业管理研究和经营策略研究中经常出现的那些因素——经营策略、企业组织结构、企业管理体制、企业财务分析手段以及领导艺术等。

正如美国IBM公司前总裁小沃森（Tom Watson Jr.）所说："就企业相关经营业绩来说，企业基本经营思想、企业精神和企业目标远比技术资源或经济资源、企业结构、发明创造及随机决策重要得多。当然，所有这些因素都极大地影响着企业经营业绩。但我认为，它们无一不是源自企业员工对企业基本价值观念的信仰程度，同时源自他们在实际经营中贯彻这些观念的可信程度③。"

加强企业文化建设至少应当关注下列风险：缺乏积极向上的企业文化，可能导致员工丧失对企业的信心和认同感，企业缺乏凝聚力和竞争力。缺乏开拓创新、团队协作和风险意识，可能导致企业发展目标难以实现，影响可持续发展。缺乏诚实守信的经营理念，可能导致舞弊事件的发生，造成企业损失，影响企业信誉。忽视企业间的文化差异和理念冲突，可能导致并购重组失败。

企业应当采取切实有效的措施，积极培育具有自身特色的企业文化，引导和规范员工行为，打造以主业为核心的企业品牌，形成整体团队的向心力，促进企业长远发展。企业应当培育体现企业特色的发展愿景、积极向上的价值观、诚实守信的经营理念、履行社会责任和开拓创新的企业精神，以及团队协作和风险防范意识。企业应当根据发展战略和实际情况，总结优良传统，挖掘文化底蕴，提炼核心价值，确定文化建设的目标和内容，形成企业文化规范，使其构成员工行为守则的重要组成部分。

董事、监事、经理和其他高级管理人员应当在企业文化建设中发挥主导和垂范作用，以自身的优秀品格和脚踏实地的工作作风，带动影响整个团队，共同营造积极向上的企业文化环境。

① 柯武刚，史漫飞. 制度经济学——社会秩序与公共政策 [M]. 北京：商务印书馆，2000.
② 诺斯. 制度、制度变迁与经济绩效 [M]. 刘守英，译. 上海：上海三联书店，1994.
③ 李丽，宁凌. 企业发展的核心要素——文化资本 [M]. 北京：中国经济出版社，2006.

企业应当促进文化建设在内部各层级的有效沟通，确保全体员工共同遵守。企业文化建设应当融入生产经营全过程，切实做到文化建设与发展战略的有机结合，增强员工的责任感和使命感，规范员工行为方式，使员工自身价值在企业发展中得到充分体现。企业应当加强对员工的文化教育和熏陶，全面提升员工的文化修养和内在素质。

企业应当建立企业文化评估制度，明确评估的内容、程序和方法，落实评估责任制，避免企业文化建设流于形式。

第五节　案例与思考

案例　中信泰富事件

1.案例背景

中信泰富的前身泰富发展有限公司成立于1985年，1986年通过新景丰公司获得在香港证券交易所的上市地位，同年2月，泰富发行2.7亿股新股予中国国际信托投资（香港集团）有限公司，使中信（香港集团）持有泰富64.7%股权。1986年荣智健加入中信香港，泰富成为中信子公司。1991年泰富正式易名为中信泰富。

1987年之后，荣智健从中信集团那里得到了人事权和经营权，而中信集团给予荣智健充足的资金支持，使其顺利地从国泰航空、港龙航空、香港电信、泰富发展购入股份。中信泰富公司诞生，荣智健时代开启。1996年，荣智健向中信集团董事长王军提出了管理层收购的要求，使以荣智健为首的中信泰富管理层获得了25%的股权，其一跃成为中信泰富第二大股东。

1997年，香港回归祖国之后，中信泰富的业务重心日益偏向中国内地。在2006年新一轮业务重组中，中信泰富促成国泰、港龙整合，又在2008年出售了其在中国国际货运股份有限公司的全部权益。

与此同时，中信泰富大举进入特种钢铁行业，并在铁矿、特钢这一产业链上倾注了大量的资金。在收购江阴兴澄钢厂、新冶钢、石家庄钢厂等企业的股权之后，中信泰富于2006年3月购入位于西澳大利亚潜在的逾60亿吨磁铁矿石开采权，后又收购合共17艘将要建造的船舶。

根据中信泰富的介绍，该项目的磁铁矿储量20亿吨，每年可生产2 700万吨精矿，是大洋洲目前最大的已规划开发的磁铁矿项目，也是首家在采矿后进行大规模下游加工的企业。该项目于2009年或2010年开始为中信泰富的特钢厂提供稳定的铁矿砂来源。

2008年，中信泰富中报显示，特种钢铁业务、物业和航空收入分别占半年盈利总数的59%、15%和11%。不过，鉴于钢铁、房地产等行业均为资本密集型行业，中信泰富自2007年后负债水平开始上升。钢铁、房地产行业目前均承受经济周期的压力。期货事件发生之后，中信泰富未来的业务发展和财务状况均备受关注。

中信泰富纵横内地、香港资本市场近20年，在钢铁、基础设施、房地产、电信等多个领域几进几出。然而，市场对中信泰富的投资业绩却褒贬不一，香港投资圈对中信泰富甚至有"蓝灯笼"之讥，意谓当中信泰富出手买入之际，即是该类资产/业务周期见顶之时。

"虽然中信泰富涉足很多实业领域，但较少参与具体业务的管理，从这个意义上说，中信泰富只是一家投资公司。"一位香港资本市场的资深人士表示。近年来，中信泰富的发展遇到了很多困惑。一方面，中信泰富在香港的地产、航空等主要业务增长空间有限。另一方面，中国内地经济流动性日益充沛，中信泰富原来的资金优势逐渐丧失；虽然尚有海外发展意图，但中信泰富的投资和管理能力是否胜任，却仍存疑问。

"中信泰富是红筹股的鼻祖，在香港信贷市场向来受到优待，又加上拥有大量的基础设施投资，现金流就更是充足。与中信泰富类似的企业还有很多，它们手握重金，追逐投资机会，其结果往往是偏离主营业务，走上高风险的投机之路。"上述人士指出，缺乏核心业务，在牛市中手持大量现金的中资海外上市公司，往往难以拒绝资本市场投机的诱惑。

2.事件回顾

祸端可能要追溯到几年前。早在2006年，荣智健曾展望了中信泰富的三大主营业务：钢铁、航空、地产。在荣智健看来，未来几年中信泰富将把钢铁业务作为具有主要增长动力的核心业务，而航空、地产成为"守成"式的日常经营业务。

为了拓展这一核心业务，中信泰富先后收购内地三家龙头特钢企业。2008年，中信泰富全年特种钢业务净利润大幅提升68%，盈利达28.44亿港元，成为对中信泰富利润贡献最大的业务，毫无疑问，这体现了荣智健在挑选行业上的睿智。

然而，荣智健似乎忽视了一个最为基本的投资原则：多元化投资要遵循分散性原则。中信泰富主业中的钢铁、航空、电力、地产，都是强周期性行业，这意味着在经济处于上升周期，其业务就能够获得超额回报，然而一旦经济进入下行周期，增长乏力，甚至出现亏损的弊端就很容易显现。

在此轮全球经济增长周期中，铁矿石价格节节攀升，于是，摆在荣智健面前的问题是如何才能对冲成本价格攀升给利润带来的巨大侵蚀。就在此时，投资银行开始蠢蠢欲动，向类似中信泰富这样的目标客户推荐所谓高杠杆金融衍生工具产品，来规避澳元不断升值所导致的铁矿石价格不断攀升的成本风险。

在投资银行口中千好万好的一种名为累计期权的金融衍生产品最终让中信泰富伤痕累累。中信泰富在2008年10月20日发表的公告中称，为对冲澳元升值风险，锁定公司在大洋洲铁矿项目的开支成本，中信泰富与香港的银行签订了四份杠杆式外汇买卖合约，其中三份涉及澳元，最大交易金额为94.4亿澳元，另一份则为人民币对美元的汇率挂钩合约。

令中信泰富损失最为惨重的是其中一份澳元外汇合约。

按照合约内容，中信泰富需每月以固定价格用美元换澳元，合约2010年10月期满。双方约定的汇率为澳元对美元1：0.87。如果澳元汇率上涨，中信泰富即可赚取与市场汇率的差价，但汇率上涨到一定幅度，合约将自动终止，即盈利上限是锁定的；但如果澳元汇率下跌，根据双方约定的计价模型，中信泰富将不仅蒙受约定汇率与市场汇率的差价损失，而且受合同约束需要加倍买入澳元，其损失也将成倍放大。

中信泰富主席荣智健在2008年10月20日的记者会上称，如果澳元市价低于0.87美元，中信泰富需要买入最初约定规模的2倍澳元。不过他未提及继续下跌的买入倍数。

由于这一产品的高杠杆性，中信泰富按合同的最高交易金额高达94.4亿澳元，而风险没有下限。在极端情况下，比如澳元对美元汇率跌至1：0，这94.4亿澳元将全部化为灰烬。相形之下，中信泰富的收益则有明确的上限。尽管公告没有披露终止合约机制的汇率触发点，但明确表示，通过这一合约中信泰富最多也只能赚取5 350万美元。

在中信泰富丑闻曝光之前，这类被统称为"累计期权"的衍生工具，已经是让市场人士谈虎色变的一个品种。对于专业的对冲基金或金融投资者而言，在签署这种风险敞口巨大的合约时，都会有相应的对冲安排，以锁定下行风险。

市场分析认为，中信泰富之所以签订这一"止赚不止蚀"的合约，一方面，可能因为计价模型过于复杂，操作者不能准确对其风险定价；另一方面，这一合约签署时，澳元在稳定的上行通道中，市场汇率应当高于1：0.87，即中信泰富签订合约之初即可赚钱，且看似在相当一段时间内并无下跌之虞。由于2008年以来美元疲软，市场多认为拥有资源性产品的大洋洲货币将持续走强，因而看好澳元的累计期权大行其道。但像中信泰富这样的蓝筹公司加注之巨、卷入之深，亦极为罕见。

澳元对美元的汇价当然不可能跌到0，但中信泰富涉身衍生品交易，显然大大低估了外汇衍生品市场的波幅和凶险程度。自2008年7月以来，澳元对美元汇价一路下滑，近期一直在1：0.7附近徘徊，最低已达1：0.65。按照中信泰富的公告，自2008年7月1日至10月17日，中信泰富已终止部分当时生效的杠杆式外汇买卖合约，至今已亏损8亿港元。如果澳元维持现价，到合同终止日杠杆式外汇合约亏损达147亿港元，即合计亏损155亿港元。有分析指出，倘若澳元对美元汇率继续下行到1：0.5，而中信泰富仍未收手的话，损失将扩大到260亿港元。

中信泰富董事兼总经理范鸿龄在记者招待会上表示，"虽然公司今年其他业务的盈利比较好，但这笔亏损已令今年所赚蚀光"。

事实上，中信泰富2007年的盈利为108.43亿港元，净资产规模亦不过646.99亿港元。屋漏偏逢连夜雨，消息公布之后，中信泰富又被下调信用评级，意味着其债券的违约概率增加。更重要的是，其市场信心正在迅速瓦解：贷款银行密切注视中信泰富的动态；交易对手由于担心其破产，也缩减往来交易额。在各种合力之下，中信泰富已被逼至悬崖边缘。

与之相应，衍生品巨亏消息一经披露，中信泰富股价即告暴跌，股价从7月2

日的 28.20 港元跌至 10 月 24 日的 5.06 港元，跌幅为 82%。

中信泰富方面仍然力图维持市场信心，公告宣称将按实际情况以三种办法处理这批外汇合约：终止合约、重组合约或继续执行合约至期满。

然而，无论哪一种方式，最终都意味着巨额资金的支出。为缓解财务困难，增强流动性，中信泰富公告称，其大股东中信集团已同意为其协调安排 15 亿美元的备用信贷。

面对着巨额亏损，2008 年 10 月 21 日，荣智健对外表示，他对事件毫不知情。根据审核委员会的调查，此事并不牵涉欺诈或其他不法行为。问题在于财务董事张立宪未遵守公司对冲风险的政策，进行交易前又未得到主席批准。

这样的解释让外界对于公司的管理产生更大的疑问。所有业内人士同声表示"难以置信"。中信泰富财务董事没有遵守风险政策，公司内部监控制度存在严重失职行为。有业内分析人士表示，难以相信这么大型的蓝筹公司，会让其财务董事有这么大的权力，动用数以百亿元计的资金炒卖衍生工具，而主席并不知情。

据曾为中信泰富设计公司管理制度的会计师事务所工作人员介绍，多年前公司就已经规定，外汇衍生买卖是高风险金融交易，在审批前都会设置详细的风险规避计划，而且这些避险计划是必需的。据该人士介绍，这是实业公司对冲战略的指定动作，所有大型实业都采用这种管理方法。

另外在审批方面，中信泰富也有相应的管理制度，公司实行的是主席及财务总监的双重审批制度。换言之，如果按照正常程序，必须经过荣智健和财务总监张立宪的签名同意才有签订合约的可能。事情发生后，中信泰富董事兼总经理范鸿龄也表示，公司聘请普华永道会计师事务所就改良监控制度给予意见。

有分析人士表示，如果这些管理制度都存在，那财务总监张立宪瞒着荣智健的可能性就更小。事后发现，这些合约是在将近 1 个月内，与 13 家对手银行分别签下的，如此大动作的交易私下签订的可能性很小。

通常金融机构与实业公司签订巨额合约，都会设置保证金要求，也就是只要账面亏损达到一定程度，中信泰富必须存进相应的保证金，以保证金融机构的利益。此次 13 家银行都没有设置这样的"安全阀"，说明此次合约的"信用"评价程度相当高。如果张立宪没有得到主席的授权，银行使用最高标准的"信任度"就更说不过去了。

2009 年 3 月 25 日，中信泰富公布 2008 年度业绩，净利润亏损 126.62 亿元，其中澳元外汇合约亏损 146.32 亿元。

2009 年 4 月 3 日，董事局主席荣智健等人遭香港警方商业犯罪科调查；4 月 8 日，荣智健辞职。

资料来源　宋建波. 内部控制与风险管理 [M]. 北京：中国人民大学出版社，2012.

3.案例思考

分析评价使中信泰富亏损巨大的原因及启示。

本章小结

　　根据有关法律法规和《企业内部控制基本规范》，企业应制定与实施发展战略。所谓发展战略，是指企业在对现实状况和未来趋势进行综合分析和科学预测的基础上，制定并实施的长远发展目标与战略规划。

　　为了促进企业加强人力资源建设，充分发挥人力资源对实现企业发展战略的重要作用，企业应实施人力资源管理。所谓人力资源，是指企业组织生产经营活动而任用的各种人员，包括董事、监事、高级管理人员和其他员工。企业的人力资源是提升企业竞争力的源泉。

　　为了促进企业履行社会责任，实现企业与社会的协调发展，企业应履行社会责任。企业的社会责任，是指企业在经营发展过程中应当履行的社会职责和义务，主要包括安全生产、产品质量、环境保护、资源节约、促进就业、员工权益保护等。

　　为了发挥企业文化在企业发展中的重要作用，企业应加强文化建设。所谓企业文化，是指企业在生产经营实践中逐步形成的、为整体团队所认同并遵守的价值观、经营理念和企业精神，以及在此基础上形成的行为规范的总称。企业应当建立企业文化评估制度，明确评估的内容、程序和方法，落实评估责任制，避免企业文化建设流于形式。

第五章

货币资金业务内部控制

学习目标

通过本章学习，了解货币资金业务内容，熟知货币资金业务风险，掌握货币资金业务的内部控制环节，能恰当运用内部控制理论对货币资金业务内部控制案例进行分析。

第一节　货币资金业务概述

货币资金是企业资产的重要组成部分，是企业资产中流动性最强的一种资产。任何企业进行生产经营活动都必须持有一定数额的货币资金。持有货币资金是企业生产经营活动的基本条件。企业的货币资金与企业各项业务交易都有直接或间接的联系，可以说货币资金是各项循环的枢纽。筹资、销售等业务涉及货币资金的流入，采购、投资等业务涉及货币资金的流出，货币资金在企业的生产经营循环中处于中心地位。

一般而言，企业涉及货币资金的业务，除少数必须用现钞收支外，大多数业务都是通过银行进行结算。有关货币资金业务的主要内容有：

1.货币资金收入

货币资金收入的主要来源有：一是通过销售产品、提供劳务而向客户收取。它们有的是当期客户直接支付的；有的是客户先期所欠，当期支付的。这一来源是企业货币资金收入的主要部分。二是通过发行、出售或转让有价证券、固定资产、材料、无形资产等而向购买者、受让人收取，或者因持有各种有价证券、银行存款等而定期获得的股息、利息等。这种来源的收入通常不是经常发生的，而是定期的。货币资金收入的形式有多种，有的是支票形式，有的是现钞形式，但更多的是通过银行的结算而直接划入本企业的开户银行账户。

2.货币资金支出

货币资金支出的范围很广。它涉及各种资产的购入、大部分费用的开支、向投资者支付的报酬和向国家缴纳的各种税金等。

货币资金支出有支票付款、现钞付款等多种形式。支票付款是企业货币资金支出的主要部分。企业的购货和费用支出大多数采用支票。现钞付款通常用于预付款、支付运费、零星开支和工资支出等。同货币资金收入一样，货币资金支出的大部分是通过银行的结算而划出本企业的开户银行的账户。

3.备用金

备用金是企业付给内部各部门或有关职员作零星开支、零星采购或差旅费等使用的款项。备用金有时直接以现钞的形式付给有关部门或职员；有时则为这些部门或职员在银行中另设专户，由他们在这些专户中进行开支。

由于企业大多数涉及现金的业务都要通过银行来进行结算，以及企业向银行解款或取款，企业在银行中的存款户和银行定期送来的银行对账单是企业现金业务处理的主要对象。为了灵活地调度资金和掌握企业的现金余额，企业必须根据每天存入银行的款项和使用支票所提用的数额，随时计算出银行存款的余额，并同银行对账单核对。

第二节　货币资金业务的风险

由于企业的货币资金受多项业务循环交易的影响，尽管其余额不是很大，但其增减变动的数额往往超过其他账户，再加之货币资金的流动性强，容易被偷盗或挪用，因此，货币资金出现差错的可能性比较大，固有风险较高。在会计实务中，企业应当重点关注涉及货币资金业务的下列风险：

（1）资金管理及银行账户的开立、审批、使用等违反国家法律法规规定，可能遭受外部处罚造成的经济损失和信誉损失。

（2）由于货币资金管理业务流程设计不合理或控制不当，可能导致对货币资金监控不力，管理混乱，资金被非法挪用、盗用，出现差错、舞弊和经济犯罪而导致损失。

▌相关链接

一国企高管受贿贪污骗取公款获刑

银企业务中存在复杂的寻租空间，相关负责人之间违法金钱往来行为屡见不鲜，有时候企业会给银行高管行贿，有时候银行会给企业高管行贿。当然，这都逃脱不了法律的严惩。

近日，裁判文书网发布的一份刑事判决书显示，地方国企河南能源化工集团有限责任公司（以下简称"河南能源公司"）原总经理助理、副总会计师张某在担任企业主管会计负责人期间，收受多家银行、企业的贿赂。其中，广发银行、中信银行、中原银行、济源农商银行都曾通过向他行贿谋求在自家银行业务上的关照。

公开资料显示，张某曾担任河南能源公司副总会计师、资金管理中心主任、财务有限公司总经理、鹤煤集团总会计师等职务。在担任以上职务期间，张某共计受贿人民币425余万元、1万美元；骗取公款人民币85 568元；财产、支出明显超出合法收入人民币847余万元。河南省鹤壁市中级人民法院终审判决，张某犯受贿罪、贪污罪、巨额财产来源不明罪，数罪并罚，判处有期徒刑14年，并处罚金人民币110万元。

资料来源　南笛. 某国企会计师贪污受贿被判14年 [EB/OL]. [2020-04-10]. https://finance.ifeng.com/c/7vYUUKy0WeG.

（3）资金记录不准确、不完整，可能造成账实不符或导致财务报表信息失真。

（4）有关票据的遗失、变造、伪造、被盗用以及非法使用印章，可能导致资产损失、法律诉讼或信用损失。

第三节　货币资金业务内部控制环节

货币资金是企业流动资金中最活跃的部分，货币资金收支业务十分频繁，采购材料、发放工资、上缴税款等都要涉及货币资金，为了确保货币资金的安全完整，正确反映货币资金的增减变动和结存情况，保证国家现金管理制度的严格执行，必须建立、健全有关货币资金业务的内部控制制度。

1.职责分工与授权批准

企业应当建立资金业务的岗位责任制，明确相关部门和岗位的职责权限，确保办理资金业务的不相容岗位相互分离、制约和监督。资金业务的不相容岗位至少应当包括：①资金支付的审批与执行。②资金的保管、记录与盘点清查。③资金的会计记录与审计监督。

企业应当配备合格的人员办理资金业务，并结合企业实际情况，对办理资金业务的人员定期进行岗位轮换。企业关键财会岗位，可以实行强制休假制度，并在最长不超过5年的时间内进行岗位轮换。实行岗位轮换的关键财会岗位，由企业根据实际情况确定并在内部公布。

企业应当建立资金授权制度和审核批准制度，并按照规定的权限和程序办理资金支付业务。严禁未经授权的部门或人员办理资金业务或直接接触资金。

2.现金和银行存款的控制

企业应当加强现金库存限额的管理，超过库存限额的现金应当及时存入开户银行。企业应当根据《现金管理暂行条例》的规定，结合本企业的实际情况，确定本企业的现金开支范围和现金支付限额。不属于现金开支范围或超过现金开支限额的业务应当通过银行办理转账结算。

企业现金收入应当及时存入银行，不得坐支现金。企业借出款项必须执行严格的审核批准程序，严禁擅自挪用、借出货币资金。企业取得的货币资金收入必须及时入账，不得账外设账，严禁收款不入账。有条件的企业，可以实行收支两条线和集中收付制度，加强对货币资金的集中统一管理。

企业应当严格按照《支付结算办法》等国家有关规定，加强对银行账户的管理，严格按照规定开立账户，办理存款、取款和结算。银行账户的开立应当符合企业经营管理的实际需要，不得随意开立多个账户，禁止企业内设管理部门自行开立银行账户。

企业应当定期检查、清理银行账户的开立及使用情况，发现未经审批擅自开立银行账户或者不按规定及时清理、撤销银行账户等问题，应当及时处理并追究有关责任人的责任。企业应当加强对银行结算凭证的填制、传递及保管等环节的管理与控制。

企业应当严格遵守银行结算纪律，不得签发没有资金保证的票据或远期支票，套取银行信用；不得签发、取得和转让没有真实交易和债权债务的票据；不得无理拒绝付款，任意占用他人资金；不得违反规定开立和使用银行账户。

企业应当指定专人定期核对银行账户，每月至少核对一次，编制银行存款余额调节表，并指派对账人员以外的其他人员进行审核，确定银行存款账面余额与银行对账单余额是否调节相符。如调节不符，应当查明原因，及时处理。

企业应当加强对银行对账单的稽核和管理。出纳人员一般不得同时从事银行对账单的获取、银行存款余额调节表的编制等工作。确需出纳人员办理上述工作的，应当指定其他人员定期进行审核、监督。

实行网上交易、电子支付等方式办理资金支付业务的企业，应当与承办银行签订网上银行操作协议，明确双方在资金安全方面的责任与义务、交易范围等。操作人员应当根据操作授权和密码进行规范操作。

使用网上交易、电子支付方式的企业办理资金支付业务，不应因支付方式的改变而随意简化、变更支付货币资金所必需的授权批准程序。企业在严格实行网上交易、电子支付操作人员不相容岗位相互分离控制的同时，应当配备专人加强对交易和支付行为的审核。

企业应当定期和不定期地进行现金盘点，确保现金账面余额与实际库存相符。发现不符，及时查明原因，作出处理。

企业应当按照国家统一会计准则制度的规定对现金、银行存款和其他货币资金进行核算和报告。

3.票据及有关印章的管理

企业应当加强与资金相关的票据的管理，明确各种票据的购买、保管、领用、背书转让、注销等环节的职责权限和处理程序，并专设登记簿进行记录，防止空白票据的遗失和被盗用。企业因填写、开具失误或者其他原因导致作废的法定票据，应当按规定予以保存，不得随意处置或销毁。对超过法定保管期限、可以销毁的票据，在履行审核批准手续后进行销毁，但应当建立销毁清册并由授权人员监销。

企业应当设立专门的账簿对票据的转交进行登记；对收取的重要票据，应留有复印件并妥善保管；不得跳号开具票据，不得随意开具印章齐全的空白支票。

企业应当加强银行预留印鉴的管理。财务专用章应当由专人保管，个人名章应当由本人或其授权人员保管，不得由一个人保管支付款项所需的全部印章。按规定需要由有关负责人签字或盖章的经济业务与事项，必须严格履行签字或盖章手续，用章必须履行相关的审批手续并进行登记。

第四节　案例与思考

案例一　豫金刚石的货币资金舞弊

1.案例简介

豫金刚石2004年12月成立，2010年3月在创业板上市，主要从事超硬材料及其制品产业链的专业研究、生产和销售。2020年1月豫金刚石披露业绩预告，预计2019年可实现的盈利介于6 743.8万元至9 634万元之间，但3个月后披露的2019年年报却报告了51.99亿元的巨额亏损。业绩"变脸"引起了资本市场的质疑和监管部门的问询，后被证监会立案调查。2020年12月31日，证监会通报了初步调查情况，指出豫金刚石2016—2019年涉嫌重大财务造假，存在三方面问题：连续三年累计虚增数亿元利润；未依法披露40多亿元的对外担保和关联交易；实际控制人累计占用上市公司23亿余元的资金。豫金刚石财务造假涉及面比较广，但货币资金的异常值得特别关注。

豫金刚石货币资金相关问题的暴露，首先来自深交所对其2018年年报的问询：为何一方面大额购买银行理财产品，另一方面又进行大额借款？有闲置资金可以购买理财产品，为何还需要大额举债？为何存在高存高贷现象？

2020年4月和5月，豫金刚石分别收到河南证监局与深交所的警示函与处分，但主要涉及业绩预告和业绩快报披露不准确、违规对外提供财务资助等问题，并未直接触及货币资金问题。在审计方面，豫金刚石仅在2019年年报被出具保留意见；在公司治理方面，豫金刚石3位独立董事对《关于〈2019年年度报告〉及其摘要的议案》投了反对票。尽管2019年年报中广义货币资金的比例已下降至总资产的9.42%，但审计师与独立董事并未指出货币资金存在的问题，审计师的保留意见主要涉及担保及诉讼事项结果的不确定性、资产减值的适当性、内部控制不完善等方面，独立董事的反对意见主要聚焦于无法保证年报的真实性。直到2020年12月31日，证监会的通报才提及货币资金占用问题。

豫金刚石货币资金及相关的财务数据和财务异常，主要涉及三类相关联的科目：一是货币资金及相关的理财余额等科目；二是持有资金对应的利息收入科目；三是高存高贷现象涉及的债务科目。

2. 货币资金为何大幅变动？

豫金刚石近年广义货币资金的绝对数及其占资产总额的比例大幅变动，"来得快、去得快"。2016年和2017年，广义货币资金占资产总额的比例达到54.27%和47.83%。2016年，广义货币资金的快速增加主要来自定向募集资金所得。2017年和2018年，豫金刚石用闲置的募集资金购买了大量理财产品，2017年，理财余额达到32亿元，导致货币资金占资产总额比例的下降速度远快于广义货币资金占资产总额比例的下降速度，即资金转入了理财余额之中。2019年，理财产品基本全部赎回，广义货币资金占资产总额的比例降至9.42%。此外，2019年理财产品逾期未收回金额（归属于受限资金）达4.35亿元。募集资金不是投资于原定项目，而是用于购买理财产品，且理财资金逾期未能收回，这背后的原因值得深究。

豫金刚石2016年和2017年的广义货币资金占比在50%上下时，有息负债占比在20%上下，即存在高存高贷现象。尽管2018年12月和2019年10月，豫金刚石将8.10亿元和9.99亿元的募集资金用于永久补充流动性，声称将资金用于发展核心经营业务和偿还银行贷款，但有息负债占资产总额的比例自2015年起就保持在20%上下，并非随着募集资金用于补充流动性而有所改善。更令人费解的是，2019年年末在货币资金余额近7亿元的情况下，豫金刚石逾期未偿还的短期借款竟高达2.88亿元。到底是货币资金受限，还是货币资金不实，或者另有其他原因？

3. 内部控制维度货币资金分析

募集资金频繁变更资金用途且金额巨大，广义货币资金中还存在一类流动性较低，但又不属于受限资金的特殊项目，即具有指定用途的定向募集资金。这类资金大多只能随建设项目投入而使用，也可能导致货币资金相关的指标存在异常。但是，豫金刚石披露的募集资金使用情况显示，其货币资金异常并不能简单"归咎于"募集资金：完成定向募资后，一方面，豫金刚石不断缩减募集资金投资项目投资规模，变更募资用途至补充流动资金，截至2019年年末累计变更用途的募集资金占总额的比例为39.59%。例如，2018年4月将闲置的3.975亿元募集资金暂时补充流动资金；2019年1月将约8.09亿元募集资金永久性补充流动资金。另一方面，豫金刚石还将闲置资金用于大量购买理财产品，2017年和2018年全年理财项目的发生额分别为42亿元和35亿元，其中分别有36亿元和32亿元来自募集资金。

募集资金的实际用途是一般经营，在这种情况下，却仍出现高存高贷现象，说明豫金刚石并没有将资金用于解决债务问题。募集资金及其投入去向重大变更，结合高存高贷现象，构成值得被关注的"疑点"。此外，豫金刚石还于2018年12月至2021年12月向深市金利福钻石有限公司提供借款8 000万元。在债务较高且募集资金用于补充流动性时，还对外提供财务资助，并不符合一般的经营逻辑。

4.公司治理维度货币资金分析

货币资金高存高贷相关问题的背后往往涉及公司治理问题。具体分析豫金刚石的股东情况时，可以发现一个明显特点，即其控股股东河南华晶公司和实际控制人郭某频繁通过股权质押进行融资。2019年年末，控股股东及实际控制人累计质押的股数为3.30亿股，占其持股比例的99.15%。此外，豫金刚石和郭某控制的其他"华晶系"公司频繁陷入各种民间借贷、金融借款、保证合同纠纷等司法案件。根据2019年修正的业绩快报，豫金刚石因45件诉讼、仲裁案件确认了21.76亿元的预计负债。可见，控股股东通过股权质押获取现金流的行为往往构成较强的财务舞弊动机，须特别关注。

以上分析表明，货币资金已成为舞弊易发的高危项目，对货币资金真实性关注不够，极易导致审计失败。货币资金舞弊愈演愈烈的问题应引发理论界和实务界的广泛关注。

资料来源　叶凡，叶钦华，黄世忠. 货币资金舞弊的识别与应对——基于豫金刚石的案例分析［J］. 财务与会计，2021（11）.

5.案例思考

（1）查阅相关资料，从内部控制角度对豫金刚石货币资金舞弊的原因进行深层次分析。

（2）简述从该案例中你得到的启示。

案例二　金亚科技的财务造假事件

1.案例简介

金亚科技股份有限公司（简称"金亚科技"）成立于1999年11月，总部位于四川省成都市蜀西路50号，注册资金为34 620.3万元。公司主营业务为数字电视软硬件产品研发、生产及销售。金亚科技于2009年10月成功登陆深圳证券交易所创业板，股票代码为300028，是创业板开板首批28家上市公司之一。

2009年10月14日，网络财务打假高手"夏草"现身金亚科技路演现场，连发七问质疑金亚科技，结果被公司管理层搪塞过去。民间的质疑也没有引起证监会的重视。在众多怀疑的目光中，金亚科技不仅成功上市，而且在股市演绎了6年多的财富神话，直到2015年8月31日的一纸公告才让其脱去美丽的"画皮"。

在货币资金方面，金亚科技公告称，调减2014年12月31日的银行存款2.2亿元，同时，调增其他应收款2.2亿元。金亚科技2016年1月在自查报告中披露调整的原因为："公司存在资金被大股东占用的情况，造成账实不符。"看到这里不禁让人拍案称奇：2.2亿元的真金白银怎么转眼之间成了债权呢？实际上，这消失的2.2亿元刚好与金亚科技的一项资产重组业务相关。2015年2月13日，停牌中的金亚科技宣布重大资产重组预案，金亚科技拟收购成都的一家游戏公司——天象互动100%股权，该公司100%股权预估值为22.5亿元，双方初步商定交易价格为22亿元。2015年2月9日，天象互动召开股东会，同意股东陈琛将所持的天象互动10%的股权以2.2亿元价格转让给金亚科技董事长，也就是大股东周旭辉。事实很明显，就是当立信会计师事务所在对金亚科技进行审计时，周旭辉已经将金亚科技的2.2亿元拿去买股权了。此外，在金亚科技2014年年报中，公司期末货币资金余额高达3.45亿元，2013年年末则为5.75亿元，远超日常需要。

2013年，金亚科技发行了1.48亿元公司债券，各项有息负债余额较2012年年末增加了2.04亿元，需要支付大量的利息。一家公司账面上闲置大量资金却又大量借贷，这显然是不合常理的。另外，金亚科技一直推行的创新盈利模式决定了它的资金是紧张的。这种模式要求金亚科技替运营商垫付大笔资金，如四川南充项目就垫资10 840万元，这导致其运营资金一直都很紧张。事实上，根据2014年年报，金亚科技期末的3.45亿元资金里面，除了失踪的2.2亿元，还有0.86亿元是受限制的。这受限制的0.86亿元里面，有0.75亿元严格来说是不属于金亚科技的，因为金亚科技收到成都国通信息产业有限公司汇来的0.75亿元款项后，又以其为受益人开出了金额为0.75亿元的信用证。这相当于左口袋进来，右口袋又出去了。

2015年6月4日、5日，金亚科技及其实际控制人周旭辉收到证监会的《调查通知书》，因公司及实际控制人涉嫌违反证券法律法规，证监会决定对公司及周旭辉进行立案调查。

资料来源 李克亮，金亚科技财务造假事件的反思［J］. 财会月刊，2016（1）.

2. 案例思考

阅读相关资料，分析该案例中企业货币资金内部控制存在的问题及原因，说明企业加强货币资金内部控制的重要性。

本章小结

货币资金业务的主要内容有货币资金收入、货币资金支出及备用金。

企业的货币资金受多项业务循环交易的影响，货币资金出现差错的可能性比较大，固有风险较高。企业应当重点关注涉及货币资金业务的下列风险：资金管理及银行账户的开立、审批、使用等违反国家法律法规，可能遭受外部处罚造成的经济损失和信誉损失；由于货币资金管理业务流程设计不合理或控制不当，可能导致对货币资金监控不力，管理混乱，资金被非法挪用、盗用，出现差错、舞弊和经济犯罪而导致损失；资金记录不准确、不完整，可能造成账实不符或导致财务报表信息失真；有关票据的遗失、变造、伪造、被盗用以及非法使用印章，可能导致资产损失、法律诉讼或信用损失。

货币资金业务的内部控制环节包括：职责分工与授权批准，现金和银行存款的控制，票据及有关印章的管理。

第六章

筹资业务内部控制

学习目标

通过本章学习，了解筹资业务内容，熟知筹资业务风险，掌握筹资业务的内部控制环节，能恰当运用内部控制理论对筹资业务内部控制案例进行分析。

第一节　筹资业务概述

筹资业务是企业为满足生存和发展的需要，通过改变企业资本及债务规模和构成而筹集资金的活动。筹资活动主要由借款交易和股东权益交易组成。

企业拥有的大部分资产源于债权人和股东提供的资金，筹措的资金构成了企业资产的主要来源，所以筹资理财活动对企业至关重要。通常，筹资业务所涉及的主要业务环节包括：

（1）审批授权。企业通过借款筹集资金须经管理层的审批，其中，债券的发行每次均要由董事会授权；企业发行股票必须依据有关法规或企业章程的规定，报经企业最高权力机构（如股东大会）和国家有关管理部门批准。

（2）签订合同或协议。向银行或其他金融机构融资须签订借款合同，发行债券须签订债券契约和债券承销或包销合同。

（3）取得资金。企业实际取得银行或金融机构划入的款项或债券、股票的融入资金。

（4）计算利息或股利。企业应按有关合同或协议的规定，及时计算利息或股利。

（5）偿还本息或发放股利。银行借款或发行债券应按有关合同或协议的规定偿还本息，融入的股本根据股东大会的决定发放股利。

（6）筹资记录。其包括实物记录和会计记录。实物记录主要涉及保管，对未发行的债券或已收回的库藏股票必须及时登记备查簿。会计记录方面关键要选用正确的账户、适当的计量方法，加强总账和明细账的核对，并按会计制度进行记录。

▌知识点滴

资产支持票据融资模式

我国的资产支持票据最早是在 2012 年 8 月由中国银行间市场交易商协会推出的，以基础资产自身所产生的现金流作为还款的基础，将发起方的信用等级与资产支持票据分离，进而帮助信用等级不高的企业同样进行低成本融资。资产支持票据作为创新融资工具不仅为企业开拓了一条全新的融资渠道，更能够有效盘活企业具有价值的基础资产。资产支持票据存在诸多优势：通过信托计划可以优化财务报表数据；设计多样化产品组合，满足多方投资者需求；实现破产风险分离等。资产支持票据的投资门槛较低，能够吸引更多的中小投资者，借由循环购买结构能够实现长期的资金募集，改善企业的资金周转率。对于投资者而言，由于资产支持票据以良好的基础资产所产生的现金流作为保障，因此会有较为稳定的收益，是一项优质的投资产品。

资料来源　胡红菊. 应收账款资产支持票据融资模式分析——以瑞康医药为例［J］. 财会通讯，2021（2）.

第二节 筹资业务的风险

筹资业务是企业根据生产经营等活动对资金的需要，通过一定的渠道，采取适当的方式，获取所需资金的一种行为。企业筹资的动机可分为设立筹资、扩张筹资、偿债筹资和混合筹资四类。

相关链接

上市公司筹资偏好

上市公司融资分为内源融资和外源融资两种。内源融资主要是通过留存收益；而外源融资又可以分为股权融资和债务融资，债务融资即通过银行或者发行企业债券从投资者那里筹措资金。全球融资结构不尽相同，但是有着一定程度的相似性。

发达国家上市公司融资结构：比如美国上市公司融资特征十分鲜明，绝大多数依赖于内部融资（64.1%），然后是发行债券（19.3%）、银行贷款（12.2%），发行股票的份额非常少，只有0.8%。而日本属于内部融资和间接融资（银行贷款）并行的融资结构，银行贷款（40.17%）与内部融资（35.3%）两分天下，发行股票占的份额也非常少，只有3%。

虽然以美国、日本为代表的发达国家上市公司融资结构不尽相同，有些偏向内部融资，有些偏向银行贷款，但是股权融资占比都不大。

发展中国家融资结构：内部融资仍是发展中国家上市公司资金的重要来源，但其在资金来源中的重要性低于发达国家；发展中国家对外部资金依赖程度大，但主要是银行贷款的形式。发行股票这种融资方式在发展中国家也没有占到主导地位。

中国上市公司筹资方式现状主要体现为两大特点：

第一，资产负债率偏高。截至2016年12月31日，我国有677家上市公司资产负债率超60%。负债经营是现代企业的基本特征之一。其基本原理就是在保证公司财务稳健的前提下充分发挥财务杠杆的作用，为股东谋求收益最大化。

第二，股权筹资偏好。根据我国上市公司的财务数据，对我国上市公司资本结构的情况进行分析，发现我国上市公司资本结构存在明显不同于其他国家上市公司的特征，而偏好于股权融资。

是什么原因导致这种情况呢？

资料来源 [1] 孙华. 677家上市公司资产负债率超60% 债务偿还压力可控 [EB/OL]. [2016-11-10]. http://finance.sina.com.cn/roll/2016-11-10-doc-ifxxsmic5832360.shtml.

[2] 郭健喆. 我国上市公司股权融资偏好 [J]. 现代商业，2017（35）.

在会计实务中，企业应当重点关注涉及筹资业务的下列风险：

（1）筹资活动违反国家法律法规，可能遭受外部处罚、经济损失和信誉损失。

（2）筹资活动未经适当审批或超越授权审批，可能因重大差错、舞弊、欺诈而导致损失。

（3）筹资决策失误，可能造成企业资金不足、冗余或债务结构不合理。

‖‖‖相关链接

巨人网络借壳上市

2015年10月9日，世纪游轮发布《筹划重大资产重组进展公告》，称公司与巨人网络及其实际控制人史玉柱签订了《重大资产重组意向框架协议》。2015年12月30日，公司发布了《重大资产出售及发行股份购买资产并募集配套资金暨关联交易报告书》，整个交易包括三部分：一是以60 424万元的价格出售上市公司全部资产及负债，董事长彭建虎或其指定第三方以现金购买；二是按定价基准日前20个交易日上市公司股票交易均价的90%，即每股29.58元，向巨人网络的全体股东兰麟投资、腾澎投资、鼎晖孚远等非公开发行443 686 270股股份，购买其持有的价值为1 312 424万元的巨人网络股权；三是按不低于29.58元/股的价格向超过10名符合条件的特定对象非公开发行股份募集配套资金。第一和第二部分互为前提、互为条件，为整个交易的核心。

交易前，彭建虎及其一致行动人彭俊珩（彭建虎儿子）为公司的控股股东和实际控制人；交易完成后，巨人网络的大股东兰麟投资为控股股东，史玉柱为实际控制人，上市公司的控制权发生转移，其拟购买资产的交易价格是上市公司2014年度经审计的合并财务报告期末资产总额的1 995.19%，超过100%，按证监会《重大资产重组管理办法》规定，构成借壳上市。巨人网络借壳信息公告后，世纪游轮股票连续涨停，借壳双方股东投资回报丰厚。上市公司则完成了不良资产剥离和优质资产注入，由从事传统业务的游轮公司变身为成长前景良好的互联网公司。巨人网络借壳上市的成功与优良绩效的获得，以及资金的筹集，得益于借壳上市的哪些方面？

资料来源　丁妙松，史习民. 巨人网络借壳上市交易结构研究［J］. 财务与会计，2017（11）.

（4）债务过高和资金调度不当，可能导致企业不能按期偿付债务。

（5）筹资记录错误或会计处理不正确，可能造成债务和筹资成本信息不真实。

第三节　筹资业务内部控制环节

筹资及权益环节的主要业务有：分析确定公司在短期和长期内所需要的资金数量；编制各种筹资计划、审批确定某种筹资方式；办理债券或股票发行登记和注册手续，签订各种借款合同；委托证券发行代理机构发行债券和股票；保管未发行的债券、股票及重新收回的股票；定期计算和支付利息；确定和支付股利；会计记录等。

1.职务分离控制

筹资计划的编制人应与审批人适当分离。办理债券或股票发行的职员不能接触会计记录，通常要求由独立的机构来代理发行债券和股票。保管未发行债券或股票的职员应同负责债券或股票会计记录的职员分离。负责利息或股利的计算及会计记录的职员应同支付利息或股利的职员分离，并应尽可能地让独立的机构来支付利息和股利。

2.授权审核控制

董事会在事先应批准授权一名负责筹资业务的高级管理人员，通常是财务经理，对他所负的责任予以明确。财务经理应在经营活动中不断地分析企业经营活动所需的资金数量，并在认为恰当的时候，编制筹资计划。在计划中应详细地说明筹资的理由、筹资的数量、筹资前后企业财务实力的变化、筹资对企业未来收益的影响、各种筹资的方式利弊的比较以及对某种筹资方式的建议等。筹资计划必须提呈董事会审核。

董事会接到筹资计划后，应聘请法律顾问和财务顾问共同审核该项筹资活动对未来净收益增加的可能性及筹资方式的合理性。如认为筹资必需及计划可行，董事会应授权财务经理策划具体的筹资业务细节。在具体细节确定后，董事会须逐项详细审核。董事会筹资计划和实施细则的审核结果，应以书面文件记录。

3.债券和股票的签发控制

董事会核准发行债券和股票的决议是执行筹资业务的必需证明文件。已经董事会审核批准发行的债券和股票在正式发行前，必须经董事会指定的高级职员签字，而且签字的形式采取会签制度，即必须由两个以上的高级职员共同签发。每位被授权签发债券或股票的职员，应仔细检查将发行的债券或股票是否同董事会所核准的一致；各种应办理的手续和文件是否齐全以及到签发日为止的证券市场行情分析报告等资料。

4.债券和股票的发行控制

债券筹资的金额往往非常大，其推销过程有时会延续较长的时间；同时，推销债券需有专门的技巧和经验。企业应委托有一定地位的银行、投资信托公司、证券交易商来代理发行债券。事实上，有些债券的发行，也受到政府法令的限制，不允许自行推销。

从内部控制的要求来讲，委托独立的代理机构发行债券，往往有助于揭示出发行公司在筹资业务中因疏忽产生的错误、与有关法令或举债一般所应遵循的义务相悖的做法以及筹资业务中的不当行为。其将严格地审查发行公司提交的财务报告、在政府部门登记注册的证明以及所承诺的各种义务等，并且在债券发行后，检查发行公司所保持的营运资本、偿债基金的设置和提取等情况。债券代理发行机构的这些活动，从外部协助了债券发行公司内部控制制度的有效执行。

另外，债券代理发行机构在发行债券时，并不经管发行公司的资产和账册。发行公司有关债券的账户记录，可以通过这些机构的业务记录得到客观而公正的证实，从而也加强了债券发行公司的内部控制，使得用伪造的会计记录来掩盖不正当行为的事件发生的可能性减少。

股票发行方面的内部控制同样要求公司委托证券公司等来进行。这些机构有关股票发行或股份转让过户过程中必办的业务，使发行公司的职责分离的内部控制延伸到公司外部，而这种控制的结果，往往是令人满意的，因为一项经济活动能够由两个经济实体来共同处理，控制的有效性将大大增强。

5.债券和股票的保管控制

债券和股票的实物控制应当像库存现金那样受到重视。对于核准后且已印刷好但尚未发行的公司债券，应当委托独立的机构代为保管。这是限制性接触控制最为有效的方法。它不仅可避免企业内部人员接触债券，同时由于独立的银行或信托公司有专门的保管设备和接触控制程序，从而使得债券的保存更为安全。负责债券签发的职员在债券签发后，应会同银行或信托公司指派的人员一起亲自监督对债券的加封，并且与该指派人员共同在交接单上签字。企业应设置债券登记簿，按照交接单上载明的债券名称、数量、编号、每张债券的面值、交接日期和人员等以及存放于银行或信托公司的债券情况予以登记。企业内部审计人员应定期根据债券登记簿的记录同银行或信托公司进行核对。

如果自行保管未发行的公司债券，应指定专人存放于保险箱中保管，并详细记录债券簿。保管人不能同时负责债券的发行、现金的收入和账簿记录工作，在该部分债券未交独立发行机构发行之前，被授权职员不得签字，内部审计人员必须定期清点在库的债券。清点记录应同债券登记簿相核对。

对到期收回的债券，必须于归还本金的同时，戳盖作废记录或注销的记号。在该类债券全部收回后，由财务经理、内部审计人员、债券保管人等组成的小组，按顺序号清点所有债券，在确认无缺号债券或对缺号债券的原因作调查后，填写包括债券名称、数量、编号、面值、焚毁日期等内容的焚毁证书，并当场焚毁所有债券，防止债券被不合法地再次使用。

▌▌▌相关链接

绿色债券

2016年5月31日，中国人民银行、财政部第七部委联合印发《关于构建绿色金融体系的指导意见》，明确了证券市场支持绿色投资的重要作用。在国内大力发展绿色金融的背景下，绿色债券成为证券市场上热门的金融工具。

绿色债券发掘于西方，是近年来在国际市场上兴起的一种创新型债务工具。2014年，国际资本市场协会发布的《绿色债券原则》定义绿色债券为：将所得到的资金专门用于环境保护，可持续发展和减缓与适应气候变化等绿色项目融资和再融资的债务工具。就发行主体而言，绿色债券可分为绿色市政债券、绿色金融债券、绿色企业债券等。目前活跃在我国资本市场的主要有金融机构发行的绿色金融债券，企业发行的绿色企业债券和绿色公司债券以及非金融企业绿色债券债务融资工具等。就基本要素与业务流程而言，绿色债券同普通债券相比并无本质区别，其独特之处主要体现在：一是募集资金应投资于绿色产业项目；二是债券期限多为中长期；三是信息披露要求更加严格，往往需要第三方认证及绿色债券"贴标"；四是更容易获得政策支持，降低了融资门槛。一般来讲，绿色债券并不用于解决企业的日常财务问题，而是强调专款专用，非绿色项目不得借绿色债券之名进行融资。

作为一种创新型融资工具，绿色债券具有清洁、绿色、成本较低、流动性较好的特性，能够有效提高绿色项目的融资可得性。对于金融机构而言，绿色债券能够以更低的融资成本为绿色信贷和绿色投资提供资金来源，降低资产负债的期限风险。对于绿色企业而言，绿色债券能够突破普通债券发行要求较高的局限，丰富绿色项目的融资渠道，满足公司资金需求，改善债务结构。对于投资者而言，绿色债券为其投资决策提供了新的资产类别，有助于分散风险，满足投资偏好。

当然，绿色债券也存在一定的市场风险。主要有：一是发行者的偿付和信用风险，发行者专业技术不成熟，经营业绩不佳，到期无法支付足额本息以及将募集资金用于非绿色业务，导致劣币驱逐良币。二是投资者的认可风险，绿色项目前期投资较大且收益率不高，对于追求高收益的投资者吸引力有限。三是第三方认证机构的专业能力有限，一旦对绿色的认定不够明晰，极有可能造成投资者的信息不对称。

6.利息支付的控制

企业应指定专人对不同债券支付利息的日期分别在利息支付备忘录上予以记载，防止可能发生的违约事件。

对于应付长期票据，受息人可能具有一个或少数几个负责利息支出业务的职员，根据票据面值和利率，计算应付的利息，在得到其他职员的复核和被授权人审核批准后，即可支付利息。其控制程序与其他的现金付款相同。

公司债券的受息人较多，企业可将到期应支付的利息总额开出单张支票，委托独立的机构代为发放。企业应明确代理机构的控制责任，并获取其定期的报告。公司债券发行公司可以代理机构交来的利息支付清单作为公司已支付利息的原始凭证。该单上记载的持票人姓名和利息支付总额，应同公司计算的利息总额及开出支票金额相核对。在法定利息支付期满后，代理机构应将差额退回发行公司，发行公司应监督该差额的退回。

7.股利发放的控制

股利发放的控制制度应规定股利的发放必须由公司董事会决定。董事会应根据法律的规定范围、公司章程和公司当年净收益等情况，表决通过是否发放股利、股利发放的时间和形式以及每股的股利数。股利的支付有公司自行办理或委托代理机构办理两种形式。从控制的有效性来讲，选择后一种方式较为明智，它可减少发放股利时发生欺诈舞弊或错误的可能性。

公司的责任在于核对代理机构支付股利后所编制的详细支付清单，并在会计记录上进行控制。如果公司自行办理支付股利，首先，应根据发行在外的股份总数和董事会宣布的每股收益，确定应发放股利的总额。其次，应根据股东明细账上记载的每位股东股份持有数和每股收益，计算每位股东应得的股利，并开列股利支付清单。计算的结果应经过其他职员的复核。再次，应根据股利支付清单，按每一股东填制股利支票。支票上应列明受款人姓名和金额，严禁无受款人支票，股利支付清单编制人应同支票填制人在职务上分离。最后，财务经理或其他被授权签发支票的职员，应将所有需签字支票的金额合计数同确定的应付股利总额相核对，并检查是否有无受款人姓名的支票。核对无误后，才能在每张支票上签字，签字后的支票，应指派专人直接向股东邮寄或递交，不得交回支票填写人。邮局或股东开具的收据应予编号保存，并应接受内部审计人员的检查。

对于从邮局退回或无法递交的支票，应及时加盖作废的戳记，以防被非法利用。

8.筹资会计记录控制

公司债券会计记录控制的重点在于债券发行时，债券交易价值的摊销。应付公司债券的明细账应详细记录债券的发行日、到期日、面值、票面利率等资料。明细账应与总账定期核对。在登记公司债券折价或溢价账的同时，应编制折价或溢价的摊销表。摊销的方法通常有直线法和实际利率法两种。选用时应根据事先制定的会计方针而确定。选定一种方法后，不得随意变动。各期折价或溢价的摊销数应与摊销表上所确定的数值一致。

另外，必须对股票持有人加以适当记录。这种控制除应有适当的股票簿外，主要还应通过设置股东明细账来进行。在股东明细账上应详细记录股东姓名、持股人份数、股票面值、股票的发行日或过户日。股东明细账应定期同股票簿存根和股本总账相核对。

第四节　案例与思考

案例一　贵人鸟的筹资活动

1.案例简介

贵人鸟股份有限公司（简称贵人鸟），的前身是董事长林天福于1987年在晋江设立的为国际运动品牌提供代工服务的工厂，2004年"贵人鸟"品牌诞生并迅速成长为中国民族体育运动品牌，贵人鸟也从代加工的工厂发展成为一家集运动鞋服及配套产品研发、生产、销售于一体的综合性企业。公司零售渠道主要布局在三、四线城市。2014年1月24日，林天福成功率领贵人鸟登陆A股市场，成为A股市场上第一家运动品牌。2014—2017年，贵人鸟确立了从"传统运动鞋服品牌运营商"向"体育产业化集团"升级的发展战略，推进体育消费产业链的布局。2018年，为应对内外环境的变化，贵人鸟又进行了战略调整：回归主业，强化品牌运营，做实贵人鸟品牌。

截至2019年，贵人鸟的主要经营业务为以运动鞋服为主的传统制造业务、运动品牌的代运营和代销售业务，"贵人鸟"品牌的销售模式主要包括经销商模式和直营店模式。运动品牌的代运营盈利模式是为其他运动品牌商提供电子商务代运营服务从而赚取服务费，代销售盈利模式为买断式或者规模化购买一线品牌产品，利用公司的仓储、渠道等资源销售产品赚取差价。目前，代理销售的品牌有李宁、万斯、匡威等国际及国内一线知名运动品牌。

作为一家典型的家族企业，公司的股权结构非常集中，贵人鸟的管理权牢牢把控在林氏家族成员手中。在贵人鸟的董事会成员构成中，其家族成员占半数以上，直接或间接持有集团股份高达95%。实际控制人林天福持有贵人鸟集团（香港）100%的股权，间接持有贵人鸟66.20%的股权。此外，林天福的弟弟林清辉作为贵人鸟投资管理有限公司的实控人，间接持有贵人鸟1.67%的股权。

贵人鸟的融资以债权融资为主，股权融资为辅。债权融资方式包括发行债券融资、银行授信贷款等，股权融资方式有发行新股、增发新股及股权质押等。贵人鸟上市之后，通过公开或非公开发行股票共募集了12.64亿元，用于全国战略店、鞋生产基地、设计研发中心、信息化系统及供应链建设项目等。2014年，贵人鸟发行了5年期的公司债券，规模高达8亿元，用于补充营运资金。之后在2015—2018年间，贵人鸟主要通过短期融资债券和超短期融资债券募集资金用于补充营运资金。从债券到期时间看，2019年年底贵人鸟将面临"14贵人鸟"和"16贵人鸟"陆续到期的偿债压力。

股权质押获取资金也是贵人鸟在2014—2018年间筹资的主要方式，这5年间控股股东贵人鸟集团共进行了30次的股权质押，并且随着时间的推移质押的比例和次数也愈加增多。通过公司公告的股权质押情况可知，控股股东贵人鸟集团频繁的通过质押、解押、再质押股权的操作获取资金。随着质押次数的增多，股权质押的比例也越来越高。2014年，贵人鸟集团进行了3次股权质押，累计质押的股权仅占所持股份的13.08%。但到2016年，贵人鸟集团已将所持有的76.38%股权质押用于融资，此时贵人鸟被质押的股份已过半。2018年，贵人鸟更是将所持股份99.02%质押用于融资，占总股份的75.47%。

贵人鸟自2014年上市后，仅维持了1年多的股价上涨趋势，自2016年起贵人鸟股价连续3年大幅下降，尤其是2017年和2018年的降幅分别高达41.95%和66.93%。2020年12月31日，贵人鸟的收盘价为2.24元/股，与其历史最高股价67.92元/股相比下降了96.70%，总市值也从最高时的427亿元下降为14亿元。2018年9月19日和2019年8月1日，因贵人鸟股价先后跌破控股股东贵人鸟集团与厦门国际信托及中原信托约定的履约保障比例平仓线，贵人鸟集团持有的本公司股份分别被冻结10 169.50万股和32 485.23万股。截至2020年10月13日，贵人鸟集团持有的41，611.50万股已全部被冻结。

自2014年上市之后，贵人鸟于2018年首次发生亏损，净利润为-6.86亿元。在2020年1月22日、2月22日和3月20日分别发布了可能被实施退市风险警告第一次、第二次和第三次风险提示公告。在接连爆出负面事件后，贵人鸟2019年依旧亏损，净利润为-11亿元，于2020年5月6日被实施退市风险警告，股票简称由"贵人鸟"变更为"*ST贵人"。2021年1月29日，贵人鸟公告因激烈的市场竞争以及新冠肺炎疫情影响，叠加公司融资困难、资金紧张等因素影响，预计2020年经营业绩继续亏损近-3.79亿元。

2019年10月30日，贵人鸟公告，收到了包商银行的催收通知书，因其在2018年为关联方杰之行提供了1.3亿元的授信担保，杰之行未能按期向包商银行偿还已到期的贷款余额近1亿元，包商银行要求其及时履行担保责任。

2019年11月11日和12月3日，贵人鸟又接连因为未能按期偿付本息陷入债券违约的负面事件中。贵人鸟未能按期兑付已到期的企业债券余额合计11.47亿元，包括：2014年发行的公司债券本金余额6.47亿元，2016年发行的公司债券本金余额为5亿元。因债务逾期贵人鸟面临诉讼、仲裁、资产被冻结等事项，贵人鸟主体评级及其债券评级多次被下调。

2020年6月30日，因债务违约，贵人鸟持有的房产、土地、子公司和参股公司股权等资产被债权人起诉，财产被冻结，加上公司负面事件的影响，公司未能在银行贷款到期后办理续贷业务，导致其未能按期支付各家银行贷款利息，贵人鸟在各家银行的贷款合计14.10亿元已全部逾期。

2020年8月12日，债权人奇某的公司以贵人鸟不能清偿到期债务且明显缺乏清偿能力为由，向泉州中院申请对贵人鸟进行重整。2020年12月8日，泉州中院裁定受理公司进入重整程序，截至债权申报截止日已有154家债权人申报债权，申报金额共计人民币40.84亿元。

资料来源　新浪财经.体育第一股市值暴跌97%　贵人鸟债务违约不断濒临破产［EB/OL］.［2020-10-12］.https://baijiahao.baidu.com/s?id=1680307456589548102.

2.案例思考

查阅贵人鸟相关资料，分析贵人鸟筹资业务内部控制的问题及对策，并谈谈本案例给你的启示。

案例二　海尔集团产业链融资模式

产业链融资是指核心企业通过建立财务公司，对产业链条上下游（包括供应商、经销商、制造商）的企业进行财务状况、经营状况、偿债能力等全方位的分析与考核，针对产业链上下游不同企业的需求，制订个性化融资方案、提供金融服务的一种融资模式。由于其特殊性和复杂性，产业链融资带来的风险具有多样性和隐蔽性特点，其风险控制问题需引起高度重视。

1.案例简介

海尔集团成立于1984年，目前拥有研发公司10个、工业园27个、贸易公司66个、上游供应商近2500家、下游活跃经销商3000多家、销售网点超过14万家及遍布全球100多个地区的用户群体，主要涉及包括运输、家居、塑胶、化工等在内的近20个行业，形成了较为清晰、完备的产业链条。随着集团的快速发展，2002年成立的海尔财务公司在保留原有资产集约化运作的基础上，衍生出以产业链为核心的更加完备的管理体系，涵盖客户、物流、订单、预算、账务等各个运行环节。2012年，海尔集团开始发展产业链金融，上线"海融易"交易平台（此平台由海尔集团全资控股成立，是目前国内较具资源优势的投资理财平台)，实现产业链上下游信息共享，有效解决了产业链融资困境，现已形成较为完备的产业链融资模式。

2.海尔集团产业链融资的主要模式

海尔集团产业链融资模式的基本思路是以财务公司为核心，向上游供应商及下游经销商延伸。其中：与上游供应商的关系建立在订货业务往来之上，针对订单生成、交货、开票、付款等交易环节，提供主要包括供应商订单融资、保理融资、票据付款增值服务、票据融资在内的个性化金融服务，解决供应商的资金问题；与下游经销商的关系以供货计划为核心，依照经销申请、经销方案设定、确认订单、交货、收货等环节，设立旺季融资、分期贷、第三方担保、不动产质押、经销商订单融资等一系列金融服务。具体包括以下两种融资模式：

(1) 大客户融资模式

海尔集团大客户融资模式主要针对产业链中经营状况良好、对资金需求较大、信誉良好的集团型客户，由海尔集团所属的海尔财务公司全程参与大客户订单业务中的方案设计、营销模式、工程实施、完工评估等一系列环节，并实行全流程的风险控制，提供个性化的金融服务，促进产业链整体增值。该模式下包括直接供应融资方案、代购产品融资方案以及项目总包融资方案。直接供应融资方案主要涉及目标客户集团以及海尔财务公司，主要流程包括海尔集团与大客户公司签订代购协议及采购合同，大客户公司向海尔财务公司申请付款，海尔财务公司代大客户公司支付相应资金，从而缓解大客户资金的短缺；代购产品融资方案采取与直接供应融资方案基本一致的业务流程，不同之处在于在代购产品融资方案中，海尔集团以采购者的身份，与指定供应商签订代购合同，经授权代财务公司支付货款；项目总包融资方案是由海尔集团直接为客户提供涵盖设计、采购、项目规划、项目实施等的全流程服务，大客户公司需向海尔集团支付一定比例的采购管理费用。

(2) 小微企业融资平台运作模式

海尔集团产业链上下游集合的多为中小型供应商、经销商，缺乏较强的自融资能力。基于此，小微企业融资模式的主要目标就是帮助它们解决融资难题，促进更加高效、及时的产业物资供应和产成品销售，从而提升海尔集团的销售业绩，加速资金运转。

该模式主要依托于ERP系统、信贷系统及"海融易"交易平台等，并为每个系统设定细化的职责与运作模式，以识别风险并采取相应的风控措施。同时，各大系统之间实现数据共享，严格控制授信额度以及回款期限，从生产运营角度把控回款进度。

海尔集团小微企业融资模式通过几大平台的有效整合，实现了高效、及时放贷以及各个节点的规范化管理，具有较强的时效性，最快放贷流程可缩短至两个小时。小微企业贷款融资作为海尔集团产业链融资的业务主线，由于参与方众多、产业链关系较为复杂，因此，必须设定配套的风险控制措施。

资料来源　胡燕，康靖钰. 关于产业链融资中风险控制的分析—— 以海尔集团为例 [J].财务与会计，2018（1）.

3.案例思考

（1）查阅相关资料，分析海尔集团产业链融资模式的特点。

（2）查阅相关资料，分析海尔集团产业链融资模式应采取的风险控制措施。

本章小结

筹资业务所涉及的主要业务环节包括：审批授权，签订合同或协议，取得资金，计算利息或股利，偿还本息或发放股利，进行筹资记录。

筹资业务应重点关注的风险有：筹资活动违反国家法律法规，可能遭受外部处罚、经济损失和信誉损失；筹资活动未经适当审批或超越授权审批，可能因重大差错、舞弊、欺诈而导致损失；筹资决策失误，可能造成企业资金不足、冗余或债务结构不合理；债务过高和资金调度不当，可能导致企业不能按期偿付债务；筹资记录错误或会计处理不正确，可能造成债务和筹资成本信息不真实。

筹资业务的内部控制环节主要有：职务分离控制，授权审核控制，债券和股票的签发控制，债券和股票的发行控制，债券和股票的保管控制，利息支付的控制，股利发放的控制，筹资会计记录控制。

第七章

采购业务内部控制

学习目标

通过本章的学习，了解采购业务内容，熟知采购业务风险，掌握采购业务的内部控制环节，能恰当运用内部控制理论对采购业务内部控制案例进行分析。

第一节　采购业务概述

　　采购是企业支付货币资金取得材料、物资和物品的过程，包括企业为生产经营所需而向其他供应商购买商品、原料、办公用品、固定资产、商标商誉、专有技术等，或者要求其他公司提供诸如法律、会计、广告、修理、水电等劳务的一切交易活动。采购在企业中占有十分重要的地位。材料采购成本占生产总成本的比例很大。若采购价格过高，则产品成本也高，影响到产品的销售和利润；若采购价格过低，则很可能采购的材料品质很差，影响到产品的品质，从而使产品不具备市场竞争力。采购周转率高，可提高资金的使用效率。合理的采购数量与适当的采购时机，既能避免生产车间停工待料，又能降低材料库存，减少资金积压。采购部门可在收集市场情报时，提供新的物料以代替旧的物料，以达到提高品质、降低成本的目的。因此，企业必须加强采购业务的内部控制。

　　采购业务一般通过支付现金或承诺付款来进行。企业采购业务的具体环节包括制订采购计划、购买、验收、确认应付账款、付款、会计记录等环节。

　　1.制订采购计划

　　采购材料的申请通常是仓库存货的储备需要或各个部门的需要。仓库或各个部门应填制请购单，送交采购部门。如果是根据企业发展计划，提出购买固定资产的要求，则可以不填制请购单。大多数企业都对正常经营所需的物资的购买进行一般授权。比如，仓库在现有存货达到再订购点时就可以直接申请购买有关物资。但是，企业政策通常要求对固定资产的购买和超过正常金额的购买进行特殊授权，就是说，只允许指定人提出该类购买的请购申请。

　　2.购买

　　采购部门按照经过授权批准的请购单实施采购，即选择合适的供应商，发出购货单。如果企业与某些供应商有合约，那么购货单的发出就比较简单、直接；否则，采购部门应针对每次购货，确定最佳的供应来源。采购部门可以通过与供应商谈判和竞价等方式来保证所订货物的质量、成本和供货的及时性。

知识点滴

药品带量采购政策

　　药品带量采购政策是以"量价挂钩、以量换价"的特点，决定各中标企业在明确政府采购数量和市场份额的情况下进行招投标报价。根据国务院的相关规定，中标企业将占有政策试点地区至少50%的公立医疗机构的采购份额。在生产成本得到有效控制的前提下，带量采购政策带来的药价降低，主要在于其挤出药品流通、销售、推广方面的支出。因此，在占据较大市场份额的前提下，生产成本较低的医药企业可通过大量的药品销售获得利润空间。

　　资料来源　李寿喜，沈婷芝. 我国实施药品带量采购政策效果研究——兼析对医药企业绩效与创新能力的影响〔J〕. 价格理论与实践，2020（11）.

3.验收

货物的接受是会计中确认资产、费用和负债是否存在和发生的重要依据，是采购交易中的重要环节。企业收到货物后，应严格验收并填制货物验收单，并以此作为会计记账的依据。仓库部门负责存储已验收的商品，并保证存货的安全。

4.确认应付账款

货物验收后，应核对购货单、验收单和供货发票的一致性，确认负债，编制付款凭单，并将经审核的付款凭单连同每日的凭单汇总表一起，送到会计部门，以编制有关记账凭证，登记有关明细账和总账账簿。

5.付款

企业在付款前，应核对付款条件，并检查资金是否充裕；在签发支票的同时，应登记支票簿和付款日记账，以便登记每一笔付款；已签发的支票应连同有关发票、合同凭证送交有关负责人审核、签字，并将支票送交供应商。这一环节是付款活动的关键环节，应采用邮寄或其他方式，以保证支票安全地送到供应商手中。

6.会计记录

会计部门根据付款凭单、支票登记簿、付款日记账和有关记账凭证，登记有关明细账和总账账簿。

第二节　采购业务的风险

企业的采购业务涉及的相关采购、招标合同等应符合国家有关法律法规要求；对采购业务流程及职责分工、权限范围和审批程序应进行明确规范，机构设置和人员配备应当科学合理；确保采购与付款业务及其相关会计账目的核算真实，防止差错和舞弊；确保采购业务按规定程序和适当授权进行，实现预期目标。为了实现采购业务目标，企业应重点关注下列采购业务风险：

（1）采购行为违反国家法律法规受到行政处罚或法律制裁而造成资产损失。

知识点滴

首个国企采购标准助力降本增效

中国物流与采购联合会发布《国有企业采购管理规范》（简称《管理规范》）团体标准。该标准将进一步填补国有企业采购法规制度方面的空白，促进国有企业采购事业的健康发展。

采购与付款业务是企业经营管理活动的首要环节，加强内部控制管理，对于企业自律和提高物资采购管理水平十分重要，尤其是做好采购环节的内控措施，不仅可优化会计组织结构，还可起到事前预算控制、监督审计等作用。

完善采购内部控制《管理规范》标准定位于国有企业管理监督部门的工作指南，主要对国有企业的管理架构、采购战略、采购实施、供应商管理、专家管理、绩效评价、监督管理等方面进行规范，是企业采购管理、监督体系建设的指导文件。对于采购业务，要建立健全相关内部控制管理工作。这是提高物资采购管理水平的重要环节。一方面，采购业务关联性强，涉及内部控制的预算、收支、国有资产、建设项目、合同等业务领域；另一方面，采购业务具有高风险性，是腐败的易发高发环节，相关案例屡见不鲜。所以，加强完善企业采购内部控制工作是规范采购管理、提高采购管理水平的重要内容之一。

作为国企，应从严落实招标主体责任，依据国家有关规定建立招标采购的企业管理制度，整合内控资源，建好内控机制，形成发展计划、招标采购、纪检监察、审计等职能部门各司其职、相互协调配合、内控到位的约束机制，确保招标依法合规。在采购成本控制中，付款业务是不可分割的组成部分。财务控制付款可通过以下3点来进行：

一是会计人员在办理付款业务时，应对购货发票、结算凭证、订购单等相关资料的真实性和准确性进行严格审核。对有疑问的款项拒绝支付，要求相关人员补齐资料后，方可支付。

二是要及时记录已经完成付款程序的采购业务，并对往来款项账户严格管理。

三是企业设立请款控制，由财务人员对部门预算和付款要求核实后给予批准；会计人员依据付款单制单，为了确保业务的准确，可以建立企业与银行间、企业与供应商间的对账机制。财务及相关人员要具有实时控制的思想，对各项业务的关键控制点，应事前预防、事中控制、事后检查。

国企采购管理的监督重点在于采购流程的合规性和合法性，采购资金的合理运用等方面。在当前实现国家治理体系和治理能力现代化阶段，构建合理的国企采购管理制度是实现监督管理的基础，规范的国企采购管理应狠抓落实，完善国企采购管理方面的监督制度，加大监督力度。

资料来源　何欣哲. 首个国企采购标准助力降本增效高质量发展［N］. 中国会计报，2020-7-10（1）.

（2）由于采购业务流程设计不合理或控制不当，可能导致采购物资及价格偏离目标要求，或出现舞弊和差错而造成资产损失。如采购计划安排不合理，市场变化趋势预测不准确，造成库存短缺或积压，可能导致企业生产停滞或资源浪费；供应商选择不当，采购方式不合理，招投标或定价机制不科学，授权审批不规范，可能导致采购物资质次价高，出现舞弊或遭受欺诈。

▮▮▮相关链接

物资采购业务中的风险点

（1）采购人员思想认识不到位和道德滑坡带来的风险。面对供给大于需求的市场形势，供应商为了寻求更多的销售机会，维系好原有合作伙伴的供销关系，经常以各种形式拉拢、讨好采购人员。一些采购业务人员由于缺乏党规、党纪和政策法规学习、党性观念不强、法律意识淡薄，廉洁从业无概念，轻而易举地被腐朽思想侵入，从而出现不廉洁的采购行为。

（2）采购业务流程风险。采购业务流程风险主要是指在物资招投标、物资验收、物资仓储、物资配送等业务环节中，因岗位职责赋予的权力而产生的风险。如采购人员在询比价过程中有选择哪家供应商的主导权，质检员有物资是否能合格入库的主导权，有的驻外单位由于人员少，还存在所有业务流程都集中于一个业务员来完成的问题。在一定程度上权力与风险是同等的，权力越大，潜在的风险就会越大。

（3）监管机制不完善带来的风险。在物资采购企业中，有些单位缺乏完善的物资采购监管机制，招标存在"被围猎"的风险，陪标、围标现象屡禁不止。虽然物资采购企业设有财务管理部门、审计风险部门、纪委等监督部门，但是普遍存在监管人员主动性不强，企业内部各部门联合监督的有效性不足等问题。

资料来源　岳本祥. 物资采购过程中的廉洁风险防控研究——以兖州煤业物供中心采购工作为例［N］. 中国矿业报，2021-8-27（4）.

（3）采购物资验收程序不规范，可能造成账实不符或资产损失。如采购物资的品种、数量、质量和价格与审批的采购计划不一致，导致盲目采购、超储积压和舞弊行为发生。

（4）付款方式不恰当、审核执行不严格或执行有偏差，可能导致企业采购的物资、资金受损失或信用受损。如应付账款被少计或漏计，有人将企业享有的各种折扣、折让隐匿不报，据为己有。

▌▌▌相关链接

医药采购的腐败现象

2013年7月11日，公安部的一则通报成为投向国内外医药界的一枚重磅炸弹：因涉嫌严重商业贿赂等经济犯罪，葛兰素史克（中国）投资有限公司（简称GSK（中国））部分高管被依法立案侦查。公安部消息称，GSK（中国）为达到打开药品销售渠道、提高药品售价等目的，利用旅行社等渠道，向政府部门官员、医药行业协会和基金会、医院、医生等行贿。涉案的GSK（中国）高管涉嫌职务侵占、非国家工作人员受贿等经济犯罪。旅行社相关工作人员则涉嫌行贿并协助上述高管进行职务侵占。

另从中国警方获悉，截至2013年7月14日，包括上海临江国际旅行社有限公司在内，至少4家旅行社涉案，一些政府官员和医院亦卷入。

外资药企贿赂医生的方式多种多样，如组织学术会议、出国考察、出国学习、在国外的学术期刊上定期发表文章等。跨国药企通常都有严格的内控机制，如限制送给医生的礼物价值和娱乐费用，以及对组织医生海外考察有行程天数的限制，以确保此类行为不会被界定为行贿。但受到激烈市场竞争影响，回扣和送礼等行为仍时有发生。比如葛兰素史克规定，正常的请客、送礼，单人标准不得超过300元，并且审核严格，所以公司员工只好以其他形式（如会议费）套现。这些钱一部分进了高管的腰包，另一部分向下逐级分流，流到各级销售乃至最基层的医药代表手中，成为GSK（中国）向相关部门、单位行贿的资金源。

GSK（中国）一案暴露了整个行业的冰山一角。一方面，国家相关部门应形成合力，规范医药行业发展，使药价虚高的现状有所改善；另一方面，药企应建立更加完善的内控制度，审查各类费用的真实性，杜绝商业贿赂事件的发生。

资料来源　诺涵. 跨国公司商业贿赂的重灾区，葛兰素史克中国行贿案［EB/OL］.［2018-01-13］. http：//www.sohu.com/a/216385431_653379.

第三节　采购业务内部控制环节

1.职务分离控制

采购业务涉及众多部门和环节，需要实行严格的内部牵制办法，对不相容职务加以分离。采购业务需分离的不相容职务主要有：

（1）负责采购业务与验收、保管业务人员的职务相分离；

（2）生产计划编制与计划的复核及审批人员的职务相分离；

（3）付款审批与付款执行人员不得同时办理寻求供应商和索价业务；

（4）货物采购与验收人员的职务相分离；

（5）货物采购、储存和使用与存货账务记录人员的职务相分离；

（6）接受或主管各种劳务业务与账簿记录人员的职务相分离；

（7）款项审核与款项支付人员的职务相分离；

（8）应付账款记录与付款业务人员的职务相分离。

2.购货订单控制

购货订单是授权执行并记录经济业务的单据，必须对其进行严格的控制。购货订单控制的措施主要有：

（1）预先对每份订单进行编号，确保日后订单能被完整地保存和在会计上都能得到处理。

（2）在向供应商发出购货订单之前，要由专人检查该订单是否得到授权人的签字，是否具有经过请购部门主管批准的请购单作为支持凭证，确保购货订单的有效性。

（3）由专人复查购货订单的编制过程和内容，包括复查从请购单上摘录的资料、有关供应商的主要文件资料、价格数量和金额的计算等。

（4）将购货订单副本交给提出请购单的部门及收货部门，以便请购人员证实购货订单的内容是否符合要求，以及收货部门据此验收货物。

3.订货控制

订货是整个进货过程的核心，通常，控制住了订货过程，就可以控制住企业的整个进货过程。因此，对于大宗实物要做到公开招标采购，并与供应单位签订合同。同时，将合同副本分送会计及请购等部门，以便检查合同的执行情况。为防止盲目进货，对于合同以外的进货必须得到另外的批准；对于经常性消耗物料用品的购买，则不必采用订货单程序，而是采用市场定点采购的方式，但购货发票必须有购货人、收货人和部门负责人员的签字；对于小批量的材料则实行比价采购，即同等材料比价格、同等价格比质量、同等质量比服务的原则，综合分析进行采购。

▮▮▮相关链接

沃尔玛的成本管控方法

沃尔玛是世界上最大的零售商，它凭借规模经济和分销系统使成本降到非常低的水平，因此，多年来，一直是低价商品的市场领导者，其成功的关键在于高效的物流管理以及严格的采购成本控制。

对于商业零售企业来说，成本在一定程度上决定了企业的命运，那么，商业零售企业该如何立足实际，挤出经营中的水分，达到降本增效的目标呢？在这方面，作为世界500强企业的沃尔玛的成本管理方法颇具借鉴意义。

对于商业零售企业，采购活动的发生必然存在物流成本。在美国3大零售企业中，沃尔玛的商品物流成本占销售额的比例只有1.3%，凯马特为8.75%，西尔斯为5%。如果按年销售额250亿美元计算，沃尔玛的物流成本要比凯马特少5.5亿美元，比西尔斯少9.25亿美元，数额相差惊人。在沃尔玛每1美元商品销售额中，配货方面的成本只有1美分多一点。沃尔玛对物流成本的控制是降低成本的一个核心要素，包括以下两个方面：

（1）高效运作的配送中心。沃尔玛的集中配送中心是相当大的且均位于一楼。之所以位于一楼，是因为沃尔玛希望产品能够流动，从一扇门进另一扇门出。如果有电梯或其他物体，就会阻碍流动。沃尔玛会使用一些传送带，使这些商品有效流动。沃尔玛所有的系统都基于一个Unix的配送系统，通过传送带、开放式平台、产品代码以及自动补发系统和激光识别系统，所有这些加在一起，可以为沃尔玛节省相当高的成本。沃尔玛的物流配送系统使用的是最先进的电子数据交换技术（EDI），把供货商、各个门店和物流配送中心联系在一起。如果在沃尔玛的一家门店里买一件衬衫，沃尔玛就能够向供应商提供在此之前100个星期内这种衬衫的销售记录，并能够跟踪这种产品在全球或某个特定市场的销售情况。对零售企业来说，规模越大，采购的难度和成本越高，而沃尔玛根据业务的需要建立细化的采购配送中心，以达到降低采购成本的目的。

（2）先进的信息管理中心。沃尔玛建立了先进的信息管理中心，包括：射频技术，在日常的运作中可以跟条形码结合起来应用；便携式数据终端设备，传统的方式到货以后要打电话、发E-mail或者发报表，通过便携式数据终端设备可以直接查询货物情况；物流条形码/BC，利用物流条形码技术，能及时有效地对企业物流信息进行采集跟踪；射频标识技术，是一种非接触式的自动识别技术，它通过射频信号自动识别目标对象并获取相关数据，无须人工干预，可在各种恶劣环境中工作。凭借这些信息技术，沃尔玛建立了先进的信息管理中心，对采购时间、商品品种和数量作出科学、准确的预测，防止采购商品的积压，节省采购成本。沃尔玛获得巨大成功的原因有很多，先进的信息管理系统是其成功的一个重要因素。

当然，沃尔玛对采购成本也进行了严格的控制。对供应商资格进行严格认证，以避免采购商品不合格而增加采购成本；对于合格的供应商，除要求有编号、详细联系方式和地址外，还要求有付款条款、交货条款、交货期限、品质评级、银行账号等。此外，沃尔玛还利用市场竞争机制在全球范围内进行采购，让所用潜在的供应商都有机会参与，在透明的市场中获得更低的采购价格，从而节省采购成本。

资料来源　胡一楠. 企业如何有效控制成本——以沃尔玛的成本管理为例［J］. 管理纵横，2017（2）.

4.验收控制

验收是保证存货真实完整的重要一环，对此，必须建立相应的控制制度。收货部门应在其可能的范围内对货物购进日期、品名、规格、供货单位、质量及数量等进行检验。对于特殊标准的货物，收货部门还应将部门样品送交有关专家和实验室对其质量进行检验。收货部门检验货物后，应填制包括供应商名称、收货日期、货物名称、数量和质量以及运货人名称、原购货订单编号等内容的收货报告单，经部门主管签字后，及时交给购货和会计部门，以便支付货款及进行相应的账务处理。

5.退货与折让控制

购货部门在接到收货报告单后，如发现货物的数量和质量不符合购货订单要求，应及时函告或电告供应商。对于数量上的短缺，通常是要求供应商予以补足。如果是质量上的问题，则应首先通知使用部门不能使用该批货物，其次决定退货还是要求供应商给予适当的折让。当决定退货时，购货部门应编制退货通知单，授权运输部门将货物退回。退货通知单要经授权人审核批准。同时将退货通知单副本寄交供应商，运输部门经手货物退回后，通知购货部门和会计部门。购货部门在货物退回后，应编制借项凭单，其内容包括退货数量、价格、日期、供应商名称以及金额的计算等。借项凭单应由独立于购货、运输、存货职能的人员检查。会计部门应根据借项凭单来调整应付账款。

因对购货质量不满意而向供应商提出的折让，往往需要同供应商谈判来最终确定。大多数企业对折让的控制制度均规定，折让金额必须由被授权的高级管理人员批准许可。合适的折让金额一经确定，购货部门即应编制借项凭单，通知会计部门调整应付账款。

6.应付账款控制

应付账款是流动负债的最主要内容，它对资产负债表能否正确合理地反映企业的财务状况影响很大。任何应付账款上的不正确记录和债务不按时偿还，都会导致交易双方不必要的债务纠纷。对应付账款的控制有：

（1）应付账款的记录必须由独立于请购、采购、验收、付款的职员来进行，以保持采购环节中的控制得到有效的实施。

（2）应付账款的入账还必须在取得和审核各种必要的凭证以后才能进行。这些凭证主要是供应商的发票，以及核对发票正确性的其他凭证。例如，请购部门的请购单，收货部门的收货报告单，购货部门的购货订单以及借项通知单等。负责应付账款的职员必须审核这些原始凭证是否齐全、日期和货物内容是否一致、有无授权人的核准签字、发票的折扣是否与购货订单要求相一致，并且验算它们之间的数量、价格、加总合计是否正确。审核后应签字以示这一控制过程已完成。

（3）对于有预付货款的交易，在收到供应商发票后，应将预付金额冲抵部分发票金额后计入应付账款。

（4）必须分别设置应付账款的总账户和明细账。总账户根据汇总的应付凭单登记，明细账按债权人根据发票登记。每月末总账和明细账总额应该相等，以防止过账中的错误。

（5）对于享有折扣的交易，良好的控制制度要求将供应商发票金额扣去折扣金额的净额来登记应付账款，以防日后有人在付款时贪污折扣。

（6）每月末来自供应商的对账单必须同应付账款明细账余额相核对。这项工作应由财务经理或其授权的、独立于应付款明细记录的职员来办理。

7.付款控制

会计部门收到收货报告单等单据后，应与合同（副本）核对。核对无误并经会计主管审核后，办理货款的结算业务。同时，在发票上加盖"付讫"戳记。货款支付控制的具体内容有：

（1）发票价格、运输费、税款等必须与合同复核无误。

（2）除了向不能转账的集体企业和个人购买货物以及不足转账起点金额可以支付现金外，货款结算应通过银行办理转账。

（3）应付账款明细账和总账应经常核对，确保账账相符。

第四节 案例与思考

案例一 广西建工集团"互联网+"下的智慧采购模式

1.案例简介

广西建工集团有限责任公司（以下简称"集团公司"）是广西壮族自治区国有大型建筑企业，业务涵盖建筑施工与安装、房地产投资、建筑机械制造与租赁、混凝土与建材销售、国际业务等多个板块。近年来，随着"互联网+"技术的深入融合，集团公司为进一步提高集中采购效率，促进降本增效，指导和支持全资子公司广西建工集团智慧制造有限公司（以下简称"智慧制造公司"）积极探索并构建"三库四平台，一园两中心"的智慧采购体系，并取得了一定成效。

（1）智慧采购体系的构建

"三库"是指需求信息库、供应商信息库和价格指数库。"三库"的建立旨在实现项目需求端到供应端全方位数据链闭环，及时掌握市场供需动态。"四平台"是指电商平台、快乐嘟嘟物流平台、供应链金融服务平台和智慧工地平台。通过打造四个智能支撑服务平台，提供在线交易、自动配送、资金支持和全过程监管等服务。"一园"是指智能深加工产业园，实现"智慧化"生产，直接配送成品材料，提高现场文明施工和生态化水平。"两中心"是指技术研发中心和跨境业务中心，其中技术研发中心通过增加研发力度，为客户提供更多增值服务，使产品更加多样化，而跨境业务中心则以东盟和"一带一路"为契机，通过国际产能合作，进口原材料出口成品，加快企业的国际化发展步伐。"一园两中心"的建设是基于"三库四平台"进行的产业链拓展，旨在进一步拉动客户需求，推动客户采购。鉴于此，智慧制造公司构建的"三库四平台，一园两中心"的智慧采购体系其实质就是基于"数据链—智能支撑服务平台—产业链"的智慧采购模式的应用实践，其构建过程如下：

第一，设立需求信息库。智慧制造公司基于集团公司所拥有的广西区内最大项目客户群体，充分利用大数据技术收集、整合、分析数据信息，建立需求数据库，及时、准确掌握不同季节、不同价格波动区间，不同施工进度等综合条件下需求变化情况，做到"用数据说话、用数据管理、用数据决策、用数据创新"，牢牢把握需求变化动向，赋予采购供应链更高的主动权和话语权，为客户提供质量更高的服务。

第二，设立供应商信息库。根据集团公司集中采购战略部署，智慧制造公司整合建筑行业供应链上游优质资源，建立供应商信息库，出台供应商管理办法，对供应商实施优胜劣汰的准入原则，打造公平、公开、公正的市场竞争环境，有效防控经营风险，确保物资采购质量。

第三，设立价格指数库。智慧制造公司建立的价格指数数据库，实现了价格数据的一次导入、高效审核确认、多系统同步使用，且官网、微信、App多渠道价格实时更新。价格指数库能智能识别客户综合评价等级，分权设置价格信息的查询显示。同时，结合供应商数据库中供应商信息，为客户提供可靠的成本分析，帮客户分析价格的合理性。

第四，打造积健电商平台。智慧制造公司于2016年打造大型钢贸建材电商平台——积健电商平台，以集团公司内部市场为支撑，采用自营商城与第三方店铺相结合的经营模式，整合上游商家资源与下游需求客户市场，着力打造商流、物流、信息流、资金流"四流合一"的平台化线上供应链体系。同时通过PC端、手机APP客户端等多方终端，为广大客户提供包括建材贸易的信息共享、线上交易、在线结算与支付、供应商管理、客户关系管理、法律服务等在内的安全、高效、便捷的一站式服务体验。

第五，打造快乐嘟嘟物流平台。2017年，快乐嘟嘟物流信息平台上线并投入商业运营。快乐嘟嘟物流平台是集业务操作、小型OA办公及财务系统为一体的，重点服务大宗货运领域的综合型物流运输管理系统及手机App应用产品，也是广西地区"首批无车承运人"物流平台，为用户提供周全的线上交易与资源信息共享服务。

第六，打造供应链金融服务平台。智慧制造公司打造的积健电子商务平台实现了商流、物流、信息流、资金流"四流合一"，为供应链金融体系的建设奠定了基础。依托积健电商平台开展的供应链金融平台，为供应链条上下游关联企业需求方提供多样金融资金支持与融资服务，并从需方角度设计了有针对性的个性化金融产品，提高了采购供应链各环企业的资金周转率。

第七，打造智慧工地平台。智慧工地平台是集团公司重点实施项目，于2017年5月成功上线运行，包括1个监控中心和9个功能模块，即数字监控中心、劳务实名制系统、塔机和施工升降机安全管理系统、工地视频监控系统、环境监测系统等。平台依托物联网、互联网，形成"端+云+大数据"的业务体系和新的管理模式，从施工现场源头抓起，全方位收集关键业务数据，打通从一线操作到远程监管的数据链条，实现劳务、安全、环境、材料各业务环节的智能化、信息化管理，提升建筑工地安全生产管理水平。

第八，建立智能深加工产业园。智慧制造公司于2017年3月在南宁市启动建设智能深加工产业园。该产业园是目前广西较大规模的建筑材料智能生产示范园区，总建筑面积约15万平方米。拥有6层成品装配楼、3个生产车间及1个智能仓库。建设目标是打造"高度信息化的智慧工厂"，借助智能化管理系统，实现从原料采购、加工到成品配送的"智慧化"生产，使顾客、制造商、供应商通过信息化平台有机结合起来，提高生产效率，降低生产成本，提高现场文明施工管理水平。

第九，建立技术研发中心。智慧制造公司成立智慧制造研究院作为技术研发中心，立足于为采购供应链的可持续发展培育核心竞争力和提供技术保障，为集团公司向高新技术企业转型进行科技成果孵化、系统技术集成及智能建造技术研究，积极推动建筑施工进入智能建造新时代。

第十，建立跨境业务中心。为积极走出去，更好地参与"一带一路"建设，智慧制造公司将所属国际贸易公司积极打造成为国际贸易和对外经济技术合作的跨境业务中心。现公司业务遍布世界各大洲、辐射几十个国家和地区，拥有广泛而稳固的国内外合作关系和业务渠道。

（2）取得的成效

通过创新采购模式，建设"三库四平台，一园两中心"的智慧采购体系，集团公司原有的集中采购模式实现了优化升级，运行效率不断提高，供需方满意度不断提升，企业降本增效显著。2018年全年集中采购总额达77亿元，同比增长79.2%，为集团公司节约成本近2亿元。其中仅钢材一项采购119万吨，采购总额59亿元。同时，集团公司在服务、配送、安全管理、信息化建设等方面均有了显著提升，具体如下：

2017年正式运行至今，电商平台在售建筑材料产品达到2 622种，实现订单交易12 951笔，线上交易额达53亿元，服务项目地覆盖广西、广东、云南、浙江、安徽等全国各地，服务能力显著提升。

2017年运行至今，快乐嘟嘟物流平台累计用户已达4 298名，平台掌控运输车辆达到3 598辆。2018年，物流承运总车次达35 834车，运输总金额6 638万元，货物配送能力显著增强。

2018年至今，纳入智慧工地平台管理的项目367个，塔机监控设备409套，升降机监控466台，安全视频路数1 022路，劳务注册人员32 538人，大大提高了现场安全监控能力，全年未发生机械设备人员死亡责任事故。

2018年以来，技术研发中心提交了15个软件著作权和21项专利的申请，现已获得15项软件著作权及7项授权专利，并有7项发明专利初审合格，有力促进了集团公司的信息化建设。

跨境业务中心跻身广西进出口企业前50名、广西服务企业第25位，海外竞争能力不断增强，为走出去参与"一带一路"建设奠定了坚实基础。

"互联网+"背景下，建筑业创新采购模式聚焦智慧采购优化升级之路意义重大。

资料来源　漆大山等.	"互联网+"下建筑企业智慧采购模式研究［J］.建筑经济，2020（3）.

2.案例思考

从内部控制的角度谈谈本案例给你的启示是什么？

案例二　国有企业采购业务的审计重点

1.案例简介

据审计署公告的审计结果显示，近年来国有企业采购业务领域违规问题频繁发生，有的还构成违纪违法。国家审计对国有企业采购业务进行审计，揭示其存在的突出问题和管理上的薄弱环节，不仅能查错纠弊、规范国有企业的采购行为，还能防止国有资产流失、促进提高国有资金的使用效益。可以从以下三个方面对国有企业采购业务开展审计：

（1）掌握采购业务总体情况，面对国有企业庞大的采购金额和业务数据，审计人员应把握国有企业采购业务的总体情况，筛选应重点关注供应商。

一是调取审计期间范围内国有企业的采购合同台账、采购款结算的银行交易记录、供应商黑名单名录、增值税发票数据、工商登记数据、社会保险缴费数据及用电量数据等资料。对国有企业采购业务的规模和结构进行总体分析，挑选出累计采购金额较大、占比较高的供应商。二是通过查询增值税发票数据、工商登记数据、社会保险缴费数据、比对供应商黑名单，进一步筛选规模实力小、成立时间短、对被审计国有企业业务依存度高、不具备相应资质的单位作为审计重点关注对象。

（2）查找购销业务的违规情节，筛选出可疑供应商以后，审计人员需要核查国有企业与之开展的购销业务是否存在违规情节，确定责任人及其责任。

一要关注供应商进入国有企业合格供应商库的准入审核环节是否违规。调阅可疑供应商的入库申请和审批资料，核实供应商是否具备国有企业要求具备的资质和条件，尤其要注重审核资料的真实性。核实相关审批人是否认真履责。二要关注相关采购业务供应商的确定、采购方式和付款方式的选择是否违规。调阅与可疑供应商相关的采购需求发起、供应商和采购方式选定的审批资料，重点关注是否存在人为操纵选择供应商、应招标不招标、围标串标等问题。调阅购销合同，审核是否存在预付款金额较大或付款进度快于交货周期等明显有利于供应商的结算条件。确定责任人和相应的违规责任。沿资金轨迹核查利益输送。

（3）要关注采购物资数量的真实性。调取购销合同、物资出库数据、物流运输合同、物流费用结算及发票、物资验收入库数据、货款结算及发票等资料和数据，通过相互比对，核实物资采购数量。要关注物资的采购价格是否合理。分析比对供应商的增值税发票数据，必要时进行延伸，核查物资采购价格是否高于市场公允价格30%以上。要关注物资的质量或服务的真实性。查阅物资质量检测报告、财务核算与法律诉讼等资料，核查是否存在物资质量不合格导致国有资产损失浪费的现象。检查服务内容和成果，核实提供服务的真实性，是否存在层层转包赚取差价、增加国有企业采购成本的问题。

国有企业采购业务违规问题在今后一定时期内仍会发生，审计人员应关注新出现的违规方式和问题特征，钻研更高效、实用的审计方法，履行好经济监督职责，防止国有资产流失。

资料来源　戴宇峰. 国有企业采购业务审计思路和方法探析［N］. 中国审计报，2021-07-21（6）.

2.案例思考

谈谈阅读本案例的收获。

本章小结

企业采购业务的具体环节包括制订采购计划、购买、验收、确认应付账款、付款、会计记录等环节。

为了实现采购业务目标，企业应重点关注下列采购业务风险：采购行为违反国家法律法规而受到行政处罚或法律制裁而造成资产损失；由于采购业务流程设计不合理或控制不当，可能导致采购物资及价格偏离目标要求，或出现舞弊和差错而造成资产损失；采购物资验收程序不规范，可能造成账实不符或资产损失；付款方式不恰当、审核执行不严格或执行有偏差，可能导致企业采购的物资、资金受损失或信用受损。

采购业务内部控制环节包括：职务分离控制，购货订单控制，订货控制，验收控制，退货与折让控制，应付账款控制，付款控制。

第八章

资产管理业务内部控制

学习目标

通过本章学习，了解资产管理业务内容，熟知存货、固定资产、无形资产业务风险，掌握存货、固定资产、无形资产业务的内部控制环节，能恰当运用内部控制理论对存货、固定资产、无形资产业务内部控制案例进行分析。

第一节 资产管理业务概述

资产是企业从事生产经营活动并实现发展战略的物质基础，是保证企业正常生产经营活动的重要经济资源，资产管理贯穿于企业生产经营全过程，也就是通常所说的"实物流"管控。鉴于资产管理的重要性，《企业内部控制基本规范》将合理保证资产安全作为内部控制目标之一，同时单独制定了《企业内部控制应用指引第8号——资产管理》，着重对存货、固定资产和无形资产等资产提出了全面风险管控要求，旨在促进企业在保障资产安全的前提下提高资产效能。

企业应当加强各项资产管理，全面梳理资产管理流程，及时发现资产管理中的薄弱环节，切实采取有效措施加以改进，并关注资产减值迹象，合理确认资产减值损失，不断提高企业资产管理水平。在梳理过程中，既要注意从大类上区分存货、固定资产和无形资产，又要分别对存货、固定资产和无形资产等进行细化和梳理。例如，存货需要从原材料、在产品、半成品、产成品、商品、周转材料等方面进行梳理；固定资产需要从房屋建筑物、机器设备和其他固定资产方面进行梳理；无形资产需要从专利权、非专利技术、商标权、特许权、土地使用权等方面进行梳理。企业梳理资产管理流程，应当贯穿各类存货、固定资产和无形资产"从进入到退出"的各个环节。

第二节 存货管理的风险及内部控制环节

一、存货管理的风险

存货，是指企业在日常活动中持有以备出售的产成品或商品、处在生产过程中的在产品、在生产过程或提供劳务过程中耗用的材料和物料，主要包括各类原材料、在产品、半成品、产成品、商品、周转材料等，企业代销、代管存货，委托加工，代修存货也包含在内。为了保证生产经营活动连续不断地正常进行，必须不断地购入、耗用、销售存货，存货总是处在不断流转过程之中，具有较强的流动性，是企业流动资产重要组成部分之一、企业生产循环中最重要的一环。

企业应当采用先进的存货管理技术和方法，规范存货管理流程，明确存货取得、验收入库、原料加工、仓储保管、领用发出、盘点处置等环节的管理要求，充分利用信息系统，强化会计、出入库等相关记录，确保存货管理全过程的风险得到有效控制。

存货业务的完成需要供应部门、保管部门和财会部门的相互协作。一般而言，存货业务内容包括存货采购，存货验收，存货保管，存货领用、发放和退库，库存盘点和处置等。

（1）存货采购。采购是企业生产产品及维护正常运作而必须消耗的物品及必须配置的设施的购入活动的总称，是企业成本控制的重点。企业应当根据已制订的采购计划、存货采购预算，考虑企业需求、市场状况、行业特征、实际情况等因素，合理进行存货的采购业务。

（2）存货验收。任何物品购入后都须经非采购者本人验收并在送货单上签名坐实。验收者必须核实进货的物品与订货单是否相符，并对物品的品种、规格、数量和质量等与采购发票或采购约定所载要求的相符性负责。只有完全合格或经相关职能部门批准特殊放行的物品才准验收入库。验收无误后，填制材料入库单，连同供应商送货单分送财务部作为结算货款的凭据。为明确责任，结算凭据必须由采购员签名坐实。

（3）存货保管。物资经验收入库后，保管人员应根据物资的性能特点，结合仓库的实际自然条件，采取不同的、科学的方法进行保管和保养。入库物资要做到防腐、防锈、防毒、防虫害、防冻、防火、防潮、防盗。对于有特殊技术要求的物资，应采取特别的保管、保养方法。

（4）存货领用、发放和退库。存货领用、发放和退库应保证货品无误，手续齐全，严禁无单、无手续的物品进库和发放；办妥物品进库、发放和退库手续后，应及时依据相关凭证，登记实物库存保管账，并定期进行库存物品的账实核对盘点工作。当各保管人员所保管的实物库存接近或达到最低库存储备量时，应及时主动地提出采购（领用）申请计划。

（5）库存盘点和处置。存货应保证账实相符。仓库保管员应定期盘点库存存货，编制存货盘点表，并提出处理意见。财会人员年底应抽查存货盘点表，对于生产中已无转让价值的存货及其他足以证明已无实用价值和转让价值的存货，根据主管领导和相关部门批准的处理意见，同仓库保管员共同调整存货账务，以确保账实相符。

企业应重点关注下列存货管理风险：

（1）存货管理违反国家法律法规，可能遭受相关部门的处罚而导致经济损失和信誉损失。

（2）存货管理未经适当审批或超越授权审批，可能因重大差错、舞弊、欺诈而导致资产损失。

（3）请购依据不充分，采购批量、采购时点不合理，相关审批程序不规范、不正确，可能导致企业资产损失、资源浪费或发生舞弊。例如，存货积压或短缺，均可导致流动资金占用过量、存货价值贬损或生产中断。

▍▍▍相关链接

计提资产减值损失的影响

2018年4月28日，獐子岛对外公布了2017年的年度报告，公司再现了2014年"冷水团"事件中业绩突变即由预计盈利变为巨额亏损的情形。在年报中指出，根据2017年年底可消耗生物资产的清查结果，在某些海域再次发现贝类种群存货异常，公司又一次决定对底播扇贝计提约 6 000 万元的存货跌价准备，该批存货的账面成本为 1.26 亿元、海域面积为 24.3 万亩，使得公司在 2017 年亏损 7.11 亿元。

2019 年 11 月 11 日，獐子岛发布公告，称基于实地抽测的情况看，近期有相当大比例的底播扇贝死亡，在一些海域扇贝的死亡率甚至高达 80% 以上。同时抽测结果显示，已抽测区域近两年底播扇贝的平均亩产比前 10 月降低了约 26 千克，公司由此初步判断重大存货减值风险已形成。报告进一步指出，公司有账面价值为 3 亿元的资产面临重大减值风险。同月 1 日，公司对抽测结果发布公告称，需对其中海域面积达 39.07 万亩，并且亩产过低，采捕变现价值低于采捕成本的底播扇贝进行核销，计入营业外支出约 1.96 亿元，同时对海域面积约 14 万亩的低产 1 区计提 0.82 亿元的存货跌价准备，公司预计两者的金额合计约达 2.78 亿元。果然，在 2020 年 1 月 23 日公司发布的 2019 年度业绩预告中，预计獐子岛在 2019 年全年将亏损 3.5 亿~4.5 亿元，而上年同期的净利润为 0.32 亿元，相比之下，本期下滑了约 1 350%。

资料来源 金咪莎. 基于存货跌价准备视角的企业盈余管理行为分析——以獐子岛为例 [J]. 商场现代化，2020（3）.

（4）存货业务程序管理制度不完善、责任不清而导致的资产损失和浪费。如，验收程序不规范而导致资产账实不符合资产损失；存货保管不善而导致存货损坏、变质、浪费、被盗和流失等；存货盘点工作不规范，可能由于未能及时查清资产状况并作出处理而导致财务信息不准确。

知识点滴

存货欺诈手段

（1）所包括的存货名不符实，例如：纸箱内是空的或堆积的货品中间是中空的；纸箱外表贴的是误导性的标签，里面装的是下脚料、陈滞材料或低价材料；他人寄销的存货或者存货是租来的，或者是交换进来的项目还未发出贷项通知；经过稀释之后的存货（例如液体化学品加水）。

（2）对于查核人员并未亲自抽点的存货项目，擅自增加或涂改其盘点数量。

（3）利用电脑程序产生不实之存货数量清册或将存货明细表上之单价提高。

（4）将查核人员亲临观察盘点之地点的存货盘点及汇总资料加以操纵。

（5）将不同地点间之在途存货项目重复计算。

（6）某处所之存货盘点之后，移运至另一处所，使一物两计。

（7）存货中包括已经列为销货但等待顾客提领之项目（已开账单暂时代为保管之销售）。

（8）安排对由他人保管之存货做虚伪之回函确认。

（9）存货中包括已经收到之项目但其相对之应付账款尚未入账。

（10）溢计在制品之完工程度。

（11）将实地盘点存货之金额与总账上虚伪之金额调节。

（12）在年度终了前某一日期（例如 10 月 31 日）盘点存货，操纵盘点日后至

12月31日间之存货结转。

资料来源　林柄沧. 如何避免审计失败［M］. 北京：中国时代经济出版社，2003.

（5）存货管理会计处理和相关信息不合法、不真实、不完整，可能导致企业资产账实不符或资产损失。如，由于存货保管不当或记录混乱，造成存货账实不符；存货发生了减值但没有及时进行账务处理，使其账面价值被高估等，均会造成成本、费用失真或资产损失。

二、存货管理的内部控制环节

1.岗位分工与授权批准

企业应当建立存货业务的岗位责任制，明确内部相关部门和岗位的职责、权限，确保办理存货业务的不相容岗位相互分离、制约和监督。存货业务的不相容岗位至少包括：

（1）存货的请购、审批与执行。

（2）存货的采购、验收与付款。

（3）存货的保管与相关记录。

（4）存货发出的申请、审批与记录。

（5）存货处置的申请、审批与记录。

企业应当配备合格的人员办理存货业务。办理存货业务的人员应当具备相关的业务知识和良好的职业道德，遵纪守法，客观公正。企业要定期对员工进行相关的政策、法律及业务培训，提高员工的业务素质和职业道德水平。

企业应当对存货业务建立严格的授权批准制度，明确审批人员对存货业务的授权批准方式、权限、程序、责任和相关控制措施，规定经办人办理存货业务的职责范围和工作要求。

审批人应当根据存货授权批准制度的规定，在授权范围内进行审批，不得超越审批权限。经办人应当在职责范围内，按照审批人的批准意见办理存货业务。

企业内部除存货管理部门及仓储人员外，其余部门和人员接触存货时，应由相关部门特别授权。对于贵重物品、危险物品或需保密的物品，应当规定更严格的接触限制条件，必要时，存货管理部门内部也应当执行授权接触。

企业可以根据业务特点及成本效益原则选用计算机系统和网络技术实现对存货的管理和控制，但应注意计算机系统的有效性、可靠性和安全性，并制定防范意外事项的有效措施。

2.请购与采购控制

企业应当建立存货采购申请管理制度，明确请购相关部门或人员的职责权限及相应的请购程序。

企业自行生产的产成品应当按照成本费用有关规定，合理计算产品成本。

企业应当根据仓储计划、资金筹措计划、生产计划、销售计划等制订采购计划，对存货的采购实行预算管理，合理确定材料、在产品、产成品等存货的比例。

企业应当指定专人逐日根据各种材料的采购间隔期和当日材料的库存量，分析确定应采购的日期和数量，或者通过计算机管理系统重新预测材料需要量以及重新计算安全存货水平和经济采购批量，据此进行再订购，尽可能降低库存或实现零库存。

企业确定采购时点、采购批量时，应当考虑企业需求、市场状况、行业特征、实际情况等因素。

企业应当对采购环节建立完善的管理制度，确保采购过程的透明化。企业应根据预算或采购计划办理采购手续，预算或计划外采购须经严格审批。

企业应当根据预算有关规定，结合本系统的业务特点编制存货年度、季度和月份的采购、生产、存储、销售预算，并按照预算对实际执行情况予以考核。

存货采购和审批程序应当符合《企业内部控制应用指引第7号——采购》的有关规定执行。

3.验收与保管控制

企业应当对入库存货的质量、数量、技术规格等方面进行检查与验收，保证存货符合采购要求。

外购存货入库前一般应经过下列验收程序：

（1）检查订货合同协议、入库通知单、供货企业提供的材质证明、合格证、运单、提货通知单等原始单据与待检验货物之间是否相符。

（2）对拟入库存货的交货期进行检验，确定外购货物的实际交货期与订购单中的交货期是否一致。

（3）对待验货物进行数量复核和质量检验，必要时可聘请外部专家协助进行。

（4）对验收后数量相符、质量合格的货物办理相关入库手续，对经验收不符合要求的货物，应及时办理退货、换货或索赔。

（5）对不经仓储直接投入生产或使用的存货，应当采取适当的方法进行检验。

拟入库的自制存货，生产部门应组织专人对其进行检验，只有检验合格的产成品才可以作为存货办理入库手续。由生产车间发出至客户、实物不入库的产成品，以及采购后实物不入库而直接发至使用现场的外购存货，应当采取适当方法办理出、入库手续。

企业应当建立存货保管制度，仓储部门应当定期对存货进行检查，加强存货的日常保管工作。因业务需要分设仓库的情形，应当对不同仓库之间的存货流动办理出入库手续；应当按仓储物资所要求的条件储存，并建立和健全防火、防潮、防鼠、防盗和防变质等措施；贵重物品、生产用关键备件、精密仪器和危险品的仓储，应当实行严格审批制度；企业应当重视生产现场的材料、低值易耗品、半成品等物资的管理控制，防止浪费、被盗和流失。

存货管理部门对入库的存货应当建立存货明细账，详细登记存货类别、编号、名称、规格型号、数量、计量单位等内容，并定期与财会部门就存货品种、数量、金额等进行核对。入库记录不得随意修改。如确需修改入库记录，应当经授权批准。

对于已售商品退货的入库，仓储部门应根据销售部门填写的产品退货凭证办理入库手续，经批准后，对拟入库的商品进行验收。因产品质量问题发生的退货，应分清责任，妥善处理。对于劣质产品，可以选择修复、报废等措施。

企业应当根据自身的生产经营特点制订仓储的总体计划，并考虑工厂布局、工艺流程、设备摆放等因素，相应制定人员分工、实物流动、信息传递等具体管理制度。

存货的存放和管理应指定专人负责并进行分类编目，严格限制其他无关人员接触存货，入库存货应及时记入收发存登记簿或存货卡片，并详细标明存放地点。

存货采购应当按照国家统一的会计准则制度的规定进行初始计量，正确核算存货采购成本。

4.领用与发出控制

企业应当建立严格的存货领用流程和制度。企业生产部门、基建部门领用材料，应当持有生产管理部门及其他相关部门核准的领料单。超出存货领料限额的，应当经过特别授权。

企业应当建立严格的存货发出流程和制度。存货的发出需要经过相关部门批准，大批商品、贵重商品或危险品的发出应当得到特别授权。仓库应当根据经审批的销售通知单发出货物，并定期将发货记录同销售部门和财会部门核对。存货发出的责任人应当及时核对有关票据凭证，财会部门应当针对存货种类繁多、存放地点复杂、出入库发生频率高等特点，加强与仓储部门的账实核对工作。企业应当制定并选择适当的存货盘点制度，明确盘点范围、方法、人员，并制订详细的盘点计划，合理安排人员，有序摆放存货，保持盘点记录的完整，及时处理盘盈、盘亏。对于特殊存货，可以聘请专家采用特定方法进行盘点。

存货盘点应当及时编制盘点表，要分析盘盈、盘亏的原因，提出处理意见，经相关部门批准后，在期末结账前处理完毕。

仓储部门应通过盘点、清查、检查等方式全面掌握存货的状况，及时发现存货的残、次、冷、背等情况。仓储部门对残、次、冷、背存货的处置，应当选择有效的处理方式，并经相关部门审批后作出相应的处置。

存货的会计处理，应当符合国家统一的会计准则制度的规定。企业应当根据存货的特点及企业内部存货流转的管理方式，确定存货计价方法，防止通过人为调节存货计价方法操纵当期损益。计价方法一经确定，未经批准，不得随意变更。

仓储部门与财会部门应结合盘点结果对存货进行库龄分析，确定是否需要计提存货跌价准备。经相关部门审批后，方可进行会计处理，并附有关书面记录材料。

第三节　固定资产管理的风险及内部控制环节

一、固定资产管理的风险

固定资产，是指产品生产过程中用来改变或者影响劳动对象的劳动资料、固定资本的实物形态。固定资产在生产过程中可以长期发挥作用及保持原有的实物形态，但其价值则随着企业生产经营活动而逐渐地转移到产品成本或当期损益中，并构成产品价值或当期损益的组成部分。固定资产一般是单位价值较高的物质资料，在我国的会计制度中，固定资产通常是指使用期限超过一年的房屋、建筑物、机器、机械、运输工具以及其他与生产经营有关的设备、器具和工具等。

固定资产业务包括固定资产的投资计划、资本预算、资产验收、资产计价、计提折旧、报废清理等环节。企业固定资产业务的具体环节为：

（1）投资计划。它是企业根据未来生产能力发展的实际要求和资源条件，对固定资产建设或改造进行可行性研究，编制投资计划。

（2）资本预算。它是对企业生产设备、房屋建筑及其他设备扩建、改良、更新、重制的投资计划。其目的是预测未来一段时间内在设备和财产方面的支出，确定支出限额，并作为财务预算的投资支出，决定现金需要量。资本预算须经企业最高管理层批准。

（3）资产验收。根据固定资产性质和企业自身能力，采取委托或自营形式，购买、建设固定资产。如企业采取委托形式购建固定资产，还需进行招投标，择优选择施工单位。对每一次交付使用的固定资产，组织施工、建设部门共同验收，验收合格后办理固定资产验收移交手续。

（4）资产计价。它是根据财务有关规定，确定固定资产原始价值、类别、使用年限、折旧率等，并登记固定资产卡片。

（5）计提折旧。它是指企业定期计提固定资产折旧。

（6）报废清理。它是指企业对固定资产进行报废清理。

企业应重点关注下列固定资产管理风险：

（1）固定资产业务违反国家法律法规，可能受到处罚而导致经济损失和信誉损失。如，固定资产折旧、转让等业务违反国家有关部门的相关规定而受到处罚。

（2）固定资产管理由于职责分工和权限范围规定不明确，或未经适当审批或超越授权审批，可能因重大差错、舞弊、欺诈而导致资产损失。如，由于固定资产管理业务流程设计不合理或控制不当，可能导致原始凭证和产权证明遗失，造成产权不清或对资产所有权的丧失。

（3）固定资产购买、建造、处置决策失误，可能造成企业资产损失或资源浪费。

购入固定资产常见舞弊

购入固定资产常见的舞弊主要表现在两个方面：一个是付款中的舞弊；另一个是收物中的舞弊。

（1）付款中的舞弊。固定资产的价格一般比较昂贵，不同的供货商可能提供不同的价格，其中，最低价与最高价之间有时相差悬殊，这时，如果以最低价付款，以最高价要求对方开发票，采购者就可以吞并两个价之间的差额。还有一种舞弊方法是，由购买方多付购物款，由供货方多给回扣。可以看出，在购入固定资产的付款环节舞弊，在一定程度上是供货方与购货方相关人员串通所引起的，这使查证工作难度较大。此种舞弊，应重防轻查，所谓"防"，是指建立市场信息收集与采购分离制度，建立双人选购制，建立招标购建制度，建立购买与付款职责分离制度，并严格遵守国家规定的结算制度，防患于未然。

（2）收物中的舞弊。常见的问题是，所购固定资产质量比较低劣，虽然可以使用，但使用效率、加工精度等处于下等水平。这种情况出现的原因有：供货方的欺诈；购货人与供货方串通提供低质量的固定资产；购货人因缺乏技术知识而未觉察到固定资产存在质量问题。前两种属舞弊行为，后一种属于过失；第一种行为在检查前可能已显露出来，无须查证，检查人员主要查证上述第二种行为，即对供货方与购货人串通而购入低质量固定资产的舞弊进行查证。

资料来源　林柄沧. 如何避免审计失败［M］. 北京：中国时代经济出版社，2003.

（4）固定资产使用、维护不当和管理不善，可能造成企业资产使用效率低下或资产损失。

（5）固定资产会计处理和相关信息不合法、不真实、不完整，可能导致企业资产账实不符或资产损失。如，由于固定资产保管不当或记录混乱，造成固定资产账实不符；固定资产发生了减值但没有及时进行账务处理，使其账面价值被高估等，均会造成成本、费用失真或资产损失。

二、固定资产管理的内部控制环节

1. 职责分工与授权批准

企业应当建立固定资产业务的岗位责任制，明确相关部门和岗位的职责、权限，确保办理固定资产业务的不相容岗位相互分离、制约和监督。固定资产业务不相容岗位至少包括：

（1）固定资产投资预算的编制与审批。
（2）固定资产投资预算的审批与执行。
（3）固定资产采购、验收与款项支付。
（4）固定资产投保的申请与审批。
（5）固定资产处置的审批与执行。

（6）固定资产取得与处置业务的执行与相关会计记录。

企业应当配备合格的人员办理固定资产业务，并对固定资产业务建立严格的授权批准制度，明确授权批准的方式、权限、程序、责任和相关控制措施，规定经办人的职责范围和工作要求。严禁未经授权的机构或人员办理固定资产业务。

审批人应当根据固定资产业务授权批准制度的规定，在授权范围内进行审批，不得超越审批权限。经办人在职责范围内，按照审批人的批准意见办理固定资产业务。对于审批人超越授权范围审批的固定资产业务，经办人员有权拒绝办理，并及时向上级部门报告。

企业应当制定固定资产业务流程，明确固定资产投资预算编制、取得与验收、使用与维护、处置等环节的控制要求，并设置相应的记录或凭证，如实记载各环节业务的开展情况，及时传递相关信息，确保固定资产业务全过程得到有效控制。

2.取得与验收控制

企业应当建立固定资产预算管理制度。企业应当根据固定资产的使用情况、生产经营发展目标等因素拟定固定资产投资项目，对项目可行性进行研究、分析，编制固定资产投资预算，并按规定程序审批，确保固定资产投资决策科学合理。对于重大的固定资产投资项目，应当考虑聘请独立的中介机构或专业人士进行可行性研究与评价，并由企业实行集体决策和审批，防止因决策失误给企业造成严重损失。

企业应当严格执行固定资产投资预算。对于预算内固定资产投资项目，有关部门应严格按照预算执行制度办理相关手续；对于超预算或预算外固定资产投资项目，应由固定资产相关责任部门提出申请，经审批后再办理相关手续。

企业对于外购的固定资产应当建立请购与审批制度，明确请购部门（或人员）和审批部门（或人员）的职责权限及相应的请购与审批程序。

固定资产采购过程应当规范、透明。对于一般固定资产采购，应由采购部门充分了解和掌握供应商情况，采取比质比价的办法确定供应商；对于重大的固定资产采购，应采取招标方式进行。

企业应当按照国家统一的会计准则制度的规定，区分融资租赁和经营租赁，并根据风险、报酬转移情况，明确固定资产租赁业务的审批和控制程序。

企业应当建立严格的固定资产交付使用验收制度，确保固定资产数量、质量等符合使用要求。固定资产交付使用的验收工作由固定资产管理部门、使用部门及相关部门共同实施。

企业外购固定资产，应当根据合同协议、供应商发货单等对所购固定资产的品种、规格、数量、质量、技术要求及其他内容进行验收，出具验收单或验收报告。验收合格后方可投入使用。

企业自行建造的固定资产，应由制造部门、固定资产管理部门、使用部门共同填制固定资产移交使用验收单，验收合格后移交使用部门投入使用。

企业对投资者投入、接受捐赠、债务重组、企业合并、非货币性资产交换、企业无偿划拨转入以及其他方式取得的固定资产均应办理相应的验收手续。

企业对经营租赁、借用、代管的固定资产应设立登记簿记录备查，避免与本企业财产混淆，并应及时归还。

对验收合格的固定资产应及时办理入库、编号、建卡、调配等手续。

企业财会部门应当按照国家统一的会计准则制度的规定，及时确认固定资产的购买或建造成本。对需要办理产权登记手续的固定资产，企业应及时到相关部门办理。

3.使用与维护控制

企业应加强固定资产的日常管理工作，授权具体部门或人员负责固定资产的日常使用与维修管理，保证固定资产的安全与完整。企业应当定期或不定期检查固定资产明细及标签，确保具备足够详细的信息，以便固定资产的有效识别与盘点。

企业的固定资产移动应当得到授权。

企业应根据国家及行业有关要求和自身经营管理的需要，确定固定资产分类标准和管理要求，并制定和实施固定资产目录制度。

企业应依据国家有关规定，结合企业实际，确定计提折旧的固定资产范围、折旧方法、折旧年限、净残值率等折旧政策。折旧政策一经确定，不得随意变更。确需变更的，应当按照规定程序审批。

企业应当建立固定资产的维修、保养制度，保证固定资产的正常运行，提高固定资产的使用效率。固定资产使用部门负责固定资产日常维修、保养，对固定资产定期检查，及时消除风险。

固定资产大修理应由固定资产使用部门提出申请，按规定程序报批后安排修理。

固定资产技术改造应组织相关部门进行可行性论证，审批通过后予以实施。

企业应当根据固定资产的性质和特点，确定固定资产投保范围和政策。投保范围和政策应足以应对固定资产因各种原因发生损失的风险。

企业应当严格执行固定资产投保范围和政策，对应投保的固定资产项目按规定程序进行审批，办理投保手续。对于重大固定资产项目的投保，应当考虑采取招标方式确定保险公司。已投保的固定资产发生损失的，应当及时办理相关的索赔手续。

企业应当定期对固定资产进行盘点。盘点前，固定资产管理部门、使用部门和财会部门应当进行固定资产账簿记录的核对，保证账账相符。企业应组成固定资产盘点小组对固定资产进行盘点，根据盘点结果填写固定资产盘点表，并与账簿记录核对，对固定资产的盘盈、盘亏，编制固定资产盘盈、盘亏表。

固定资产发生盘盈、盘亏，应由固定资产使用部门和管理部门逐笔查明原因，共同编制盘盈、盘亏处理意见，经企业授权部门或人员批准后由财会部门及时调整有关账簿记录，使其反映固定资产的实际情况。

企业应至少在每年年末由固定资产管理部门和财会部门对固定资产进行检查、分析，包括定期核对固定资产明细账与总账，并对差异及时分析与调整。

固定资产存在减值迹象的，应当计算其可收回金额；可收回金额低于账面价值的，应当按照国家统一的会计准则制度的规定计提减值准备、确认减值损失。

对于未使用、不需用或使用不当的固定资产，固定资产管理部门和使用部门应当及时提出处理措施，报企业授权部门或人员批准后实施。对封存的固定资产，应指定专人负责日常管理，定期检查，确保资产的安全、完整。

4.处置与转移控制

企业应当建立固定资产处置的相关制度，确定固定资产处置的范围、标准、程序和审批权限。

企业应区分固定资产不同的处置方式，采取相应控制措施。

对使用期满、正常报废的固定资产，应由固定资产使用部门或管理部门填制固定资产报废单，经企业授权部门或人员批准后对该固定资产进行报废清理。

对使用期限未满、非正常报废的固定资产，应由固定资产使用部门提出报废申请，注明报废理由、估计清理费用和可回收残值、预计出售价值等。企业应组织有关部门进行技术鉴定，按规定程序审批后进行报废清理。

对拟出售或投资转出的固定资产，应由有关部门或人员提出处置申请，列明该项固定资产的原价、已提折旧、预计使用年限、已使用年限、预计出售价格或转让价格等，报经企业授权部门或人员批准后予以出售或转让。

固定资产的处置应由独立于固定资产管理部门和使用部门的其他部门或人员办理。固定资产处置价格应报经企业授权部门或人员审批后确定。对于重大固定资产的处置，应当考虑聘请具有资质的中介机构进行资产评估，采取集体合议审批制度，并建立集体审批记录机制。

固定资产处置涉及产权变更的，应及时办理产权变更手续。

企业出租、出借固定资产，应由固定资产管理部门会同财会部门按规定报经批准后予以办理，并签订合同协议，对固定资产出租、出借期间所发生的维护保养、税负责任、租金、归还期限等相关事项予以约定。

对固定资产处置及出租、出借收入和发生的相关费用，应及时入账，保持完整的记录。

企业对于固定资产的内部调拨，应填制固定资产内部调拨单，明确固定资产调拨时间、调拨地点、编号、名称、规格、型号等，经有关负责人审批通过后，及时办理调拨手续。

固定资产调拨的价值应当由企业财会部门审核批准。

第四节 无形资产管理的风险及内部控制环节

一、无形资产管理的风险

企业应重点关注下列无形资产的管理风险：

（1）无形资产业务违反国家法律法规，可能遭受外部处罚、经济损失和信誉损失。

（2）无形资产业务未经适当审批或超越授权审批，可能因重大差错、舞弊、欺诈而导致损失。

（3）无形资产购置、使用和管理不当，可能导致经济损失或权益损失。

（4）无形资产的会计处理和相关信息不合法、不真实、不完整，可能导致企业资产账实不符或资产损失。

知识点滴

企业内部研究开发项目，开发阶段的支出同时满足下列条件的，可以确认为无形资产：

（1）完成该无形资产已使其能够使用或出售在技术上具有可行性判断。无形资产的开发在技术上是否具有可行性，应当以目前阶段的成果为基础，并提供相关证据和材料，证明企业进行开发所需的技术条件等已经具备。

（2）具有完成该无形资产并使用或出售的意图。企业管理者应能够说明其持有拟开发无形资产的目的，并具有完成该无形资产开发并使其能够使用或出售的可能性。

（3）无形资产产生经济利益的方式。无形资产是否能够为企业带来经济利益，应当对运用该无形资产生产产品的市场情况进行可靠预计，以证明所生产的产品存在市场并能够带来经济利益或能够证明市场上存在对该无形资产的需求。

（4）有足够的技术、财务资源和其他资源支持，以完成该无形资产的开发，并有能力使用或出售该无形资产。企业能够证明可以取得无形资产开发所需的技术、财务和其他资源，以及获得这些资源的相关计划。

（5）归属于该无形资产开发阶段的支出能够可靠计量。企业对研究开发的支出应当单独核算，如直接发生的研究人员工资、材料费以及相关设备折旧费等，同时从事多项研究开发活动的，所发生的支出应当按照合理的标准，在各项研究开发活动之间进行分配。

二、无形资产管理的内部控制环节

1.职责分工与授权批准控制

企业应当建立无形资产业务的岗位责任制，明确相关部门和岗位的职责、权限，确保办理无形资产业务的不相容岗位相互分离、制约和监督。同一部门或个人不得办理无形资产业务的全过程。无形资产业务不相容岗位至少包括：

（1）无形资产投资预算的编制与审批。

（2）无形资产投资预算的审批与执行。

（3）无形资产取得、验收与款项支付。

（4）无形资产处置的审批与执行。

（5）无形资产取得与处置业务的执行与相关会计记录。

（6）无形资产的使用、保管与会计处理。

企业应当配备合格的人员办理无形资产业务。办理无形资产业务的人员应当具备良好的业务素质和职业道德。

企业应当对无形资产业务建立严格的授权批准制度，明确授权批准的方式、权限、程序、责任和相关控制措施，规定经办人的职责范围和工作要求。严禁未经授权的机构或人员办理无形资产业务。

审批人应当根据无形资产业务授权批准制度的规定，在授权范围内进行审批，不得超越审批权限。

经办人在职责范围内，按照审批人的批准意见办理无形资产业务。对于审批人超越授权范围审批的无形资产业务，经办人员有权拒绝办理，并及时向上级部门报告。

企业应当制定无形资产业务流程，明确无形资产投资预算编制、自行开发无形资产预算编制、取得与验收、使用与保全、处置和转移等环节的控制要求，并设置相应的记录或凭证，如实记载各环节业务开展情况，及时传递相关信息，确保无形资产业务全过程得到有效控制。

2.取得与验收控制

企业应当建立无形资产预算管理制度。企业根据无形资产的使用效果、生产经营发展目标等因素拟定无形资产投资项目，对项目可行性进行研究、分析，编制无形资产投资预算，并按规定程序审批，确保无形资产投资决策科学合理。

对于重大的无形资产投资项目，应当考虑聘请独立的中介机构或专业人士进行可行性研究与评价，并由企业实行集体决策和审批，防止因决策失误而给企业造成严重损失。

企业应当严格执行无形资产投资预算。对于预算内无形资产投资项目，有关部门应严格按照预算执行进度办理相关手续；对于超预算或预算外无形资产投资项目，应由无形资产相关责任部门提出申请，经审批后再办理相关手续。

企业对于外购的无形资产应当建立请购与审批制度，明确请购部门（或人员）和审批部门（或人员）的职责权限及相应的请购与审批程序。

无形资产采购过程应当规范、透明。对于一般无形资产采购，应由采购部门充分了解和掌握产品及供应商情况，采取比质比价的办法确定供应商；对于重大的无形资产采购，应采取招标方式进行；对于非专有技术等具有非公开性的无形资产，还应注意采购过程中的保密保全措施。

无形资产采购合同协议的签订应遵循企业合同协议管理内部控制的相关规定。

企业应当建立严格的无形资产交付使用验收制度，确保无形资产符合使用要求。无形资产交付使用的验收工作由无形资产管理部门、使用部门及相关部门共同实施。

企业外购无形资产，必须取得无形资产所有权的有效证明文件，仔细审核有关合同协议等法律文件，必要时应听取专业人员或法律顾问的意见。

企业自行开发的无形资产，应由研发部门、无形资产管理部门、使用部门共同填制无形资产移交使用验收单，移交使用部门使用。

企业购入或者以支付土地出让金方式取得的土地使用权，必须取得土地使用权的有效证明文件。除已经确认为投资性房地产外，在尚未开发或建造自用项目前，企业应当根据合同协议、土地使用权证办理无形资产的验收手续。

企业对投资者投入、接受捐赠、债务重组、政府补助、企业合并、非货币性资产交换、外部企业无偿划拨转入以及以其他方式取得的无形资产均应办理相应的验收手续。

对验收合格的无形资产应及时办理编号、建卡、调配等手续。

3.使用与保全控制

企业应加强无形资产的日常管理工作，授权具体部门或人员负责无形资产的日常使用与保全管理，保证无形资产的安全与完整。

企业应根据国家及行业有关要求和自身经营管理的需要，确定无形资产分类标准和管理要求，并制定和实施无形资产目录制度。

企业应依据国家有关规定，结合企业实际，确定无形资产摊销范围、摊销年限、摊销方法、残值等。摊销方法一经确定，不得随意变更。确需变更的，应当按照规定程序审批。

企业应根据无形资产性质确定无形资产保全范围和政策。保全范围和政策应当足以应对无形资产因各种原因发生损失的风险。

企业应当限制未经授权的人员直接接触技术资料等无形资产；对技术资料等无形资产的保管及接触应保有记录；对重要的无形资产应及时申请法律保护。

企业应当定期或者至少在每年年末由无形资产管理部门和财会部门对无形资产进行检查、分析，预计其给企业带来未来经济利益的能力。检查、分析包括定期核对无形资产明细账与总账，并对差异及时分析与调整。

无形资产存在可能发生减值迹象的，应当计算其可收回金额；可收回金额低于账面价值的，应当按照国家统一的会计准则的规定计提减值准备、确认减值损失。

4.处置与转移控制

企业应当建立无形资产处置的相关制度，确定无形资产处置的范围、标准、程序和审批权限等。

企业应区分无形资产不同的处置方式，采取相应控制措施。

对使用期满、正常报废的无形资产，应由无形资产使用部门或管理部门填制无形资产报废单，经企业授权部门或人员批准后对该无形资产进行报废清理。

对使用期限未满、非正常报废的无形资产，应由无形资产使用部门提出报废申请，注明报废理由、估计清理费用和可回收残值、预计出售价值等。企业应组织有关部门进行技术鉴定，按规定程序审批后进行报废清理。

对拟出售或投资转出的无形资产，应由有关部门或人员提出处置申请，列明该项无形资产的原价、已提折旧、预计使用年限、已使用年限、预计出售价格或转让价格等，报经企业授权部门或人员批准后予以出售或转让。

无形资产的处置应由独立于无形资产管理部门和使用部门的其他部门或人员办理。无形资产处置价格应当选择合理的方式，报经企业授权部门或人员审批后确定。对于重大无形资产的处置，无形资产处置价格应当委托具有资质的中介机构进行资产评估，应当采取集体合议审批制度，并建立集体审批记录机制。无形资产处置涉及产权变更的，应及时办理产权变更手续。

企业出租、出借无形资产，应由无形资产管理部门会同财会部门按规定报经批准后予以办理，并签订合同协议，对无形资产出租、出借期间所发生的维护保全、税负责任、租金、归还期限等相关事项予以约定。

对无形资产处置及出租、出借收入和发生的相关费用，应及时入账，保持完整的记录。

企业对于无形资产的内部调拨，应填制无形资产内部调拨单，明确无形资产名称、编号、调拨时间等，经有关负责人审批通过后，及时办理调拨手续。无形资产调拨的价值应当由企业财会部门审核批准。

第五节　案例与思考

案例一　二六三商誉减值

1.案例简介

随着资本市场的快速发展，上市公司的企业并购越发频繁，商誉在企业财务报表中的显示度不断增加。2016年度，多家上市公司因计提巨额商誉减值造成业绩变脸或亏损扩大，对证券市场的稳定造成了冲击。"巨额商誉减值"事件引发对商誉会计处理的思考，上市公司对商誉这一不可辨认的特殊资产在减值处理及初始确认时是否客观真实？

二六三是一家运用互联网技术提供虚拟运营通信服务的企业，于2010年8月在深圳中小板上市。2017年2月，二六三发布2016年度业绩快报，对两项商誉计提减值准备35 490.64万元，2016年度业绩由上年盈利变为预亏37 413万～40 359万元。公告发布后，不断有媒体质疑公司商誉减值的真实性，是否另含其他目的？

二六三商誉资产情况：二六三近几年的财务报告显示，公司自2012年开始通过实施以下并购，产生了商誉：（1）2012年4月，二六三与上海翰平网络技术有限公司签订收购协议，分两次收购其100%股权：第一次收购其72%股权，产生了3 463.46万元的商誉；2013年3月收购翰平公司剩余28%的股权，未计入商誉。（2）2012年11月，二六三收购北京首都在线网络技术有限公司70.23%的股权，连同之前持有首都在线29.77%的股权，获得了首都在线100%的股权，产生9 313.75万元的商誉。（3）2012年12月，二六三在原持有iTalk Global Communications Inc.33.33%股权的基础上，通过收购实现对iTalk Global及其相关经营推广公司

100%控股，产生 65 729.15 万元的商誉。（4）2015 年 5 月，二六三取得香港迪讯公司 100%的股权，产生了 9 920.35 万元的商誉。

2014 年，二六三将翰平公司商誉资产更名为翰平事业部；2015 年，将 iTalk Global 及其相关经营推广公司与首都在线两项商誉资产合并为 Vo IP 及 IPTV 业务。

二六三商誉资产减值情况：二六三 2013 年对 iTalk Global 及其相关经营推广公司计提 1 729.66 万元商誉减值准备，2014 年和 2015 年均未计提商誉减值准备。2016 年，公司聘请中联资产评估集团有限公司对商誉进行减值测试，其中 Vo IP 及 IPTV 业务资产组账面价值为 88 178.31 万元，可回收金额为 56 151.13 万元，两者之差为 32 027.18 万元，计提商誉减值准备；翰平事业部测试出 3 445.45 万元商誉减值额，由于商誉减值额占该资产组商誉价值的 99.48%，故按 100%计提商誉减值准备 3 463.46 万元；两项商誉计提减值准备 35 490.64 万元。

2.案例分析

《企业会计准则第 20 号——企业合并》规定仅可在非同一控制的企业并购中确认商誉，对购买方付出的合并成本高于合并中取得的被购买方可辨认净资产公允价值的部分确认为商誉，在母公司合并财务报表中以商誉项目列报。《企业会计准则第 8 号——资产减值》规定，商誉等非流动资产至少应当在每年年终进行减值测试，资产可回收金额低于账面价值时，以其差额计提减值准备，减值损失计入当期损益。

二六三 2016 年度一次性计提 35 490.64 万元商誉减值准备，造成了业绩的巨幅波动。针对这次计提巨额商誉减值，二六三 2017 年 3 月 1 日发布了《关于计提商誉减值准备的公告》进行了专项说明，公司董事会审计委员会、董事会、监事会均认为，公司计提商誉减值准备符合企业会计准则相关规定和公司资产实际情况。虽然二六三计提商誉资产减值表面上符合企业会计准则规定，但一次计提巨额商誉是否存在盈余管理的问题，仍值得商榷。

分析二六三 2012—2016 年企业的营业收入和利润情况发现：营业收入在并购完成后小幅波动，而净利润呈现明显下降趋势，说明企业成本开支逐年增大，现有的营收能力已不足以匹配成本的开支。2016 年度的净利润在不考虑商誉减值的情况下为-2 178.9 万元，由于该年度业绩出现亏损已经不可避免，在会计规则允许的范围内，将利润做差的负向盈余管理符合管理层的选择逻辑。进一步根据报表资料分析发现，二六三 2015 年的净利润已经出现明显下降，比 2014 年减少 60.15%，但该年度企业并未计提商誉减值准备。按照《企业会计准则第 8 号——资产减值》的规定，企业至少需在每一会计年度终了时进行商誉减值测试，但企业出于成本的考虑，并非每年对商誉都进行减值测试。

二六三减值公告披露，Vo IP 及 IPTV 业务减值原因一方面是客户群的增长缓慢，另一方面则是开拓新业务 MVNO 的成本使得资产组盈利能力下降，翰平事业部减值则完全归于大企业集成通信方面的投入。可以看出，公司开拓新业务的投入造成了原有业务盈利能力下降是二六三 2016 年商誉减值的主要原因。但子公司由于开拓新业务的投入造成原有业务盈利能力下降，并不表明子公司整体盈利能力不可逆的下降。因此，二六三基于特定业务资产组的减值测试确认并计提商誉减值准备，虽然符合企业会计准则的相关规定，但从商誉的本质分析，不一定能证明该项商誉确实发生减值（即子公司价值出现持续、不可逆的下降）。

资料来源　张信远，徐焱军. 关于商誉会计处理的思考——基于二六三商誉减值的案例分析[J]. 财务与会计，2017（17）.

3.案例思考

查阅相关资料，说明该案例反映出的问题，并从内部控制角度提出解决措施。

案例二　广州浪奇存货内部控制缺陷

1.公司简介

广州浪奇成立于1959年，集团公司位于广州市，1993年于深圳证券交易所挂牌上市，注册资本6.28亿元，目前资产总额逾80亿元，员工1 055人，下设8家子公司、4家参股公司。公司属于化学原料及化学制品制造业，主要业务是进行日化产品的生产与销售，并在此基础上发展了化工原材料的生产和销售。随着化工贸易业务规模的不断扩大，2018年和2019年贸易业务收入占营业收入的比重分别为76.00%和74.23%，毛利率分别仅为1.66%和1.48%。

广州浪奇作为老牌的日化企业，在2020年9月28日发布关于部分库存货物可能涉及风险的提示性公告。当日的公告内容中，涉及丢失存货的金额就已高达5.72亿元，在当年的10月31日，更是曝出8.6亿元的存货出现账实不一致的情形。广州浪奇外部存放存货占比高达80%，并且此次存货遗失价值高达8.6亿元，占总存货的60%左右。2019年，广州浪奇全年实现净利润为6 237万元，而价值8.6亿元的存货减值，却是2019年净利润的近14倍。数据显示，存货对于盈利能力本就不强的广州浪奇影响重大。广州浪奇遭遇如此惨痛的损失，说明存货内部控制管理对于公司至关重要。

2.广州浪奇存货罗生门事件

2020年9月27日，广州浪奇主动发布公告称公司储存在辉丰公司的1.19亿元存货和存放在鸿燊公司瑞丽仓的4.53亿元存货丢失。广东知名企业近6亿元存货"不翼而飞"，这5.72亿元存货到底去哪儿了？三方当事人各执一词，真相扑朔迷离。

广州浪奇与两家仓库公司解释如下：

广州浪奇回函中称自己及子公司奇化公司同辉丰公司从2017年至今共签订了6份仓储合同，公司将货物储存于辉丰仓，库方负责货物入库验收及保管，公司定期支付仓储费，仓储期限到期后可以自动续期。广州浪奇及奇化公司同鸿燊公司从2017年至今总共签署了2份仓储合同，由库方负责货物入库验收及保管。合作期间，公司与上游供应商和下游客户共发生60单涉及辉丰仓的采购或销售业务；而涉及瑞丽仓的采购或销售业务共发生148单，涉及上游供应商11家、下游客户14

家。截至 2020 年 9 月 30 日，公司存放在辉丰仓与瑞丽仓内的存货价值分别达 1.19 亿元和 4.53 亿元。然而公司于 2020 年多次前往两仓库意图开展盘点工作，却由于未落实好辉丰公司相关人员的联系工作，鸿燊公司也以园区安全检查工作为由将盘点工作一拖再拖，导致两家公司的盘点工作无法正常进行。

鸿燊方的相关负责人表示，由于公司面临破产危机，抱着挽救公司的目的，确实与广州浪奇及其子公司奇化公司签订了保管合同，约定为其保管账面价值为 4.53 亿元的存货。但据该负责人进一步透露，此项交易过程并无实物交割。换言之，鸿燊方从未保管、运输过广州浪奇及其子公司的货物，那么便不存在货物丢失的情形。此外，鸿燊方表示曾收到两笔金额共计 64 万元的"管理费用"，目的就是帮助广州浪奇公司"完善数据"。

相比鸿燊方，辉丰公司负责人的态度更为强硬。2020 年 9 月 16 日，辉丰公司的回复函中表示并未与广州浪奇签订任何仓储合同，所以没有义务配合该公司的盘点工作。同时辉丰公司还表示，从未向广州浪奇公司出具过《2020 年 6 月辉丰盘点表》，也未加盖过辉丰公司印章。对于广州浪奇出示的《2020 年 6 月辉丰盘点表》中加盖的辉丰公司公章，辉丰方表示与其实际公章不符，因而可以判断广州浪奇有伪造公章的嫌疑。

3. 广州浪奇存货现状及其管理模式

（1）存货分类

广州浪奇的存货包括原材料、库存商品、周转材料、发出商品、自制半成品、委托加工物资。广州浪奇 2019 年年报资料显示，2019 年年末，广州浪奇半成品在存货中的占比为 0.00224%，原材料与库存商品在存货中的占比为 95.12%，这样的存货构成一方面是因为其主营的化工产品生产周期短，所以在产品比重小；另一方面是因为近年来公司将重心转向化工贸易，通过购进出售产品赚取差价来获利而减少产品生产，使得其原材料与库存商品占比很高。

（2）存货存储

对深圳证券交易所 2020 年 5 月—2020 年 10 月对广州浪奇出具的关注函以及广州浪奇的回函进行分析。根据 2020 年 10 月 30 日的回函可知，2019 年年末，广州浪奇存放在外部仓库的存货占比超过 80%，同时贸易类存货占比高达 79.55%，由此得知，至少有 63.61% 的存货是存放在外部仓库的贸易类存货。那么，为什么会有这么大比重的贸易类存货存放在外部仓库呢？对于广州浪奇来说，在外地贸易并非是持续且稳定的，若在贸易点建造自有仓库并配备相应人员，成本高、风险大，所以广州浪奇选择了在江苏、四川等贸易业务点租用外部仓库存放贸易类存货。

据 2020 年 10 月 30 日广州浪奇的回函披露得知，截至 2020 年 9 月 30 日，75.98% 的贸易类存货存放在辉丰仓、瑞丽仓、广东仓、四川仓等 9 个外部仓库中，其中瑞丽仓、辉丰仓、四川仓库 1、四川仓库 2、广东仓库 2、广东仓库 3 均出现账实不符的情况，累计金额达 866 817 704.03 元，占 2020 年广州浪奇半年报中披露存货总额的 55.16%，这说明存货丢失事件与外部仓库紧密相关。

（3）存货管理模式

广州浪奇作为一家大型上市公司，建立了专门的存货管理制度。根据存货存放仓库的性质，可以将存货划分为自有仓库存货和外部仓库存货，而此次罗生门事件中，丢失的存货均是存放在外部仓库的贸易类存货。

通过对广州浪奇《存货管理制度》的研究得知，外部仓库存货管理内容包括存货采购与销售、仓库供应商的开发、仓库供应商的风险评估、外部仓库盘点表的索取及账实核对、外部仓库存放存货的定期盘点。在2020年3月之前，商务拓展部负责以上所有的存货管理工作。此后，广州浪奇新增供应链管理部和审计内部控制部来进行外部仓库存放货的管理。其中，商务拓展部负责存货采购与销售、仓库供应商的开发，供应链管理部负责盘点表的索取、账实核对、定期盘点，审计内部控制部负责仓库供应商的风险评估。

4.广州浪奇存货管理内部控制的问题

（1）有缺陷的存货管理模式

通过对广州浪奇存货管理模式的分析发现，在2020年4月以前，广州浪奇的外部仓库货物的管理一直由商务拓展部业务人员负责，没有第三方人员参与其中，未形成有效的监督机制，存在相关人员利用职务之便进行舞弊的风险。而在2020年4月之后，公司派遣供应链管理部根据商业拓展部提供的第三方贸易仓库联系方式，向仓库方索取每月盘点确认表，对外部存货实施管理，在5月的定期存货盘点中就发现了端倪，进而在9月确定了5.72亿元存货的丢失，引起外界轰动。在没有监督的情况下，单一部门或人员在存货流动的各个环节都有操作空间。

（2）具有特殊化学属性的存货难以盘点

化学类企业常常由于化工材料独特的化学属性使得盘点人员无法进行正常的存货盘点工作。大多化学材料有严格的储存规定，密封、防火、防潮、需专门储罐，这使正常存货盘点的取样和计数变得困难，甚至对于许多存放危险化学材料的仓库，盘点人员无法进入其中进行实地盘点。如广州浪奇存储于瑞丽仓的三氯乙酰氯由于其具有腐蚀性、强刺激性等特点，因此需要密封储存，在存货盘点时因储罐无取样口而无法取样，也就无法对其进行管理控制。

（3）公司与外部仓库相距甚远

由于广州浪奇的贸易业务涉及全国各地，为了降低运输成本，广州浪奇的存货大多存放在外部仓库，在2019年年底，广州浪奇的外部仓库存放存货占总存货比重就已高达84.06%。在本次丢失存货的外部仓库中，辉丰仓距离广州浪奇公司1 689千米，瑞丽仓距离广州浪奇公司1 571千米。那么，如此远距离的存货仓储会带来什么问题呢？首先，遥远的距离会提高实地盘点成本，同时会延长每次盘点工作的时长。为了控制成本，企业往往会减少盘点人员的数量，这可能影响企业盘点工作的质量。其次，由于不是自有仓库，企业对外部存货的盘点需要烦琐的申请程序，这可能使企业降低存货实地盘点频率，削弱企业对外部存货的控制，导致存货盘点的及时性失效，对存货的真实情况无法核实。

5.广州浪奇存货内部控制优化的改进建议

（1）分离不相容职位，进行明晰的职责划分

广州浪奇存货的流转过程包括采购、入库、仓储、盘点和发出等，每个流转环节都有专门的人员负责，内部控制规范规定企业应保证不相容职位相互分离，各岗位间权责明晰，因此这些人员的职责应该相互独立。广州浪奇在2020年4月以前，外部仓库存货管理一直由一个部门即商务拓展部负责，4月之后广州浪奇才又派遣了供应链管理部进行协作，但是仍然存在一个部门同时负责多个不相容环节的情况。这就需要广州浪奇重新划分存货管理职责。广州浪奇应该把供应商的开发和存货的采购与销售这两个职责进行分离。具体来说，广州浪奇应该把目前属于商务拓展部的供应商开发职责转移给审计内部控制部或其他独立部门。

（2）根据化学存货属性选择不同的仓库

对于化学类企业来说，要正确认知化学材料的特有属性，了解其存储方式，将存货按照盘点的难易程度进行划分，把那些存储要求不高且盘点容易的存货交由了解程度不深、合作时间相对较短的仓库储存；相应地，把存储条件严格、盘点较困难的存货交由已深入了解且合作时间长的仓库储存。对于存储条件严格、盘点困难的存货加强管控，管控措施包括提高盘点工作的频率、派遣更负责任的人员进行盘点等。

（3）派遣本公司员工到外部仓库进行监督

外部仓库遥远的距离削弱了企业对外部仓库存储存货的控制，使得存货盘点的及时性失效，存货的真实情况难以核实。要加强对外部仓库存储存货的控制，企业可以派遣自有员工到外部仓库参与相应存货的管理，以及时向企业反馈存货的真实情况，其成本相较于企业员工来回实地盘查的成本更低。

完善存货内部控制的工作无法一蹴而就，对企业极具挑战性。广州浪奇出现的存货内部控制问题具有一定的普适性，其他上市公司可借鉴参考。

资料来源　蒋秋菊等．存货内部控制缺陷及改进建议——基于广州浪奇的案例研究［J］．会计之友，2021（16）．

6.案例思考

查阅相关资料，谈谈广州浪奇存货内部控制案例给你的启示。

延伸阅读

法尔莫公司存货管理"奥秘"与审计

1.案例简介

从孩提时代开始，米奇·莫纳斯就喜欢几乎所有的运动，尤其是篮球。但是因天资及身高所限，他没有机会到职业球队打球。然而，莫纳斯确实拥有一个所有顶

级球员共有的特征，那就是他有一种无法抑制的求胜欲望。

莫纳斯把他无穷的精力从球场上转移到他的董事长办公室里。他首先设法获得了位于美国俄亥俄州扬斯敦市的一家药店，在随后的10年中他又收购了另外299家药店，从而组建了全国连锁的法尔莫公司。不幸的是，这一切辉煌都是建立在资产造假——未检查出来的存货高估和虚假利润的基础上的，这些舞弊行为最终导致了莫纳斯及其公司的破产。同时也使为其提供审计服务的"五大"会计师事务所损失了数百万美元。下面是这起案件的经过：

自获得第一家药店开始，莫纳斯就梦想着把他的小店发展成一个庞大的药品帝国。其所实施的策略就是他所谓的"强力购买"，即通过提供大比例折扣来销售商品。莫纳斯首先做的就是把实际上并不盈利且未经审计的药店报表拿来，用自己的笔为其加上并不存在的存货和利润。然后凭着自己空谈的天分及一套夸大了的报表，在一年之内骗得了足够的投资用以收购了8家药店，奠定了他的小型药品帝国的基础。这个帝国后来发展到了拥有300家连锁店的规模。一时间，莫纳斯成为金融领域的风云人物，他的公司则在扬斯敦市赢得了令人崇拜的地位。

一次偶然的机会导致这个精心设计的、至少引起5亿美元损失的财务舞弊事件浮出水面，这时，莫纳斯和他的公司炮制虚假利润已达10年之久。这实在并非一件容易的事。当时法尔莫公司的财务总监认为因公司以低于成本出售商品而招致了严重的损失，但是莫纳斯认为通过"强力购买"，公司完全可以发展得足够大以使它能顺利地坚持它的销售方式。最终在莫纳斯的强大压力下，这位财务总监卷入了这起舞弊案件。在随后的数年之中，他和他的几位下属保持了两套账簿，一套用以应付注册会计师的审计，另一套反映糟糕的现实。

他们先将所有的损失归入一个所谓的"水桶账户"，然后再将该账产的金额通过虚增存货的方式重新分配到公司的数百家成员药店中。他们仿造购货发票、制造增加存货并减少销售成本的虚假记账凭证、确认购货却不同时确认负债、多计或加倍计算存货的数量。财务部门之所以可以隐瞒存货短缺是因为注册会计师只对300家药店中的4家进行存货监盘，而且他们会提前数月通知法尔莫公司他们将检查哪些药店。管理人员随之将那4家药店堆满实物存货，而把那些虚增的部分分配到其余的296家。如果不考虑其会计造假，法尔莫公司实际已濒临破产。在最近一次审计中，其现金已紧缺到供应商因其未能及时支付购货款而威胁取消对其供货的地步。

注册会计师们一直未能发现这起舞弊，他们为此付出了昂贵的代价。这项审计失败使会计师事务所在民事诉讼中损失了3亿美元。那位财务总监被判33个月的监禁，莫纳斯本人则被判入狱5年。

资料来源 林柄沧. 如何避免审计失败［M］. 北京：中国时代经济出版社，2003.

2.案例分析

（1）如何识别存货舞弊、存货价值的操纵手法。

为何注册会计师们一直未能发现法尔莫公司舞弊的迹象呢？他们可能太信任他

们的客户了，他们从报纸上阅读到关于它的文章，从电视中看到关于莫纳斯努力奋斗的报道，从而为这种欺骗性的宣传付出了代价；他们也可能是在错误的假设下执行审计，即认为他们的客户没有进行会计报表舞弊的动机，因为，它正在大把大把地赚钱。回顾整个事件，只要任何人问一下这样一个基本的问题，即"一个以低于成本出售商品的公司怎能赚钱？"注册会计师们或许就能够发现这起舞弊事件。

此案件给我们敲响了警钟，存货审计是如此的重要，也是如此的复杂，使得存货舞弊并非仅凭简单的监盘就可查出。不过，如果注册会计师能够弄清这些欺骗性操纵是如何进行的，对于发现这些舞弊将会大有帮助，这就意味着注册会计师必须掌握识别存货舞弊的技术。

不诚实的企业常常利用以下几种方法的组合来进行存货造假：虚构存货，存货盘点操纵，以及错误的存货资本化。所有这些精心设计的方案有一个共同的目的，即虚增存货的价值。

①虚构存货。正如莫纳斯所做的那样，一个极易想到的增加存货资产价值的方法就是对实际上并不存在的项目编造各种虚假资料，如没有原始凭证支持的记账凭证、夸大存货盘点表上存货数量、伪造装运和验收报告以及虚假的订购单，从而虚增存货的价值。因为很难对这些伪造的材料进行有效识别，注册会计师往往需要通过其他的途径来证实存货的存在与估价。

②存货盘点操纵。注册会计师在很大程度上依赖对客户存货的监盘来获取有关存货的审计证据。因此，对注册会计师来说，执行和记录盘点测试显得非常重要。遗憾的是，在一些存货舞弊案件中，审计客户在数小时之内就改变了注册会计师的工作底稿。因而，注册会计师必须采取足够的措施以确保审计证据的可信性。

举例来说，假定审计客户在会计期间结束前五天收到一大批货物，随之将所有与之有关的验收报告和发票以及它们的复印件抽出，并在审计进行期间将其隐藏起来。然后，在存货实物盘点时，雇员们再将这些货物清点并计入注册会计师测试的那批货物中去。

显然，在上例中实物存货将被高估，同时有相同金额的负债被低估。对于客户来说，采取这种方法的好处是存货高估的金额将会被混入整个销售成本的计算之中。遇到这种情况，注册会计师需要进行比例或趋势分析以发现可能的舞弊。另外，也可以检查会计期间结束后一段时间内的款项支出。如果注册会计师发现有未在采购日记账中记录的直接支付给供应商的款项，就应该进行进一步的调查。

③错误的存货资本化。虽然任何存货项目都可能存在不恰当资本化的情况，但产成品项目中这方面的问题尤为突出。产成品被资本化的部分通常是销售费用和管理费用。为了发现这些问题，注册会计师应当对生产过程中的有关人员进行访谈，以获取归入存货成本的费用归集与分配过程是否适当的信息。审计客户往往可列出很多看似非常充分的理由，用以支持通过对存货项目进行资本化而增加利润的处理。此类舞弊往往是财务总监在总裁的指使下实施的。因此，在对关键人物的正式访谈中，如果怀疑有人指使他们夸大有关存货的信息，注册会计师应采取一种直截

了当的方式，以责难的态度迫使其说出真相。

（2）盘点的局限性。

证实存货数量的最有效途径是对其进行整体盘点。注册会计师必须合理、周密地安排盘点程序并谨慎地予以执行。盘点的时间应尽量接近年终结账日。在盘点时应尽可能采取措施以提高盘点的有效性，比如各存放点同时盘点、停止存货流动以及盘点数额达到合理的比例等。不过，即使注册会计师谨慎地执行了该程序，也不能保证发现所有重大的舞弊。这是因为存货的盘点测试存在以下局限性：

①管理层往往派代表跟随注册会计师，一方面记录下测试的结果，另一方面也可掌握测试的地点及进程等情况。这样，审计客户就有机会将虚构的存货加计到未被测试的项目中，从而错误地增加存货的总体价值。

②在执行盘点测试程序时，注册会计师一般会事先通知客户测试的时间和地点以便其做好盘点前的准备工作。但是，对于那些有多处存货存放地点的公司，这种事先通知使公司管理层有机会将存货短缺隐藏在那些注册会计师没有检查的存放点。

③有时注册会计师并不执行额外的审计程序以进一步检查已经封好的包装箱。这时，为虚报存货数量，管理层会在仓库里堆满空箱子。

（3）通过分析程序识别可能的存货舞弊。

靠监盘并不能发现所有重大舞弊行为，注册会计师必须执行分析程序。

一个不诚实的客户可通过多种途径去操纵存货信息。注册会计师必须从多种思维角度去看待那些数据，以最大可能地发现有关的舞弊行为。不仅要推测舞弊是如何进行的，而且要推测客户为什么要舞弊以及客户为什么要将这种违规做法作为首要的选择。也就是说，注册会计师要对管理层进行重大存货舞弊的动机和机会进行评估以发现资产造假行为。

①管理层舞弊的动机。客户进行舞弊的动机可谓多种多样，对其进行分析并在执行审计过程中予以考虑将有助于发现可能的舞弊行为。导致管理层产生舞弊冲动的几种常见原因有：公司正面临财务困难；管理层面临完成财务计划的压力；存货为资产负债表中的一个重大项目；存在合同所限定的供货方面的压力；公司企图得到用存货担保的融资。

管理层面临来自资本市场的压力，如股价下跌、公司面临退市或被收购的风险等。

②管理层舞弊的机会。并非所有的公司都可以通过存货造假虚增利润瞒过注册会计师的盘点程序。事实上，对于有些公司，如那些规模很小、业务较简单的公司，要想瞒过注册会计师而在存货上做手脚是非常困难的。但存在以下情况时管理层进行存货舞弊的可能性会增加：

公司是一个制造企业，或者说其拥有一个确定存货价值的复杂系统；公司涉及高新技术或其他迅速变动的行业；公司拥有众多的存货存放地点。

③管理层舞弊的迹象。虚构资产会使公司的账户失去平衡。与以前的期间相

比，销售成本会显得过低，而存货和利润将显得过高。当然，还可能会有其他的迹象。在评估存货高估风险的时候，注册会计师应回答以下问题，回答"是"越多，存货舞弊的风险就越高：

存货的增长是否快于销售收入的增长？存货占总资产的百分比是否逐期增加？存货周转率是否逐期下降？运输成本所占存货成本的比重是否下降？存货的增长是否快于总资产的增长？销售成本所占销售收入的百分比是否逐期下降？销售成本的账簿记录是否与税收报告相抵触？是否存在用以增加存货余额的重大调整分录？在一个会计期间结束后，是否发现过记入存货账户的重要转回分录？

（4）对注册会计师行业的启示和教训。

存货项目由于其自身的复杂性早已成为舞弊者趋之若鹜的理想对象，同时也引起了注册会计师的特别关注。自从1938年美国著名的麦克森·罗宾斯药材公司审计案发生后，美国注册会计师协会就将存货盘点列为公司审计必须进行的重要程序之一。然而，由于审计局限性的存在，注册会计师的疏忽以及客户管理层舞弊技术的提高，依然有不少会计师事务所在存货审计中吃尽苦头。法尔莫公司案就是一个很好的证明。所谓"魔高一尺，道高一丈"，注册会计师只要不断地吸取昔日教训，努力完善审计技术，切实提高查处舞弊的能力，就必定能将存货审计失败的风险降至最低。那么，从法尔莫案件中我们能得到怎样的启示和教训呢？

①对舞弊的动机和机会应予以充分关注。由于舞弊存在被发现的风险以及道德方面的压力，也就是说舞弊亦有成本，所以在正常情况下，理性的人宁愿尊重客观事实。不过，一旦面临某种压力和诱惑，客户舞弊的冲动会变得强烈。法尔莫公司正是由于亏损的压力以及莫纳斯急欲筹资扩张的欲望才铤而走险，走上了造假的不归之路。可见，注册会计师对舞弊的动机进行分析有助于降低审计风险。

②应重视分析性程序的应用。鉴于盘点程序具有局限性，注册会计师无法指望通过盘点解决所有的问题。若想发现舞弊的蛛丝马迹，分析性程序不啻为一种十分有效的审计方法。这一程序从整体的角度对客户提供的各种具有内在勾稽关系的数据进行对比分析，有助于发现重大误差。由于存货造假会使有些项目出现异常，因而对存货与销售收入、总资产、运输成本等项目进行比例和趋势分析，并对那些异常的项目进行追查，就很可能揭示出重大的舞弊。

另外，还可以将财务报表与报表附注、财务状况说明书、税务报告以及其他类似的文件相互核对以尽可能降低审计风险。

③应恰当应用重要性原则。重要性原则是审计工作中一个重要原则，对于资产负债表中占有重要比例的项目，注册会计师必须特别予以关注，尤其对那些内部控制制度较为薄弱而在资产负债表中又占有相当比重的项目，就不能采用常规审计程序，而应实施特别的详查方法。对于法尔莫公司这样一个商业企业，存货应是极其重要的项目。注册会计师本应针对存货设计特别的抽查或详查程序，而事实上却只采取了例行的提前数月通知、少量抽样的常规盘点程序，正是这种简单的处理使得莫纳斯等人有了可乘之机。

④对注册会计师进行专职培训，以提高其查找资产舞弊的能力。通过上述案例分析，我们应该看到审计客户的舞弊水平在不断提高，其手段从简单的违纪违规转向了有预谋、有组织的技术造假；从单纯的账簿造假转向了从传票到报表的全面会计资料造假。同时，舞弊人员的反查处意识增强，对审计人员的常用审计方法有所了解和掌握。因而，仅靠以前简单的方法已不能满足当前的需要。为能够胜任专业工作，注册会计师必须不断提高自身查处舞弊的能力。所以，为维护注册会计师行业的健康发展，使会计师事务所降低被诉讼的风险，职业团体应对注册会计师进行专职培训，以提高查找资产舞弊的能力。

3.案例思考

谈谈通过本案例的阅读及分析给你的启示。

本章小结

资产管理贯穿于企业生产经营全过程，也就是通常所说的"实物流"管控。企业应着重对存货、固定资产和无形资产等资产提出全面风险管控要求，旨在促进企业在保障资产安全的前提下提高资产效能。

存货业务内容包括存货采购、存货验收、存货保管、存货出入库、库存盘点、存货处置等。存货管理的内部控制环节包括：岗位分工与授权批准，请购与采购控制，验收与保管控制，领用与发出控制。

固定资产业务包括固定资产的投资计划、资本预算、资产验收、资产计价、计提折旧、报废清理等环节。固定资产管理的内部控制环节包括：职责分工与授权批准，取得与验收控制，使用与维护控制，处置与转移控制。

无形资产管理的内部控制环节包括：职责分工与授权批准控制，取得与验收控制，使用与保全控制，处置与转移控制。

第九章

销售业务内部控制

学习目标

通过本章学习，了解销售业务内容，熟知销售业务风险，掌握销售业务的内部控制环节，能恰当运用内部控制理论对销售业务内部控制案例进行分析。

第一节　销售业务概述

销售是指企业对外销售商品、产品，或提供工业性劳务而收到货币资金的经营业务。销售业务是企业经营活动中非常重要的业务环节，是企业的主要经济业务之一，是企业获得利润的前提和必要条件。销售业务的整个过程比较复杂，是一个存在较大风险的系统工程，销售政策和策略不当、市场预测不准确、销售渠道管理不当等，可能导致销售不畅、库存积压、经营难以为继。客户信用管理不到位，结算方式选择不当，可能导致舞弊行为，导致企业利益受损。因此，必须加强销售业务环节的内部控制。

一个企业的销售通常由提供商品或劳务及收款等业务构成。企业的性质不同，销售的具体环节也有差异。此外，按照收款方式来分，销售主要分为现销和赊销两种。销售业务所涉及的主要业务环节包括：制订销售计划、处理订单、批准赊销、发货、开具销售发票、会计记录、收款、坏账处理和销售调整等业务环节。

1.制订销售计划

企业计划部门根据本企业的生产能力和对市场需求的调查，确定销售计划。

2.处理订单

销售管理部门的订单处理通常分为两步：第一步，接受客户订单。在收到客户订单时，首先将客户名称与企业管理层事先核准的客户名单进行核对。如果客户名称在这份名单上，就可以接受订单，否则就要由销售主管来决定是否接受客户订单。第二步，编制销售通知单。在接受订单以后，销售部门应进行登记，在核对订单的内容和数量，确定企业能够如期供货之后，编制销售通知单，作为信用、仓库、运输、开票和收款等有关部门履行职责的依据。

3.批准赊销

批准赊销是由信用管理部门根据管理层的赊销政策以及每个顾客的已授权信用额度进行的。信用管理部门的职员在收到销售管理部门的销售单后，即将销售单与该顾客已被授权的赊销信用额度以及至今尚欠的账款余额加以比较。执行人工赊销信用检查时，还应合理地划分工作职责，以切实避免销售人员为扩大销售而使企业承受不适当的信用风险。

对于新客户，应进行必要的信用调查，确定一个信用额度，并经企业主管人员核准。客户在这一限额范围内的购货，信用部门有权批准；超过这一限额，则应由更高级别的主管人员来决策。对于已经取得授权信用额度的老客户，则应由信用部门在销售通知单上签字，以示认可。

4.发货

信用部门已批准的销售通知单的一联应送达仓库，作为仓库按销售通知单供货和发货给装运部门的授权依据。

仓库根据信用部门核准的销售通知单发货，并编制发货凭证，如出库单、提货单等，发货凭证也是登记存货账簿、开具发票的依据。装运部门的职员在装运货物之前，还必须独立验证，以确定从仓库提取的商品都附有经过批准的销售单，并且所装运的商品与销售单一致。

装运凭证是指一式多联、连续编号的提货单。按序归档的装运凭证通常由装运部门保管。装运凭证提供了商品确实已装运的证据。

5.开具销售发票

在销售订单、销售通知单、出库单（或提货单）等核对相符的前提下，会计部门将事先编号的销售发票提供给客户。

6.会计记录

开具发票之后，会计人员应编制相应的记账凭证，并负责登记相应的应收账款明细账和总账、主营业务收入总账和明细账、库存商品总账和明细账等。

7.收款

这一业务环节涉及的是有关货款收回，现金、银行存款的记录以及应收账款减少的活动。在办理和记录现金、银行存款时，最应关注的时点是货币资金收入登记入账之前或入账之后，处理货币资金收入最重要的是要保证全部货币资金都必须如数、及时地存入银行。

8.坏账处理

对确实无法收回的应收账款，经批准后方可作为坏账进行处理。对已经冲销的应收账款，应在备查登记簿上登记，以便冲销的应收账款在以后又收回时进行会计处理。年末，根据应收账款的余额、账龄或本期的销货收入来分析确定本期应计提的坏账准备金数额。

9.销售调整

顾客如果对商品不满意，销售企业一般都会接受退货，或给予其一定的销售折让；顾客如果提前支付货款，销货企业可能会给予其一定的销货折扣。发生此类事件时，必须经授权批准，并确保与处理此类事件有关的部门和职员各司其职，分别控制实物流动和会计处理。

▊▎相关链接

航空销售业务全流程的智能决策

20世纪90年代中后期互联网的兴起并飞速发展，使民航业在信息化方面的优势逐渐消失。在新的环境中，赋能航空公司销售业务全流程的智能决策能力是行业进一步发展的需要。

首先，航空公司产品零售化的经营模式，带来了多样性的服务供给和旅客选择，航空公司需要智能的决策手段来应对。

其次，信息化的发展以及大数据、AI技术的出现，计算机系统处理能力显著提升，使得智能决策能力在航空公司营销全流程中的应用成为可能。随着信息化的发展以及新分销能力的推广，更多的数据信息可以被采集与应用。而由于大数据和

AI技术的出现，人们更是突破了传统预测与优化能力的限制，航空公司能够从以旅客为中心的角度去解决复杂问题，相应的智能决策水平也更加精准。

最后，全流程的智能决策能够有效地实现航空公司供给侧和旅客需求侧的平衡，提升旅客服务水平，提升航空公司品牌价值。

资料来源　王忠韬，安研．航空销售业务亟须具备全流程智能决策能力［N］．中国民航报，2019-12-12（7）．

第二节　销售业务的风险

销售业务要保证销售业务及其税金的处理符合国家有关法律法规以及公司的规定；严密规范销售与发货控制流程，确保商品销售与收款业务按规定程序和适当授权进行，实现预期经营目标；保证商品的安全完整；交付已销售的产品应该数量准确，与订单和合同要求一致，同时注意产品在运输过程中的安全，保证质量不变，数量完整；未经授权就发送货物会造成企业资产流失，使销售处于难以监控的状态；确保销售与收款业务及其相关会计账目的核算真实、完整、规范，防止差错和舞弊，保证财务报表合理揭示产品销售业务。

为了实现销售业务目标，企业应重点关注下列销售业务风险：

（1）销售行为违反国家法律法规，可能受到行政处罚或法律制裁而造成经济损失和信誉损失。

（2）销售合同协议签订未经正确授权，可能导致资产损失、舞弊或法律诉讼；销售管理不科学、不合理，致使销售不畅，库存积压，可能导致企业经营困难。

║║║相关链接

燕京啤酒的崛起

北京的燕京啤酒现在已经是一个知名品牌，但在创业初期，它只是北京顺义县的一个乡镇企业。如何站稳脚跟、开拓市场，燕京啤酒走了一条别的企业从未走过的道路。建厂的时候，北京的啤酒大王是白牌的北京啤酒和历史悠久的五星啤酒，而这两家的产品是通过国家的主渠道来经销的，在市场上供不应求。燕京啤酒积极发掘并培养自己的分销渠道，从个体户开始做分销，这在当时是一件很被啤酒行业所不齿并有风险的举措，然而正是这些个体的批发大户为燕京啤酒打下了大好江山。其迅速占领了北京市场，也正是有了这个牢固的基础，经过发展，燕京啤酒一跃成为中国的名牌啤酒。

分销渠道的选择是制约产品行销过程的一个大问题，如何减少中间环节并有效地将产品以最快、最优、最简洁的方式推到市场上一直是企业关注的问题，燕京啤酒勇于实践和创新，开拓新的通路，积极寻找，着力培养，为自己也为行业树立了一个典型，发展到今天，其已成为民族产业中重要力量。

资料来源　沈志勇．燕京啤酒渠道模式解析［EB/OL］．［2012-07-06］．http://blog.sina.com.cn/s/blog_4c802243010112zn.html.

（3）信用政策管理不规范、不科学，会影响销售款项及时足额收回，可能导致企业资产损失。

▌▌相关链接

信用政策管理的关键

雅芳原来是一家采用直销方式的化妆品销售公司，1998年4月，国家禁止传销和直销，因此雅芳转型为批发零售。被动转型后的雅芳销售额一落千丈，市场迅速萎缩。面对现状，为公司制定一个适当的信用政策对雅芳来讲尤为重要。雅芳的信用政策管理关键在于：

（1）制定与公司目标一致的信用政策与程序，包括适当的客户信用等级评估方法，专业的应收账款收款程序和合理的应收账款考核制度。

（2）建立一套完善的信用管理电脑支持系统。

（3）进行严格的应收账款日常跟踪管理，定期召开账款会议。

（4）有足够的专业机构培训与客户信用调查信息。千万不要因为节约一点点成本而拒绝专业公司的培训和信用风险调查，忽视公司未来的风险。

从雅芳信用政策管理的实施效果看，公司销售连年保持20%以上的高速增长。因此，信用政策管理作为企业的一种管理手段，贯穿于整个业务始终。信用政策管理的作用和目标十分明确，即增加有效销售，扩大市场份额，提高企业盈利水平。

资料来源 严蕾. 企业信用管理案例分析［EB/OL］.［2014-05-13］. http：//www.doc88.com/p-6922037775885.html.

（4）销售未经适当审批或超越授权审批，如出现操纵价格等现象，可能导致重大差错、舞弊、欺诈行为，导致企业利益受损。

▌▌相关链接

伪造网上银行回单，篡改银行流水，IPO被取消

江西绿巨人生态环境股份有限公司系由成立于2005年4月的绿巨人有限公司整体变更设立的股份有限公司。公司注册地为江西省吉安市，注册资本14 984.50万元，法定代表人为曾庆斌。

公司主要从事生态修复和园林绿化工程的设计、施工、养护以及园林苗木的生产销售业务。历经十余年的发展，依托完整的产业链和齐备的业务资质体系，公司从江西起步，逐步辐射华东、华南地区，进而开拓了华北、西北、西南等地区业务，目前已经形成了覆盖全国23个省份的跨区域经营格局。

报告期2016年、2017年、2018年内，公司营业收入分别为5.13亿元、9.48亿元和11.38亿元，归属于母公司所有者的净利润分别为3 448.65万元、9 755.04万元和14 828.06万元，显示出公司良好的业务发展态势和较强的盈利能力。

2020年4月29日中国证监会公告，决定3年内不受理绿巨人IPO申请："经查，我会发现你公司在申请首次公开发行股票并上市过程中，存在如下问题：2016—2018年大量更改银行流水对手方名称、摘要、明细账记录；未完整披露关

联方及其贷款走账、资金拆借等资金往来情况；会计基础及内部控制存在缺陷，如材料采购验收单、领料单缺失，劳务采购未能提供劳务费用明细，未登记银行存款日记账和现金日记账等。

上述行为违反《首次公开发行股票并上市管理办法》第四条、第十七条、第二十二条、第二十三条、第二十四条和第二十五条的规定，构成《首次公开发行股票并上市管理办法》第五十二条规定所述行为。按照《首次公开发行股票并上市管理办法》第五十二条的规定，我会决定对你公司采取36个月内不受理股票发行申请的监管措施。"

资料来源　中国证券监督管理委员会. 关于对江西绿巨人生态环境股份有限公司采取36个月内不受理股票发行申请的监管措施的决定书［EB/OL］.［2020-04-29］.http：//www.csrc.gov.cn/pub/newsite/.

（5）销售业务会计核算的真实性。营业收入通常存在高估的风险，客户可能会通过虚构销售业务来粉饰其经营成果，以达到上市、融资或增加贷款等目的。如虚构销售业务通常会虚增应收账款，并进而虚增资产总额。

（6）应收账款和应收票据管理不善，账龄分析不准确，坏账准备计提金额不合理，可能由于未能收回或未能及时收回欠款而导致收入流失，或因过度计提坏账准备，以粉饰其经营成果，同样会造成资产损失。

第三节　销售业务内部控制环节

1.不相容职务分离控制

在销售与收款各业务环节上必须分工明确，相互牵制。销售与收款业务环节需要加以分离的不相容职务主要有：

（1）接受客户订单与负责最后核准付款条件人员的职务相分离。付款条件必须同时得到销售部门和专门追踪、分析客户信用情况的信贷部门的批准。

（2）发货通知单编制与执行存货提取、产品包装和托运工作人员的职务相分离。

（3）发票填制与发票复核人员的职务相分离。

（4）办理退货实物验收与退货账务记录人员的职务相分离。

（5）应收账款记账与应收账款核实人员的职务相分离等。

2.客户订货单控制

销货部门收到客户的购货订单后，首先应送交企业的信用部门办理批准手续。对于先前与企业有成交记录的客户，信用部门主要对本次购货订单的数量进行检查。如果购货订单所需要的数量突破历史纪录，则信用部门应要求客户提供近期的会计报表，根据客户近期的财务状况决定是否接受订单；对于新客户提出的购货订单，信用部门必须要求其同时提供能够证明其资信情况的资料和会计报表。通过分析其资信情况和会计报表决定是否接受其购货订单，以及允许的信用限额。

信用部门的批准必须有经过信用部门负责人或其他被授权人签字同意的书面证

明才有效。接受现销的购货订单仍需要得到销售部门负责人的签字同意。对收到的每一份购货订单必须登记在购货订单登记簿上。在业务成交后，对销售执行情况和客户支付情况也应在购货订单登记簿上作出记录。

3.折扣和折让控制

企业应制定较为详细的折扣政策和规定，对于商业折扣应详细列明客户可以享受折扣的条件、不同数量和品种的购货订单可以享受折扣的比例等。对于现金折扣应详细列明适用的范围和不同支付时间可以享受的折扣比例等。任何折扣政策必须得到最高管理部门的批准，销售部门在销售业务中应严格执行折扣政策。

对于偶尔发生的折让要根据客户的抱怨程度和对其提出的异议进行分析确定。对于客户提出的折让要求，企业也可以对其提出的理由加以记录，并派人核实，然后由一个被授权人来复核客户提出的理由和企业调查的结果，以便决定在特定情况下给予客户特定的折让金额。

任何折扣和折让的批准文件应记录在事先连续编号的折扣、折让事项备忘录上，并由专人进行定期检查。

4.发货控制

发货控制即将每个客户的购货订单登记在企业内部统一格式的发货通知单上，使用发货通知单控制整个销售业务的执行程序。在编制发货通知单前，销售部门应事先向发货部门询问所订购的货物是否有库存。若无库存应填写暂无供应单并通知顾客。若有库存应及时编制发货通知单。

发货通知单必须事先进行连续的编号，在执行后应归档管理，并由专人对其进行定期检查。此外，在正式执行发货通知单之前，企业应根据需要将发货通知单同客户进行证实，避免执行发货通知单后，由于客户改变或取消订单而发生损失。

5.销售控制

销售控制的方法与程序为：仓库部门在取得发货通知单后，按照发货通知单要求发货。同时，填制相应的发货及有关货物的包装记录。运输部门根据仓库部门转来的发货通知单及销售部门填制的装运单，按照要求运出货物，并做好相应的记录，以便日后检查。

6.销售发票控制

销售发票是销售业务的正式记录。在发票和向客户开出账单方面缺乏有效的控制，会导致企业财务状况反映不实和舞弊行为的发生。对填制发票的控制，是通过对开票的授权来进行的，且这一授权应以适当的附件为依据，这些附件包括客户的购货订单、发货通知单等。销售发票控制的内容主要有：

（1）对开票依据的发货通知单等连续编号，保证所有发出货物均已开出发票。

（2）对照发票中的客户名称与主要客户一览表或客户购货订单，检查发票所列货物数量是否与发货单载明的实发数量记录和完成的劳务数量记录相符合。

（3）检查发票价格是否以信贷和销售部门批准的金额和价格目录为依据。

（4）核对所有发票定期加出的合计金额与应收账款或销货合计数等。

7.收款业务与应收账款的控制

收款环节的主要控制目标是完整地记录各种现金收入，并保证这些收入的安全和完整。

在销售大量采用赊销形式下，应收账款在企业的资产中占有相当大的比重。应收账款是否可收回对公司的真实财务状况影响很大；同时应收账款记录也是信用部门确定信贷政策的一个重要因素。因此，对应收账款的控制是整个销售环节中的一个控制重点。应收账款控制的内容主要有：

（1）应收账款的记录必须以经销售部门核准的销售发票和发运账单等为依据。

（2）根据应收账款明细账定期编制应收账款余额核对表，并寄给客户请其认可。

（3）由不同职员根据汇总的记账凭证和各种原始凭证、记账凭证分别登记应收账款总账和明细账；并由其他职员定期检查核对总账和明细账户的余额。

（4）由信用部门定期编制应收账款的账龄分析表，并指定专人对应收账款账龄较长的客户进行催收和索取货款。

（5）应收账款的各种贷项调整（包括坏账冲销、折扣或折让等）必须经财务经理授权批准。

8.退货理赔控制

销售环节的退货理赔业务对企业信誉影响较大，对理赔审核的控制非常重要。退货理赔控制的内容主要有：

（1）清点货物。由收货部门对客户退回的货物进行验收，清点、检验并注明退回货物的数量和质量。

（2）填制退货接收报告。详细列明客户名称、退货名称、数量、日期、退货性质、原始发票号、价格以及一般情况的说明和退货理由等。

（3）调查原因。收货部门收到并清点检验退回的货物后，应由顾客服务部门对客户的退货要求进行调查，并将调查结果和意见记录在退货接收报告上，交由信用、会计和销售部门核准。

（4）核准退货。由销售部门决定退货理赔。同时，将批准书附在退货接收报告上。

（5）调整记录。由销售部门人员填制和邮寄贷项通知单，并附在有关分录凭证上，作为记入应收账款明细分类账的附件。对批准的退货应及时入账，以便及时调整营业收入和应收账款的余额。

9.销售预算控制

企业可以通过编制销售预算及将销售预算同实际销售情况进行比较，从而全面控制销售收入环节的各种业务。销售预算一般由销售部门编制。销售预算中的各项数据应有详细理由说明，并接受企业主管的严格分析论证，以便使预算成为对日后控制销售业务真正有用的工具。

销售预算编制后，销售部门经理应定期将实际的销售收入（包括金额和数量）

同预算进行比较。财务部门经理应定期将实际毛利同预算进行比较，将实际发生的冲销项目、贷项通知单等同历史资料相比较，各种比较结果应作详细的分析说明后上报企业主管。对实际销售同预算之间的重大差异，企业主管应指定专门人员进行调查。企业主管还应定期召开由销售部门、信用部门、会计部门经理参加的会议，讨论公司的销售趋势，以便及时修正销售预算和不断激励开拓新的销售市场；讨论各种重大的拖欠账款，以便及时采取相应的措施。

第四节　案例与思考

案例一　怎样鉴别违章发票

1.案例简介

当前，利用发票进行偷税、骗税、贪污受贿、走私贩私等经济犯罪活动已经严重扰乱了社会经济秩序，并引起了社会各界的广泛关注。税务稽查人员及财会人员应提高鉴别伪造发票、违章发票的能力。下面介绍几种鉴别发票的方法：

（1）利用科学仪器鉴别。真增值税专用发票使用的是国家税务总局统一规定带有水印图案的防伪专用纸，发票联和抵扣联均印有"全国统一发票监制章"，经紫外线发票鉴别仪照射，清晰可见。

（2）从填票内容的逻辑关系上鉴别。如果发票的数量、单价、金额对应关系前后不一致，或有人为涂改以遮马脚的痕迹，则发票可能存在违章问题。

（3）从填票笔迹上鉴别。发票台照、日期、品名、数量、单价、大小写金额的字迹、笔体、压痕是否一致。如果发票各联填写的字迹有不正常的移位现象，或出现了几种笔迹，以及文字涂改，或笔迹重写，或有添加的不合理字样，可能是违章发票。

（4）从发票各联是否复写上鉴别。如果发现发票联的背面没有复写的痕迹，或其他联次的背面应有复写痕迹而没有，或只有局部复写的痕迹，这些发票可能违章。

（5）从发票使用范围上鉴别。用票人填写发票时，只能根据办理税务登记时所列的经营范围填写。如果发票所填内容超越经营范围，其中必定有鬼。

（6）从发票使用区域上鉴别。发票仅限于领购单位和个人在本省、自治区、直辖市内开具。任何单位和个人未经批准，不得跨规定的区域携带、邮寄、运输空白发票。如果在甲地填开只限于乙地使用的发票，即是违章使用发票。

（7）从发票签章上鉴别。有些填开的发票，没有如实签章，或模糊不清，或发票签章的名称与牌号不符，则肯定是违章发票。

（8）从发票填写时间上鉴别。如果在一本发票中，填票时间前后颠倒、混乱，或填票时间与经营活动时间出入较大，其中必有疑点。

（9）从发票的有效性上鉴别。不同时期有不同的发票版式，发票版式经常更换，如果发现逾时使用旧版发票报销，其中肯定有问题。

资料来源 朱荣恩. 企业内部控制规范与案例［M］. 北京：中国时代经济出版社，2009.

2.案例分析

发票控制应融合在销售开具发票时的控制和票据的静态控制之中。

销售开具发票时的控制内容有：

（1）开具发票时要以有关的单据为依据，如客户的购货订单、发货通知单等；发票开具对象的名称应同主要客户一览表或客户购货订单相对照，这样可以防止不开发票、虚开发票等舞弊行为。

（2）发票上的数量必须以发货通知单上载明的实际发运的货物数量记录或完成的劳务数量记录为依据，并应受到其他有关人员的检查。

（3）发票上的价格必须以信贷部门和销售部门批准的金额或价格目录表为依据，并应受到独立于销售职能的其他人员的检查。

（4）发票上算出的金额及其他内容应受到其他独立于发票编制人的复核。

（5）从发票总额加以控制，即所有发票应加出合计金额，以便同应收账款或销货合计数相核对，对发票整体的复核也可以尽早发现假发票。

票据的静态控制包括发票来源、发票保管、发票开具后存根的保管等。发票应向主管税务机关统一领购，领购后应当设立发票登记簿并定期向税务机关报告发票使用情况，已经开具的发票存根联和登记簿应该保存5年，保存期满方可报经税务机关查验后销毁。事实上，经过企业发票专人领购、专人保管、定期复核等方法，"黑市交易"、"以假乱真"和"金蝉脱壳"等舞弊行为均可得到有效控制。

当然加强对财务人员素质培养和领导对发票管理的重视同样必要，从思想上把关是对所有违规行为的源头控制。内部控制的实施主体是人，从思想上重视，是内部控制环境的重要组成部分，也是内部控制程序得以实施的重要保证。

3.案例思考

谈谈你对鉴别违章发票的想法。

案例二 瑞幸咖啡财务舞弊案

2020年4月2日，瑞幸咖啡（以下简称"瑞幸"）发布公告，宣布董事会已成立特别委员会，负责调查截至2019年12月31日的年度财务报表审计期间需要提请董事会注意的相关事项。特别委员会调查发现，瑞幸首席运营官兼董事刘建及相关员工从2019年二季度至四季度总计虚构高达约22亿元的销售额，财报的成本和费用科目金额也因虚假交易而大幅增加。公告当日，瑞幸股价大幅下跌，总共经历5次熔断，跌幅超过75%。财务舞弊是资本市场的恶性事件，会严重损害利益相关者的利益。

1.案例简介

瑞幸创始人兼首席执行官钱治亚曾先后任职于北京神州汽车租赁有限公司、神州优车股份有限公司，担任首席运营官职务，任职时间长达10年之久。2017年11

月，他从神州优车股份有限公司离职创业，成立瑞幸咖啡，进军咖啡行业。瑞幸属于英属维尔京群岛注册公司，由瑞幸咖啡（香港）有限公司全资控制瑞幸咖啡（北京）有限公司、瑞幸咖啡（中国）有限公司，进而控制其中国境内各运营实体。瑞幸从第一家门店开业，仅历经 18 个月，2019 年 5 月 17 日，成功在美国上市，发行股本总数 2.52 亿股，上市当日总市值约为 50 亿美元。

瑞幸采用移动互联网和大数据技术的新零售模式，开辟了线上预定线下自提或外送的销售方式，满足商圈白领和高校学生等年轻群体对快节奏生活的需求。除了商业模式贴合快节奏的消费环境，瑞幸从成立之初便以令人咋舌的速度不停扩大自身规模。2018 年年初，瑞幸开始在北京、上海等 13 个城市进行试营业，期间累计完成订单约 300 万单，销售咖啡约 500 万杯，服务人数超过 130 万。随后短短 5 个月的时间，瑞幸便在中国各大城市开设了超过 500 家直营门店。截至 2019 年 12 月 31 日，瑞幸共计拥有 4 507 家直营门店。2020 年 1 月 17 日，瑞幸的市值迎来巅峰，按当日收盘价 50 美元计算，总市值高达约 126 亿美元。

2020 年 1 月 31 日，著名做空机构浑水公司公布匿名做空报告，指出瑞幸自2019 年三季度开始捏造财务及运营数据，瑞幸当日股价应声下跌 10.74%。2020 年4 月 2 日，瑞幸发布公告承认高管的财务舞弊行为，股价随即崩盘，当日股价跌幅为 75.57%，随后几日瑞幸股价连续大跌，截至 4 月 7 日停牌，瑞幸股价仅为 4.39 美元，总市值仅存约 11.05 亿美元。

2.瑞幸的主要舞弊手法

（1）虚增销售收入。根据浑水公司的调查报告和瑞幸公布的 2019 年三、四季度财报，发现瑞幸主要通过 3 种手段虚构销售收入。第一，财报数据夸大了单个门店每日销售商品的数量，2019 年三季度门店销量虚增 69%，四季度每家门店每天的销量至少夸大 88%，具体方法是人为提升 App 中在线订单的数量，由于瑞幸的所有订单都采用线上预定线下自提或外送的销售方式，每笔订单都会生成一个 3 位数的取餐码，这些取餐码每日在每个门店按顺序出现，而在实际销售过程中，瑞幸通过人为控制取餐码生成顺序的方法，使得取餐码随机跳跃出现，从而达到夸大销量的目的。第二，财报数据夸大了单件商品的净售价，瑞幸 2019 年三季度财报显示单件商品的净售价为 11.2 元，而浑水公司的实地调查结果表明瑞幸单件商品的净售价不到 10 元，虚增幅度高达 12%。这意味着瑞幸商品的实际售价仅为上市价格的46%，而不是管理层声称的 55%。此外，瑞幸还夸大非咖啡产品的收入近 400%。第三，瑞幸虚增了每笔订单的商品数，每笔订单实际商品数量从 2019 年二季度的1.38 件降至 2019 年四季度的 1.14 件。

（2）虚增成本费用。根据浑水公司的调查报告和瑞幸公布的招股说明书及2019 年公布的二、三季度财报发现，瑞幸夸大了 2019 年三季度的广告费用逾150%，尤其是在分众传媒上的广告支出。瑞幸 2019 年三季度财报显示的广告费用为 3.82 亿元人民币，瑞幸 2019 年三季度其主要广告商分众传媒的支出费用为 4 600万元，仅此一项费用就虚增金额数量 3 亿元以上，虚增的广告费用与瑞幸门店虚高的收入非常接近，前者约为3.36亿元，而后者约为3.97亿元，因此瑞幸高管可能存在将广告费用虚增，然后把虚增的广告费用重新收回填入门店收入的行为。

（3）隐含的关联方交易。瑞幸董事长陆某曾在2019年3月通过收购宝沃汽车将旗下上市公司神州优车1.37亿元的资产输送给其同学王某。2019年8月23日，王某成立征者国际贸易有限公司（以下简称"征者"）并持有95%的股份，该公司主营业务为咖啡机销售及食物原材料供应，这与瑞幸的产品链高度吻合。从地理位置上看，征者的注册地址紧邻瑞幸厦门总部。此外，王某于2019年12月3日短暂地担任中成世纪供应链管理有限公司（以下简称"中成"）的法定代表人，该公司主营业务也是食物原材料供应，而注册地址恰好位于瑞幸厦门总部，而瑞幸的财报中并未详细披露和解释与这些关联方的关系和可能存在的利益输送问题，可能导致投资者利益受损。

3.瑞幸财务舞弊的原因

（1）不断扩张导致的财务困境。在瑞幸快速扩张的过程中，资金问题一直是其关注的重点。瑞幸从成立起就不断在全国各大城市开辟新的直营店铺，并通过邀请各路明星代言、对外发表致星巴克的公开信等营销方式，增加品牌知名度，并长期通过优惠券等形式在商品价格方面补贴用户，这一切都需要大量资金支持。为了满足扩张资金需求，瑞幸在融资方面也始终加紧脚步。2018年7月11日，瑞幸完成A轮融资，金额为2亿美元。同年12月12日，瑞幸完成B轮融资，金额为2亿美元。2019年4月18日，瑞幸通过"B＋"轮融资，再次获得1.5亿美元注资。同年5月17日，瑞幸于美国纳斯达克上市，成功募集资金5.61亿美元。然而，多轮融资并没有帮助瑞幸摆脱财务困境，商业模式的先天缺陷使得瑞幸很难真正实现盈利，瑞幸的收入无法有效覆盖居高不下的成本，这使得其门店长期处于亏损状态，无法对财务业绩实现有力支撑，也成了瑞幸高管财务舞弊行为最直接的原因。

（2）对上市公司的监管滞后。瑞幸是英属维尔京群岛注册公司，并在美国成功发行上市。从外部监管层面看，瑞幸主要受三个层面的监督：一是政府层面的监管。最重要的监管机构是美国证监会，但政府监管存在灵活性不强的弊端，对上市公司的舞弊行为反应不够迅速，作用主要是督促上市公司正确披露信息。二是行业层面的监管。美国的证券市场中存在的许多证券自律组织，从上市公司、证券经纪公司和投资人等不同角度实施监督，从而保障整个证券市场的交易环境。三是社会层面的监管。它包括分析师预测、各类做空机构的调查报告，以及群体诉讼制度等。由于瑞幸在纳斯达克成功上市利用了注册制的便利，只要上市前公司相关指标符合要求，政府监管就很难快速发现它的舞弊行为，因此为瑞幸高管实行财务舞弊行为提供了机会。

（3）砸钱扩张发展模式。从瑞幸整个发展过程看，背后始终有着"神州系"陆某的影子。根据瑞幸的招股书说明书，瑞幸发展所需的资金大量来自于陆某旗下的公司和与之关系密切的资本。从股权结构来看，上市后瑞幸前四大股东分别为陆某（持股30.39%）、创始人钱治亚（持股19.59%）、大钲资本（持股为11.84%）、愉悦资本（持股6.72%）。可以说，瑞幸的上市离不开陆某，而瑞幸发展模式与陆某创办的神州租车、神州优车极为相似，都是采用了制造风口、引入资本、砸钱扩张、上市套现四步战略。

2012年，神州租车启动赴美上市进程，但因为激进的增长速度饱受诟病，同时公司存在资产负债率过高、连年亏损等财务风险，导致神州租车股票发行后认购数量不足，最终上市失败。2014年，神州租车转而在我国香港联合交易所上市，最高峰时市值超过400亿元，愉悦资本负责的联想控股、大钲资本负责的华平资本纷纷套现离场，攫取大量利润。而随着瑞幸财务舞弊的曝光，神州租车总市值在2020年4月3日腰斩，从91.17亿元跌至41.55亿元。如今的瑞幸与之前神州租车、神州优车的情况十分相似，因此有理由相信，瑞幸的高管早已经在内心将自身舞弊行为合理化，希望通过瑞幸的快速扩张再一次复制神州租车、神州优车"成功"上市套现的"经验"。

资料来源　黄佳琦，宋夏云. 瑞幸咖啡财务舞弊案例分析［J］. 财务管理研究，2020（5）.

4.案例思考

查阅相关资料，运用内部控制理论，提出治理上市公司财务舞弊行为的对策，并谈谈本案例给你的启示。

本章小结

销售业务所涉及的主要业务环节包括：制订销售计划，处理订单，批准赊销，发货，开具销售发票，会计记录，收款、坏账处理和销售调整等业务环节。

为了实现销售业务目标，企业应重点关注下列销售业务风险：销售行为违反国家法律法规，可能受到行政处罚或法律制裁而造成经济损失和信誉损失；销售政策不科学、不合理，致使销售不畅，库存积压，可能导致企业经营困难；信用政策管理不规范、不科学，会影响销售款项及时足额收回，可能导致企业资产损失；销售未经适当审批或超越授权审批，导致企业利益受损；销售业务会计核算的不真实所造成的信息失真。

销售业务内部控制环节包括：不相容职务分离控制，客户订货单控制，折扣和折让控制，发货控制，销售控制，销售发票控制，收款业务与应收账款的控制，退货理赔控制，销售预算控制等。

第十章

投资业务内部控制

学习目标

通过本章学习，了解投资业务内容，熟知投资业务风险，掌握投资业务的内部控制环节，能恰当运用内部控制理论对投资业务内部控制案例进行分析。

第一节　投资业务概述

投资是指经济主体为了获取经济效益而投入资金或资源以转化为实物资产或金融资产的行为和过程。投资业务是一项高风险业务，每一个投资项目都存在着使收益落空甚至丧失本金的风险。投资决策失误，引发盲目扩张或丧失发展机遇，可能导致资金链断裂或资金使用效益低下。因此，企业必须加强对投资业务的内部控制。

一般而言，投资业务所涉及的主要环节包括：投资方案的提出、论证与决策，投资方案的审批与执行，投资资产的保管，投资的处置和会计记录。

1.投资方案的提出、论证与决策

投资管理部门根据公司的实际情况，结合发展规划和对外投资计划，提出对外投资初步方案。

企业应当加强对投资方案的可行性研究，重点对投资目标、规模、方式、资金来源、风险与收益等作出客观评价。企业根据实际需要，可以委托具备相应资质的专业机构进行可行性研究，提出独立的可行性研究报告。

投资方案的可行性研究报告是投资前期工作的重要内容之一，是投资决策的重要环节。完整的投资方案可行性报告应至少包括三方面的要素：一是投资战略分析。企业的投资业务，特别是长期投资业务一般涉及的金额较大，投资持续期间较长。因此，企业在进行长期投资时，需要充分考虑该投资是否符合企业发展战略。二是投资的合法性分析。投资必须符合相关法律法规的规定，否则，投资效益是不可靠的。有的企业就是因为在这点上把握不准，导致投资初期虽然出现一定盈利，但是最终由于违反相关法律法规而导致重大损失。三是投资的经济性分析。其主要包括：投资方案的预期现金流量及其风险、投资成本、预计收入现值等方面的分析。

企业财务部门应参与投资方案的可行性研究、论证和决策，并重点做好以下工作：

（1）为可行性研究设立最基本的财务假设条件，如利率、汇率、价格水平以及可供资源的限制条件。

（2）了解投资相关的法律法规、金融外汇政策、会计政策等。

（3）预测投资的现金流量。对股东需要的股本、免息借款和计息借款、成本和预期回报作出合理的预测。

（4）计算相关财务指标，估计最大财务风险及公司对财务风险的承受能力，并据此发表相关建议。

（5）估计投资对企业财务结构的影响。

2.投资方案的审批与执行

企业投资方案的可行性研究，经过论证和决策后，应严格遵循企业的授权批准制度，重大决策必须经过董事会或股东大会的审批，即投资管理部门将投资实施计划报分管领导和财务总监审定后列入年（季或月）度资金预算，并由工作小组负责实施。需要报公司主要负责人或总经理办公会审定的报其审批。

企业投资方案经过董事会或股东大会的审批后，应加强投资的执行控制，一方面可以保证投资的成功、实现投资目标，另一方面也有利于保证企业资产安全，避免失败投资导致的资源流失。

投资方案执行控制主要有程序控制和授权批准控制。投资方案执行的控制程序一般为：投资执行人根据投资方案进行投资洽谈，并在投资过程中将投资方案执行情况反馈给投资审批人；投资洽谈完毕后，投资审批人最终签署投资协议书；执行人根据投资协议进行资产交割并根据核对结果填制资产记录，并交投资审批人审核。

3.投资资产的保管

投资业务形成的资产包括投资合同、出资证明、股票、债券等。投资资产经核对无误登记后，移交保管部门，并由其对投资资产进行保管。

投资资产有两种管理方式：企业自行保管或委托专业机构保管。企业自行保管具有节约保管费用和存取方便的特点，一般采用共同控制、授权控制、定期盘点等制度加以控制。专业保管机构具有丰富的专业保管经验和完善的专业保管设备，能实现独立的专业机构、保管人员与本企业进行投资业务的会计记录人员完全分离，因而能有效地防止对外投资资产的失窃和毁损。专业机构保管主要通过限制接触和定期核查制度来实施控制。

在投资资产发生变动时进行控制。保管部门还要经常对资产变动情况及相应会计记录进行审核，如有差错，应对保管和变动过程进行检查，授权相关部门进行定期或不定期的投资资产盘存管理。

4.投资的处置

企业根据原定投资方案和企业经营情况的变化进行综合判断，对于长期不再运作的投资，企业必须予以清理，核清债权、债务，撤销有关的担保、抵押，并妥善办理相关法律手续。

投资的处置必须经过董事会或管理层批准。有价证券的出售视金额大小报经企业财务经理、企业负责人或董事会批准；企业委托的证券出售业务经纪人应受到严格的审定；企业经纪人之间的各种通信文件应予以及时记录保存；反映经纪人处置证券结果的应根据处置指令受到检查。

投资处置应办理相关法律手续。处置过程中产生的账簿、报表、合同、发票、传票、报税单及一切法律文件应由专门机构妥善保管。

5.会计记录

企业发生投资业务时，不论持有证券的数额大小，都必须对每一种证券开设投资明细分类账。在分类账中，记账员应根据经审核签字过的投资购置申请单、经纪人出具的成交通知书，以及证券收付清单及时进行详细记录，包括投资对象、金额、持股比例、期限、收益等内容。对子公司、合营企业、联营企业投资的期末余额应在资产负债表中单独披露；长期股权投资的跌价或减值准备的期末余额应在资产负债表中反映，并在会计报表附注中单独披露。

长期股权投资的投资收益应及时在利润表中反映。投资处置时，财务部门应根据相关法律规定及时记录或核销有关投资资产。

第二节　投资业务的风险

企业要确保投资业务符合投资有关的法律法规以及我国的会计规范；为了使投资既达到获利或控制的目的，又使投资风险降到最低限度，企业应加强投资可行性研究、评估与决策环节的控制，对投资项目建议书的提出，可行性研究、评估、决策等作出明确规定，确保投资决策科学、合理；对投资项目执行的有效管理，涉及制订投资实施方案，明确出资时间、金额、出资方式及责任人员、投资变更等内容；确保投资业务会计核算真实、准确、规范，防止出现差错和舞弊；保护投资资产的安全、完整；保证财务报表合理揭示投资成本及其收益。

企业应当根据投资目标和规划，合理安排资金投放结构，科学确定投资项目，拟订投资方案，重点关注投资项目的收益和风险。企业选择投资项目时应当突出主业，谨慎从事股票或衍生金融产品等高风险投资。为了实现投资业务目标，企业应重点关注下列投资业务风险：

（1）投资行为违反国家法律法规，可能遭受行政处罚或法律制裁而导致经济损失和信誉损失。

（2）投资业务未经适当审批或超越授权审批，可能导致对外投资业务失当或失控，形成投资损失，甚至出现舞弊和差错。

▍相关链接

股权投资失败案

2007年，今日资本和中山联动两家私募股权投资基金投资真功夫，估值高达50亿元，各投1.5亿元，各占3%股权，蔡达标和潘宇海的股权比例都由50%摊薄到47%。但由于真功夫的两位创始人之间矛盾的爆发，让今日资本顶不住股东的压力而选择退出。而真功夫两大股东围绕控制权的持续斗争，也让企业元气大伤，这使得本应尽早上市的真功夫失去了抢占市场的良机，也失去了能和肯德基、麦当劳在中国三分天下的机会。真功夫这个案例，可以说是一个很典型的股权投资失败的案例。

熊猫互娱是王思聪2015年投资的直播项目公司，持股占40%。得益于王思聪的影响力，熊猫互娱开始并不差钱，公开资料显示，熊猫互娱自2015年完成数百万元人民币的天使轮融资后，各类投资机构、上市公司等资本源源不断地注入其中。但由于管理混乱、派系斗争严重以及主播成本高涨等种种因素叠加，导致熊猫互娱直接关停。而后普思投资与熊猫互娱数十位投资人全部达成协议，所有投资人都得到了赔偿，熊猫互娱近20亿元巨额投资损失全部由普思投资及实控人王思聪自己承担。

股权投资要注意以下事项：

1.选择项目前做好尽职调查

股权投资跟拍电影一样，没有任何机构、任何人会保证每个股权投资都有好的票房，但最好的股权投资永远是下一笔。因此，股权投资要敢于出手，一旦确认正确的项目就一路陪跑到底。从案例中可以发现，大部分股权投资失败，都是因为目标公司的股权分配不合理、管理团队矛盾频发而导致的。所以，选择一个好的项目，就要求在选择项目前做好充足的尽职调查，对目标公司的股权结构、管理团队、行业进入壁垒、行业集中度、市场占有率和主要竞争对手、商业模式、发展及盈利预期、政策与监管环境等都要进行了解。

2.了解项目是否具有市场

股权投资能够成功的一个很大的因素取决于这个项目在市场中是否具有发展前景。在投资过程中多关注国家政策重点扶持的产业，如环保、军工、互联网教育、工业4.0、医疗健康等，选择具有良好成长性及足够爆发式增长的项目进行投资。

资料来源 佚名. 盘点六大股权投资成功与失败案例，2020年这些坑千万要小心［EB/OL］. ［2020-03-30］. https://www.sohu.com/a/384164978_100281835.

（3）投资项目未经科学、严密的评估和论证，可能因决策失误导致重大、无法挽回的经济损失。

▍▍相关链接

京东大规模投资的后果

京东（JD）作为大型综合电商企业，在全球互联网公司排行榜中名列前茅，是我国电商企业中发展最快的在美上市公司，截至2016年年底，京东占有62%的中国自营式电商市场。

近年来，京东一直进行大规模的投资，其营业收入也迅速增长，2013年营业收入为680亿元，2014年营业收入达1 150亿元，2015年营业收入更是达到1 813亿元。然而京东亏损规模也逐年扩大，2013年亏损5 000万元，2014年亏损49.96亿元，2015年亏损已经高达93.78亿元。

物流仓库等资产的建设需要庞大的资金，虽然公司的营业收入逐年增长，但京东目前只能依赖融资与负债方式运转，还不能够做到收支平衡。京东自成立以来营业收入快速增长，又接连获得投资者的各种投资，但是随着市场的成熟，销售额增长速度也会放缓，到那时如果京东仍然一直处于亏损状况，且无法找到其他的方式使利润增长，那么京东未来能否面临丧失债权人和投资者信任的新困境呢？

资料来源 崔舒丽. 京东财务战略分析——持续利润亏损背后的企业价值和风险［J］. 现代经济信息，2016（8）.

（4）投资项目执行缺乏有效的管理，可能因不能保障投资安全和投资收益而导致损失。

（5）投资业务会计核算不规范，可能导致财务报表反映和揭示不完整。

第三节　投资业务内部控制环节

1.不相容职务分离控制

企业应建立对外投资业务的岗位责任制，明确相关部门和岗位的职责、权限，确保办理对外投资业务的不相容职务相互分离、制约和监督。投资部门负责选择投资项目，逐级上报审批，签订投资协议合同，执行投资项目，买卖股票、证券，收回投资本息等。会计部门负责投资业务的会计记录的账目处理，并由专人保管投资协议、合同副本和股权证书、股票、债券、票据等。投资业务中不相容的职务有：

（1）对外投资项目可行性研究与评估应分离。

（2）对外投资的决策与执行应分离。

（3）负责证券购入或出售的岗位与有关证券的会计记录岗位应分离。

（4）证券的保管和投资交易的会计记录应分离。

（5）参与投资交易的人员与有价证券的盘点人员应分离。

（6）对外投资处置的审批与执行应分离。

2.对可行性研究报告论证与决策的控制

对外投资初步方案先报投资管理部门领导审核，部门研究讨论后，报公司分管领导和财务总监审核同意后，由投资管理部门负责组织编写对外投资可行性研究报告。

企业应当加强投资可行性研究、评估与决策环节的控制，对投资项目建议书的提出、可行性研究、评估、决策等作出明确规定，确保投资决策合法、科学、合理。

企业应当编制投资项目建议书，由相关部门或人员对投资项目进行分析与论证，对被投资企业资信情况进行尽职调查或实地考察，并关注被投资企业管理层或实际控制人的能力、资信等情况。投资项目如有其他投资者，应当根据情况对其他投资者的资信情况进行了解或调查。

企业应当由相关部门或人员或委托具有相应资质的专业机构对投资项目进行可行性研究，编制可行性研究报告，重点对投资项目的目标、规模、投资方式、与企业战略的匹配程度、投资的风险与收益等作出评价。

企业应当由相关部门或人员或委托具有相应资质的专业机构对可行性研究报告进行独立评估，形成评估报告。对重大投资项目，必须委托具有相应资质的专业机构对可行性研究报告进行独立评估。

企业应当根据经股东大会批准的年度投资计划，按照职责分工和审批权限，对投资项目进行决策审批。重大的投资项目，应当根据公司章程及相应权限报经股东大会或董事会批准。

企业可以设立投资审查委员会或者类似机构，对达到一定标准的投资项目进行初审。在初审过程中，应当审查的内容如下：一是拟投资项目是否符合国家有关法律法规和相关调控政策，是否符合企业战略发展方向和投资的总体要求，是否有利于企业的长远发展；二是拟订的投资方案是否可行，主要的风险是否可控，是否采取了相应的防范措施；三是企业是否具有相应的资金能力和项目监管能力；四是拟投资项目的预计经营目标、收益目标等是否能够实现，企业的投资利益能否确保，所投入的资金能否按时收回。

只有初审通过的投资项目，才能提交上一级管理机构和人员进行审批。

编写可行性研究报告应当进行调查研究，投资管理部门组织计划、财务、技术和业务等有关部门编写和讨论可行性研究报告，并对可行性研究报告作出必要的补充与修订。需要聘请有关专业咨询机构的，应当报经分管领导批准，并签订业务约定书。投资方案经公司总经理办公会初步审定后，报经股东大会或董事会批准。

3.投资方案的审批与执行

企业应当建立对外投资业务授权批准制度，明确授权批准的方式、程序和相关控制措施，规定审批人的权限、责任以及经办人的职责范围和工作要求，严禁未经授权的部门和人员办理投资业务。审批人应当在授权范围内审批，不得超越权限，如果超越权限，经办人有权拒绝办理，并应及时向审批人的上级授权部门报告。

企业投资方案的可行性研究，经过论证和决策后，应严格遵循企业的授权批准制度，重大决策必须经过董事会或股东大会的审批。

企业投资方案经过董事会或股东大会的审批后，应加强投资实施的执行控制，明确出资时间、金额、出资方式及责任人员等内容。投资实施方案及方案变更，应当重新履行审批程序。

投资方案执行控制主要有程序控制和授权批准控制，包括资产评估、项目谈判与合同签订、跟踪管理及收益管理控制。

以实物资产或无形资产对外投资的，应当进行资产评估，需要审计的应当进行审计。选聘审计、评估机构，应当由财务部门与其他投资方协商确定，并依据公司批准的行为文件等办理资产评估申请立项手续。财务部门草拟审计、评估协议文本，送法律部门审核后报财务总监审定，并交授权人员签字。中介机构出具的审计、资产评估报告经财务、审计部门负责人或财务总监审阅后，由财务部门上报公司审核备案。

投资管理部门具体负责投资项目谈判，并依据审定的投资实施计划（或资产评估结果）与其他投资方进行投资谈判。谈判中投资条件与原计划发生重大变化时，须按授权权限报授权人员决策，特别重大的变更须报公司总经理办公会集体审议决定。投资管理部门负责谈判工作的团队在投资谈判取得一致意见后，草拟投资合同文本。投资合同文本经法律部门审核后，报分管领导和财务总监或公司主要负责人审定，并按授权权限由授权人员与其他投资方签订。

投资是个持续性的动态过程，企业应当指定专门机构或人员对投资项目进行跟踪管理，及时收集被投资方经审计的财务报告等相关资料，定期组织投资效益分析，关注被投资方的财务状况、经营成果、现金流量以及投资合同履行情况，发现异常情况时，应当及时报告并妥善处理。可以根据需要向被投资单位派出董事、监事、财务或其他管理人员，对投资进行有效监控。企业应当对外派人员建立适时报告制度，外派人员应定期就被投资企业的营运情况、负债情况、获利情况向董事会或总经理报告，定期递交被投资企业的财务报表。同时，这些外派的董事、监事、财务总监或其他管理人员，应实现岗位轮换，以防止他们可能发生的舞弊行为。

投资管理部门应当建立对外投资公司管理档案，财务部门定期分析被投资公司的财务报表。要通过适当方式加强对被投资公司的财务管理和监督，特别是对所投资的控股子公司，要建立定期报告制度。被投资公司召开董（监）事会或股东会，研究决定重大事项和问题，投资公司应事前进行认真研究，并经总经理办公会集体审议达成一致意见后，由董（监）事长或董（监）事会成员代为发表，同时委派人员应共同努力督促其落实和执行。公司对委派的董（监）事长或董事、监事以及公司其他人员，要明确其权力和责任，建立正常的业务工作报告制度。特别是对被投资公司的一些重大投资、经营事项和问题，要及时向分管领导、财务总监或公司主要负责人汇报。财务部门应当按期核对投资成本，认真审核被投资公司的财务资产状况和效益情况，正确核算对外投资和投资收益，合理计提投资减值准备。企业应当建立投资项目后续跟踪评价管理制度。

4.投资资产的保管与变动控制

企业应当加强投资资产（有关权益证书）的管理，指定专门部门或人员保管投资资产，建立详细的记录。未经授权人员不得接触投资资产。财务部门应当定期和不定期地与投资管理部门人员清点核对有关投资资产。

无论投资资产由外部机构代为保管还是由企业自行保管，证券保管人都必须设置权益证书登记簿，根据经复核和批准的原始凭单，详细登记存取权益证书的名称、号码、数量、面值、存放和取出日期及经手人等内容。该登记簿应同会计部门的投资明细账定期由专门指定人进行核对。企业自行保管的权益证书实物应由与投资业务无关的独立职员定期进行盘点，检查其实存情况，保证投资的安全、完整。

企业应设置投资备查登记簿，记载被投资单位基本情况、动态信息，取得投资时被投资单位各项资产、负债的公允价值信息，历年与被投资单位发生的关联交易情况、发放股票股利情况等。

企业应当加强对投资项目减值情况的定期检查和归口管理，减值准备的计提标准和审批程序，按照企业资产减值内部控制的有关规定执行。

5.投资资产处置控制

企业应当加强对投资资产处置环节的控制，对投资收回、转让、核销等的决策和授权批准程序作出明确规定。

投资的收回、转让与核销，应当按规定权限和程序进行审批，并履行相关审批手续。对应收回的投资资产，要及时足额收取。转让投资应当由相关机构或人员合理确定转让价格，并报授权批准部门批准；必要时，可委托具有相应资质的专门机构进行评估。核销投资，应当取得因被投资企业破产等原因不能收回投资的法律文书和证明文件。

企业应当认真审核与投资处置有关的审批文件、会议记录、资产回收清单等相关资料，确保资产处置真实合法。

6.会计记录控制

企业应加强对投资项目的会计系统控制，根据对被投资方的影响程度，合理确定投资会计政策，建立投资管理台账，详细记录投资对象、金额、持股比例、期限、收益等事项，妥善保管投资合同或协议、出资证明等资料。企业财务部门对于被投资方出现财务状况恶化、市价当期大幅下跌等情形的，应当根据国家统一会计准则制度的规定，合理计提减值准备，确认减值损失。

企业必须对每一种权益证券开设明细分类账。在分类账中，记账员应根据经审核签字过的投资购置清单、经纪人出具的成交通知书，以及证券保管人的证券收付清单来登记能完整说明投资资产的内容，如：证券名称、证券号码、数量；证券票面价值；证券的利率或股票利率及利息或股息的收取日；证券的购入日和到期日；经纪人名称；购入成本；溢价或折价所需的摊销额等。投资明细账应定期与总分类账户相核对，核对中发现差异，应及时进行调查。同时，企业应当定期和不定期地与被投资单位核对有关投资账目，保证对外投资的安全性和完整性。

第四节　案例与思考

案例一　居然之家借壳武汉中商上市案例

1.公司简介

借壳方居然之家是由北京居然之家投资控股集团（以下简称居然控股）、阿里巴巴集团、泰康人寿保险集团等公司共同投资设立的以家居为主业，以大消费为平台，从事室内设计和装修、家具建材销售、智慧物流等多领域的大型商业连锁集团公司，汪林朋是其董事长。2018年12月，敏华控股有限公司与居然之家合作签订了"千店计划"，以期实现营业收入达百亿元的目标。借壳前2018年年末居然之家的总资产277.91亿元，2018年公司营业收入83.69亿元，归属于母公司股东的净利润19.52亿元，年末公司估值超过300亿元。

被借壳方武汉中商于1984年9月成立，1989年年底进行股份制改造，1997年7月上市，是一家以商贸零售业为主业，同时涉足房地产、电子商务、进出口贸易等产业的国有控股大型商业公司。其控股股东是武汉商联集团公司，其实际控制人是武汉市国资委。2018年年末，武汉中商总资产27.26亿元，2018年公司营业收入40.44亿元，归属于母公司股东的净利润0.66亿元。

2.借壳过程

在本次借壳交易中，武汉中商以定向增发股份的方式，购买居然控股等23名股东持有的居然之家100%股权。本次发行股份拟购买标的资产的交易价格由具有证券期货相关业务资格的开元评估出具并经武汉市国资委核准，整体估值在363亿元至383亿元之间，经双方协商，最后确定交易价格为356.5亿元。按照当时发行股票价格6.18元/股计算，武汉中商本次拟发行的股票数量约为57.69亿股，本次交易完成后，居然之家成为武汉中商的全资子公司，居然控股持有42.68%的股份成为上市公司的控股股东，居然之家董事长汪林朋成为上市公司的实际控制人。

对于武汉中商来说，本次交易并不考虑把原有的资产置换出去，并且原有的业务也不会剥离。并购双方达成的共识是探索新的业务模式——新零售模式。武汉中商将在原有的资产基础上，注入居然之家的新资产、新业务、新团队，挖掘新的发展潜力，逐步实现门店改造和业态升级。

3.并购风险分析

（1）财务风险。并购可以帮助企业实现快速扩张，提高市场竞争力，但同时也伴随着一定的财务风险。其一，居然之家为其核心业务新零售铺路，"千店计划"会继续进行，门店的激增会大大提高资金需求；同时，因家具行业的特性，要扩大规模必须先有较多资金投入，而本次交易需要大量资金支付借壳上市费用，因此会降低企业的资金流动性，财务杠杆风险增大。其二，武汉中商在2019年与业绩承诺人签署了《盈利预测补偿协议》，约定重组完成后，新公司在2019—2021年，实现的扣除非经常性损益后归属于母公司的净利润分别不得低于20.6亿元、24.16亿元和27.19亿元。这种对赌协议对重组后的公司存在一定的盈利压力与不确定性。最后，借壳上市是公司并购重组交易中最复杂的形式，需要披露的信息非常庞杂：既有上市公司的，也有交易对方的，还有重组标的信息等。若信息披露不充分或者企业忽视了某些信息，就可能因为细节问题造成经济损失。

（2）目标企业价值评估风险。借壳上市涉及并购企业与标的公司双方的价值评估，若价值评估不当很可能影响价格交易的合理性，造成资源浪费，提高企业的并购成本。一方面，此次并购中武汉中商定向增发股票的价格定为6.18元/股，其价值评估主要选择了市价法，即为发行股份购买资产的首次董事会决议公告日前60个交易日的上市公司股票交易均价，符合《上市公司重大资产重组管理办法》的相关规定，但是否是最恰当的定价？另一方面，此次并购披露的居然之家最低收购价为363亿元，主要参考了阿里巴巴2018年2月投资54.53亿元人民币持股居然之家15%股份推算的价值，但是否恰当合理？当时居然之家的净资产仅为116.4亿元，此次收购溢价超过240亿元，由此带来的商誉也引起了广泛关注。若标的公司业绩不如预期，将面临商誉减值风险。这都会给并购重组后的上市公司带来一定的风险。

4.案例的启示

（1）快速扩张的同时要注重自身管理水平的提升

居然之家的"千店计划"势在必行。一方面，这样大规模地拓展实体店，可能存在入驻商户或者加盟商服务质量下滑等问题，甚至可能存在加盟商违约的风险，值得重视；另一方面，门店的激增会大大提高居然之家的资金需求，由于家具行业的特性，要扩大规模必须先投入，一旦资金回流速度跟不上扩张速度，企业将会面临破产的风险。因此，对于居然之家来说，在快速扩张的同时，也应注重经营和资金管理水平的提高，才能有效地降低风险。

（2）借壳上市要善于选择有价值的壳资源

选择有价值的壳资源，等于向成功迈出了一大步。本案中的壳资源武汉中商是一家成立了30多年的上市国有企业，主营业务是线下传统零售，还涉足商业地产、电子商务等业务。30多年的积淀使武汉中商集聚了不少的优质商业物业资产，尽管近些年受电商行业的冲击，营业收入逐年下滑，体量不大但仍是盈利状态。居然之家这次上市借来的"壳"，不仅可以帮助其尽快占领资本市场高地，也会给其带来一些其他方面的资源与帮助。2019年12月26日，武汉中商更名居然之家的当天开盘价11元，市值662.2亿元，最高时涨至694.1亿元。重组后的居然之家2019年实现营业收入90.85亿元，比2018年增长7.9%；实现归属于上市公司股东的净利润31.26亿元，比2018年增长60.08%；资产负债率52.28%，比2018年下降5.36个百分点。从某种角度而言，说明该并购是被市场看好的。因此，在寻找壳资源时应从多方面分析目标企业的价值。

（3）突破发展瓶颈可以考虑产业融合

武汉中商通过接受居然之家的借壳，有机会跟居然之家控股公司的业态实现较好的融合，形成新的以消费者体验为中心的数据驱动泛零售业态。再加上居然之家有阿里巴巴的支持，武汉中商可以借助其在新零售方面的经验，逐步实现其原有门店的改造与业态升级，改善公司经营状况，增强公司盈利能力和可持续发展能力。这为想要突破发展瓶颈、找寻自身出路的一些企业来说，提供了经验借鉴。

资料来源 周运兰，刘妍．居然之家借壳武汉中商上市案例分析[J].财务与会计，2020（22）．

5.案例思考

通过学习本案例，谈谈你的收获。

案例二 暴风科技的并购成长模式

1.案例背景

企业成长主要有依靠自身内部积累和通过并购迅速扩大资产规模这两种路径。并购式成长可以大大缩短通过新建企业实现规模增长的时间，成为众多企业的首选。

2005年8月，从雅虎离职的冯鑫（暴风科技现任CEO）创立了北京酷热科技公司，研发影音播放软件，并把海外上市作为首选。海外上市大都采用 VIE（Variable Interest Entity，全称为"可变利益实体"，国内也称作"协议控制"，即上市实体和业务实体分离，境外上市的实体通过协议控制境内的业务实体）架构。2006 年 5 月，冯鑫团队在境外设立 Kuree 公司，作为境外上市主体。7 月，Kuree 在中国大陆注册成立全资子公司——互软科技，作为 VIE 架构在境内的平台。9 月，Kuree 购买了暴风影音相关知识产权，交由酷热科技使用。2007 年，暴风影音知识产权和酷热科技技术一同被注入冯鑫团队控制的暴风网际，就是现在的暴风科技。Kuree 和互软科技分别与酷热科技、暴风网际及其股东签署了一系列协议，使 Kuree 能享有酷热科技的收益，这样就搭建完成了 VIE 架构。

2010 年 12 月，暴风科技开始拆除 VIE 架构，转战国内 A 股市场。与此同时，暴风科技着手改制成股份公司，并积极筹备 A 股上市。历经 3 年的上市筹备期，暴风科技终于在 2015 年 3 月 24 日登陆深交所创业板，以 7.14 元发行 3 000 万新股。

2.暴风科技的成长模式

暴风科技的商业模式是"免费＋广告"，即通过"暴风影音"PC 端和移动端平台为互联网用户提供免费视频内容，并通过广告实现变现。广告收入是暴风科技最主要的收入来源，占全部收入的 70% 以上。上市前公司以"视频技术和用户体验"为核心，通过广告实现收入。上市后公司确立了全球"DT 大娱乐"战略，以原有互联网视频业务为基础，以虚拟现实（VR）、智能家庭娱乐硬件、在线互动直播、影视文化为新增长点，同时积极布局 O2O、云视频、互联网游戏研发和发行、影视等业务。2015 年，暴风科技收购海尔电器旗下统帅创智家，打造暴风 TV，进军互联网电视领域。

（1）暴风科技收入增长分析

暴风科技 2015 年营业收入为 6.52 亿元，较上年增长 68.85%。其主要原因为 2015 年 9 月并购的深圳统帅创智家科技有限公司（收购完成后更名深圳暴风统帅科技有限公司）销售商品业务收入 124 893 368.53 元，占 2015 年全年总收入的 19.15%。如果剔除并购子公司的影响，暴风科技自身营业收入增长 36.51%。这表明并购能带来收入的迅速增加。从收入结构看，公司并购前 80% 以上的收入来自广告业务，并购之后，19.15% 的收入来自销售互联网电视，扩展了公司的业务范围。

（2）暴风科技资产增长分析

暴风科技并购后，不仅收入有了大幅增长，资产也有巨额增长。根据暴风科技 2015 年部分资产比例及变动情况可知，暴风科技 2015 年资产总额几乎是 2014 年的两倍，其中 2015 年 9 月并购的暴风统帅的资产为 179 476 274.22 元，占 2015 年全年总资产的 13.31%。其主要原因是暴风统帅大量库存商品的销售带来的应收账款的增加以及随并购产生的巨额商誉（127 547 095.73 元）占资产总额的 9.46%，占商誉总额的 78.57%。总的来说，并购能够使公司资产规模在短时间内迅速扩大，缩短投资期限，并能充分利用被并购企业的有形资源（如机器设备）和无形资源

（如商誉）以及经营经验。

2016年3月14日，暴风科技公布的《北京暴风科技股份有限公司发行股份及支付现金购买资产并募集配套资金报告书（草案）》显示，暴风科技拟通过资产并购重组的方式收购稻草熊影业、立动科技、甘普科技的股权和团队，进军影视、游戏、海外三大业务。一方面，其寄希望于江苏稻草熊影业，通过成熟的影视IP制作和开发业务，丰富其影视版权内容，增强在影视制作和发行领域的实力；另一方面，利用立动科技对网络游戏的研发技术和运营经验，加强暴风科技在网络游戏领域的实力。甘普科技则作为暴风科技进军国际化的主要力量，实现全球DT娱乐出海的战略。

资料来源 程广宁，陈利花. 暴风科技的并购成长模式与风险管控［J］. 财务与会计，2017（1）.

3.案例思考

（1）查阅相关资料，分析并购对暴风科技的财务影响。

（2）查阅相关资料，分析并购后的暴风科技可能面临的风险。

本章小结

投资业务所涉及的主要环节包括：投资方案的提出、论证与决策，投资方案的审批与执行，投资资产的保管，投资的处置和会计记录。

为了实现投资业务目标，企业应重点关注下列投资业务风险：投资行为违反国家法律法规，可能遭受经济损失和信誉损失；投资业务未经适当审批或超越授权权限审批，可能导致对外投资业务失当或失控，形成投资损失；投资项目未经科学、严密的评估和论证，可能因决策失误导致重大、无法挽回的经济损失；投资项目执行缺乏有效的管理，可能因不能保障投资安全和投资收益而导致损失；投资业务会计核算不规范，可能导致财务报表反映和揭示不完整。

投资业务内部控制环节包括：不相容职务分离控制，对可行性研究报告论证与决策的控制，投资方案的审批与执行，投资资产的保管与变动控制，投资资产处置控制及会计记录控制等。

担保业务内部控制

通过本章学习，了解担保业务内容，熟知担保业务风险，掌握担保业务的内部控制环节，能恰当运用内部控制理论对担保业务内部控制案例进行分析。

第一节　担保业务概述

担保是指企业根据《中华人民共和国民法典》（以下简称《民法典》）和担保合同或者协议，按照公平、自愿、互利的原则向被担保人提供一定方式的担保并依法承担相应法律责任的行为。担保业务是企业的一项或有负债，它关系到企业的资金运转和生死存亡。本章所称担保，不包含担保公司的担保业务及按揭销售中涉及的担保等具有日常经营性质的担保行为。

担保业务的被担保对象通常包括：公司子公司、合营企业、联营公司；公司主要供应商、主要客户；与本公司经济利益有密切关系的其他企业。但对于公司股东、股东的控股子公司、股东的附属企业以及个人债务，公司一般不能为其提供担保。

被担保对象（被担保人）的条件：被担保人应具有良好的发展前景；良好的经营业绩和管理水平；财务状况良好，资产负债率一般不能过高；近两年财务无虚假记载；近两年内无违法行为记录或恶意损害股东、债权人及其他利益的记录。

被担保人出现以下情形之一的，企业不得提供担保：①担保项目不符合国家法律法规和政策规定。②已进入重组、托管、兼并或破产清算程序的。③财务状况恶化、经营风险较大的。④管理混乱、经营风险较大的。⑤与其他企业出现较大经营纠纷、经济纠纷，面临法律诉讼且可能承担较大赔偿责任的。⑥与企业集团就过去已经发生的担保事项发生纠纷，或不能及时交纳担保费的。

担保方式主要有：一般保证、连带责任保证、抵押和质押。

一般保证：当事人在保证合同中约定，债务人不能履行债务时，由保证人承担保证责任的，为一般保证。一般保证的保证人在主合同纠纷未经审判或者仲裁，并就债务人财产依法强制执行仍不能履行债务前，对债权人可以拒绝承担保证责任。

连带责任保证：当事人在保证合同中约定保证人与债务人对债务承担连带责任的，为连带责任保证。连带责任保证的债务人在主合同规定的债务履行期届满没有履行债务的，债权人可以要求债务人履行债务，也可以要求保证人在其保证范围内承担保证责任。当事人对保证方式没有约定或者约定不明确的，按照连带责任保证承担保证责任。

保证人与债权人应当以书面形式订立保证合同。保证合同至少包括以下内容：①被保证的主债权种类、数额。②债务人履行债务的期限。③保证的方式。④保证担保的范围。⑤保证的期间。⑥双方认为需要约定的其他事项。

抵押：其是指债务人或者第三人不转移对《民法典》相关条款所列财产的占有，将该财产作为债权的担保。债务人不履行债务时，债权人有权依照本法规定以该财产折价或者以拍卖、变卖该财产的价款优先受偿。债务人或者第三人为抵押人，债权人为抵押权人，提供担保的财产为抵押物。

抵押人和抵押权人应当以书面形式订立抵押合同。抵押合同应当包括以下内容：①被担保的主债权种类、数额。②债务人履行债务的期限。③抵押物的名称、数量、质量、状况、所在地、所有权权属或者使用权权属。④抵押担保的范围。⑤当事人认为需要约定的其他事项。

质押：质押分为动产质押和权利质押。动产质押是指债务人或者第三人将其动产移交债权人占有，将该动产作为债权的担保。债务人不履行债务时，债权人有权依照本法规定以该动产折价或者以拍卖、变卖该动产的价款优先受偿。下列权利可以质押：汇票、支票、本票、债券、存款单、仓单、提单；依法可以转让的股份、股票；依法可以转让的商标专用权、专利权、著作权中的财产权；依法可以质押的其他权利。质押合同至少包括以下内容：①被担保的主债权种类、数额。②债务人履行债务的期限。③质物的名称、数量、质量、状况。④质押担保的范围。⑤质物移交的时间。⑥当事人认为需要约定的其他事项。

企业担保业务主要流程为：

1.担保业务申请受理

受理担保业务时，要求被担保企业提供完整的资料，包括：被担保企业出具的担保申请书；被担保事项的经济合同、协议及相关文件资料；有关反担保的资料。

在担保业务的受理阶段，企业对担保业务材料审查的主要内容包括：审查被担保企业提交的文件、资料种类是否完整、齐全；审查担保企业提交的文件、资料以及申请的担保事项是否真实、合法、有效；审查被担保企业是否符合企业规定的担保原则、标准和条件。对被担保企业报送的材料进行初审后，作出是否受理的决定。

2.担保事项的调研及报告

企业决定受理担保业务后，应当掌握被担保企业的资信状况，对该担保事项的利益和风险进行分析。申请担保人的资信状况至少包括以下内容：①企业基本资料。②担保方式、期限、金额等。③最近一期经审计的财务报告及还贷能力分析。④与借款有关的主要合同。⑤被担保提供反担保的条件。⑥在主要开户银行有无不良贷款。⑦其他重要资料。企业应当掌握被担保企业的基本状况，对申请担保企业的财务状况、行业前景、经营状况和信用、信誉情况进行调查，确认资料的真实性。企业还应对该担保事项的利益和风险进行调研、分析、审查，提出调研报告，报公司领导审核后提交相关层面或董事会审批。

3.担保业务的审批

决策层根据有关资料，认真审核申请担保企业的情况，对于有下列情形之一的，原则上不得为其提供担保：①资金投向不符合国家法律法规或国家产业政策的。②在最近三年内财务会计文件有虚假记载或提供虚假资料的。③公司曾为其担保，发生过银行借款逾期、拖欠利息等情况，至本次担保申请时尚未偿还或不能落实有效的处理措施的。④经营状况已经恶化、信誉不良，且没有改善迹象的。⑤上年度亏损或预计本年度亏损的。⑥未能落实用于反担保的有效资产的。⑦不符合本制度规定的。⑧决策层认为不能提供担保的其他情形。

申请担保人提供的反担保或其他有效防范风险的措施，必须与公司担保的数额相对应。申请担保人设定反担保的资产为法律法规禁止流通或者不可转让的，应当拒绝担保。公司为关联人提供的担保在提交董事会审议前，应获得独立董事认可的书面文件，独立董事应对该交易发表独立董事意见。

应由股东大会审批的对外担保，必须经董事会审议通过后，方可提交股东大会审批，须经股东大会审批的对外担保，包括但不限于下列情形：①单笔担保额超过最近一期经审计净资产10%的担保。②公司及其子公司的对外担保总额，超过最近一期经审计净资产50%以后提供的任何担保。③为资产负债率超过70%的担保对象提供的担保。④连续十二个月内担保金额超过公司最近一期经审计总资产的30%。⑤对股东、实际控制人及其关联方提供的担保。董事会审议担保事项时，除应当经全体董事的过半数出席外，还应当经出席董事会会议的2/3以上董事同意。股东大会在审议为股东、实际控制人及其关联方提供的担保议案时，该股东或受该实际控制人支配的股东，不得参与该项表决，该项表决由出席股东大会的其他股东所持表决权的半数以上通过。公司为关联人提供担保的，不论数额大小，均应当在董事会审议通过后提交股东大会审议。

公司可在必要时聘请外部专业机构专家对实施对外担保的风险进行评估，以作为董事会或股东大会进行决策的依据。

4.签订担保合同

公司董事长或经授权的其他人员，根据公司董事会或股东大会的决议代表公司签署担保合同。

公司对外担保必须订立书面的担保合同，合同应当具备《民法典》等法律法规要求的内容。除银行出具的格式担保合同外，其他形式的担保合同必须交由公司聘请的常年法律顾问审阅或出具法律意见书。订立担保格式合同，应结合被担保人的资信情况，严格审查各项义务性条款。对于强制性条款可能造成公司无法预料的风险时，应要求对有关条款作出修改或拒绝提供担保，并报告董事会。

担保合同中应当至少明确以下条款：①被担保的债权种类、金额。②债务人履行债务的期限。③担保方式。④担保范围。⑤担保期限。⑥各方的权利、义务和违约责任。⑦各方认为需要约定的其他事项。

公司在接受反担保抵押、反担保质押时，应由公司财务部会同公司常年法律顾问完善有关法律手续，须及时办理抵押或质押登记的手续。

5.担保监督检查

在担保有效期内，担保业务经办人员应对被担保企业资格、经营管理和担保等事项进行监督检查，并了解担保事项的进展情况，促使被担保企业按时履约，或在本企业履行担保责任垫付款项后能及时得到追偿。企业可以规定检查的时限，如担保期在一年以内或风险较大的担保业务，担保业务经办人员须每月进行一次跟踪监督检查；担保期在一年以上的担保业务，至少每季度进行一次跟踪监督检查。

6.担保合同的履行

担保合同的履行，是指担保合同签订后，企业应被担保企业和受益人要求对担保合同进行修改或应受益人要求履行担保责任，或保证期满担保合同注销的过程。其具体包括修改、展期、终止、注销等环节。

担保合同的修改，是指担保期间被担保企业和受益人因合同条款发生变更需要修改担保合同内容，按要求办理。例如，对增加担保范围或延长担保期间或者因变更增大担保责任的，按拟重新签订的担保合同的审批权限报有权审批部门审批。其中，经办部门应就担保合同的变更内容进行审查后，形成调查报告，同时要求被担保企业提出修改担保合同的意向文件。经批准的，经办部门再重新与被担保企业签订担保合同。

担保合同的展期。对于担保合同的展期，应视同担保业务进行审批，重新签订担保合同。

担保合同的终止和注销。当出现以下情况时，担保业务经办部门要及时通知被担保企业，担保合同终止：担保有效期届满；修改担保合同；被担保企业和受益人要求终止担保合同；本企业替被担保企业垫付款项。企业已经承担担保责任的，在垫付款项未获全部清偿前，经办部门不得注销担保合同，并要向被担保企业和反担保企业发送催收通知书，通知被担保企业还款。

7.垫付款项及其催收

担保业务垫付款项的前提条件和内部批准手续。担保期间，担保业务执行部门收到受益人的书面索赔通知后，核对书面索赔通知是否有有效签字、盖章，索赔是否在担保规定的有效期内，索赔金额、索赔证据是否与担保合同的规定一致等内容。核对无误后，经有权签字人同意后对外支付垫付款项。

垫付款项的催收和处理。担保业务经办人员要在垫款当日或第二个工作日内，向被担保企业发出垫款通知书，向反担保企业发送"履行担保责任通知书"并加大检查的力度，以便及时、全额收回垫付款项。

第二节　担保业务的风险

担保业务要符合国家有关担保规定和上市地监管机构的要求；明确规范担保业务的担保对象、范围、条件、程序、限额和禁止担保的事项，担保评估应当科学严密，防范和控制或有负债风险；担保执行环节的控制措施应当充分有效；保证担保业务的真实、完整和准确，满足信息披露的真实可靠。为了实现担保业务目标，企业应重点关注下列担保业务风险：

相关链接

应收担保计提减值致中国金融发展出现巨亏

中国金融发展作为香港上市的融资担保公司，核心业务主体为集成担保，主营线上融资担保业务。财报显示，中国金融发展2019年全年实现营业收入6 904万元，同比上年的5 608万元增长23%。但财务却盈转亏，税前净利润从上年盈利2 381万元变为亏损4.6亿元。巨额亏损是由于"减值损失准备计提了4.7亿元"，减值主要包含应收担保付款等业务。

中国金融发展从2018年开始转型线上融资担保，此前主要经营线下融资担保业务。一般融资担保公司线下对接大标，线上对接小标。线上小标的合作对象主要为助贷机构。中国金融发展合作助贷机构包括玖富、人人贷、快易花等。助贷机构由于催收等方面原因逾期率较高。那么，4.7亿元的减值损失准备计提是否是由于合作助贷机构逾期率较高造成的？

这是中国金融发展上市7年以来首次出现亏损。根据银保监会公布最新版的《商业银行互联网贷款管理暂行办法》的规定，商业银行不得接受无担保资质和不符合信用保险和保证保险经营资质监管要求的合作机构提供的直接或变相增信服务。作为互联网贷款业务中风险分担的重要手段，增信机构的风险控制能力和风险承担能力至为关键。不过，从注册资本金、风险分散机制等方面来看，保险公司在风控能力和风险承受能力两方面的优势要远大于融资担保公司。

传统融资担保公司主营线下业务，对于个人信贷主要是用评分卡模型进行风控，对于线上主要基于大数据风控的业务，经验不足，一切从头开始。

中国金融发展作为刚刚由线下担保转型线上担保的公司未来控制风险的能力仍是未知。

资料来源　刘颖，张荣旺. 一次性计提坏账4.7亿元中国金融发展出现巨亏［N］. 中国经营报，2020-6-1（6）.

（1）担保业务未经适当审批、超越权限审批或重大担保业务未经集体决策，如为资信不良的公司担保，没有相关担保权的部门或者非授权部门越权担保，或未经审核变更合同标准文本中涉及权利、义务条款而导致重大差错、舞弊、欺诈，造成严重损失。

（2）担保违反国家法律规定和上市地监管机构的要求，或主合同、担保合同不符合《民法典》等国家法律法规和公司内部规章制度的要求，可能遭受外部处罚、经济损失和信誉损失。

（3）担保事项归集、汇总与核销不及时、不完整，导致相关担保信息披露不适当；担保损失未合理预计，导致当期费用核算不实。

（4）担保执行监控不当，可能导致企业经营效率低下或资产遭受损失。

▌▌▌相关链接

*ST刚泰因大额违规担保被罚

2019年4月10日，上交所向*ST刚泰发出了《关于对甘肃刚泰控股（集团）股份有限公司有关担保事项的问询函》。*ST刚泰次日即公告称已经对公司违规担保的情况展开了自查。*ST刚泰方面表示，其发现公司存在向部分借款纠纷案件提供担保嫌疑，经自查，相关担保均与公司控股股东上海刚泰矿业有限公司（以下简称

"刚泰矿业")及其一致行动人或实际控制人徐某相关,但均未经公司有决策权限的决策机构批准,属于违规为控股股东及其一致行动人提供担保。

根据*ST刚泰近日公布的甘肃证监局《行政处罚决定书》,2016年11月22日至2018年6月13日,刚泰控股为其实际控制人、关联方及其他相关方的21笔借款违规提供担保,担保金额合计56.34亿元,上述担保事项未经刚泰控股董事会、股东大会决策程序,且未及时履行信息披露义务。此外,《行政处罚决定书》还提到,因前述21笔借款多笔未按期偿还,部分出借人将*ST刚泰列为被告之一提起诉讼,涉诉金额合计不低于7.85亿元,已达到披露标准,*ST刚泰未及时披露。以上事实,有刚泰控股相关公告、借款合同、担保合同、相关法律文书、相关人员询问笔录等证据证明,足以认定。

根据证监会令第40号《上市公司信息披露管理办法》第三十条第二款第十七项的规定,*ST刚泰应及时披露前述担保事项。*ST刚泰未及时履行信息披露义务的行为,违反了《上市公司信息披露管理办法》第二条第一款及《中华人民共和国证券法》第六十三条的规定,构成《中华人民共和国证券法》第一百九十三条第一款所述违法行为。*ST刚泰因存在严重信披违规而受到中国证监会行政处罚,也将受到投资者的维权索赔。

自*ST刚泰11日公布公司对违规担保的自查情况后,*ST刚泰在2019年4月12日至19日连续5个交易日开盘即一字跌停,跌势持续至4月30日。*ST刚泰股价大幅度下跌,至今股价仍然低迷,在公司公布甘肃证监局的《行政处罚决定书》后,公司股价又连跌3天。4月11日以来,*ST刚泰股价累计跌幅达67.48%,市值缩水约49.43亿元,给广大投资者造成巨大损失。

资料来源 王帅. *ST刚泰:因大额违规担保被罚 总市值缩水近50亿元 [EB/OL]. [2019-10-31]. https://finance.eastmoney.com/a/201910311278586369.html.

第三节 担保业务内部控制环节

1.不相容岗位分离及权责划分

企业应建立担保业务的岗位责任制,明确相关部门和岗位的职责权限,确保办理担保业务的不相容岗位相互分离、制约和监督,不得由同一个人办理担保业务的全过程。

(1)担保业务的评估与审批分离。

(2)担保业务的审批、执行与监督分离。

(3)担保业务的执行和核对分离。

(4)担保业务的相关财产保管和担保业务记录分离。

企业应配备合格的人员办理担保业务。办理担保业务的人员应具备良好的职业道德和较强的风险意识,熟悉担保业务,掌握与担保相关的专业知识和法律法规。

企业所有对外担保事项由财务部门统一归口管理,其他部门或人员未经授权,严禁办理担保业务。内设机构和分支机构不得对外提供担保。

（1）股东大会审批以下担保事项：为某一被担保人提供担保金额达到或超过公司净资产20%的担保事项；公司用主要资产抵押为关联方提供债务担保金额达到或超过公司净资产10%的担保事项。

（2）董事会：对除须报股东大会批准的担保事项进行审批或授权董事长、总经理审批；对报股东大会审批的担保事项，事先提出预案，经董事会决议通过后，报股东大会审批；董事会在决定为他人提供担保之前，须组织财务部门等相关部门对被担保人进行评估，并形成评估报告；担保事项经股东大会或董事长批准后，董事长或授权总经理代表公司与被担保人签订担保协议。

（3）董事长、总经理：董事长决定是否受理担保申请；董事长、总经理在未经过股东大会、董事会决议通过前，不得擅自代表公司签订担保合同；董事长、总经理定期听取财务部门对被担保人财务状况的汇报，在被担保人财务状况出现异常情况时及时研究对策。

2.担保业务的授权审批控制

企业应建立担保授权制度和审核批准制度，明确审批人对担保业务的授权批准方式、权限、程序、责任和相关控制措施，规定经办人办理担保业务的职责范围和工作要求，并按照规定的权限和程序办理担保业务。严禁未经授权的机构和人员办理担保业务。

（1）授权方式。公司对董事会的授权由公司章程规定和股东大会决议；公司对董事长和总经理的授权，由公司董事会决定；总经理以下人员，无权对担保事项进行审批。

（2）审批权限。按股东大会和董事会的权责划分审批；董事长和总经理依据董事会授权审批。

（3）批准和越权批准处理。审批人根据担保业务授权批准制度的规定，在授权范围内进行审批，不得超越审批权限；经办人在职责范围内，按照审批人的批准意见办理担保业务；对于审批人超越授权范围审批的担保业务经办人有权拒绝办理，并及时向审批人的上级报告。

对在担保中出现重要决策失误、未履行集体审批程序擅自越权签订担保合同或不按规定执行担保业务的部门及人员，应当严格追究责任人的责任。

3.担保业务的评估与审批控制

企业应对担保业务进行风险评估，确保担保业务符合国家法律法规和企业的担保政策，防范担保业务风险。提供担保业务前，应由相关部门或人员对申请担保人的资格、申请担保事项的合法性是否符合担保政策进行审查；对符合企业担保政策的申请担保人，企业可自行或委托中介机构对其资产质量、经营情况、行业前景、偿债能力、信用状况、申请担保人反担保和第三方担保的不动产、动产及其权利归属等进行全面评估，形成书面评估报告；评估报告应全面反映评估人员的意见，并经评估人员签章。要求申请担保人提供反担保的，企业还应对与反担保有关的资产进行评估，且申请和评估应当分离。

评估的主要内容包括：申请担保单位主体的资格；申请担保项目的合法性；申请担保单位的资产质量、财务状况、经营状况、行业前景和信用状况；申请担保单位反担保和第三方担保的不动产、动产和权利归属；其他要素内容。

企业应按照确定的权限对担保业务进行严格审批。重大担保业务应当报经董事会或者企业章程规定的类似决策机构批准。对于上市公司而言，须经股东大会审核批准的对外担保业务包括但不限于以下情形：

（1）上市公司及其控股子公司的对外担保总额，超过最近一期经审计净资产50%以后提供的任何担保。

（2）为资产负债率超过70%的担保对象提供的担保。

（3）单笔担保额超过最近一期经审计净资产10%的担保。

（4）对股东、实际控制人及其关联方提供的担保。

4.担保业务的执行控制

（1）担保合同管理控制。

企业有关部门或人员应根据职责权限，按规定的程序订立担保合同，对担保期限及担保收费等作出明确约定。申请担保人同时向多方申请担保的，企业应与其在担保合同中明确约定本企业的担保份额，并落实担保责任。企业应在担保合同中明确要求被担保人定期提供财务报告和有关资料，并及时报告担保事项的实施情况。

企业应加强对担保合同的管理，指定专门部门和人员妥善保管担保合同，与担保合同相关的主合同、反担保函或反担保合同，以及抵押、质押权利凭证和有关的原始资料，保证担保项目档案完整、准确和担保财产的安全，并定期进行检查。通常担保合同正本应由公司档案室保存，副本由财务及相关部门保存。

（2）反担保控制。

企业要求申请担保人提供反担保的，还应当对与反担保有关的资产进行评估，且申请和评估应当分离。反担保可采用的形式通常有：动产、不动产抵押，动产抵押和权利质押，保证。反担保中的保证应为连带责任保证。下列财产或权利可以作为反担保的抵押或质押物：

抵押物：抵押人所有的房屋和其他地上定着物；所有的机器、交通运输工具和其他财产；抵押人依法有权处分的国有土地使用权、房屋和其他地上定着物；依法可以抵押的其他财产。

质押物：依法可以质押的财产；汇票、支票、本票、债券、存单、仓单、提单；依法可以转让的股票、股权；依法可以转让的商标专用权、专利权、著作权中的财产权；依法可以质押的其他权利。

企业必须依法办理抵押或质押登记手续，所发生的登记费、手续费用由申请担保人或第三人承担。未办理完反担保有关工作，不签订担保协议；被担保人的一方，其股东或财产作反担保抵押物或质押物时，须按法律程序办理；反担保人用已出租的财产作为反担保抵押时，应书面告知承租人。抵押或质押物的价值应经评估机构评估，其价值应达到公司规定的要求。

5.担保财产的管理和记录控制

（1）企业应建立担保事项台账，详细记录担保对象、金额、期限、用于抵押和质押的物品、权利和其他有关事项，并妥善管理有关担保财产和权利证明，定期对财产的存续状况和价值进行复核，发现问题及时处理。

（2）企业应加强对反担保财产的管理，妥善保管被担保人用于反担保的财产和权利凭证，定期核实财产的存续状况和价值，发现问题及时处理，确保反担保财产安全完整。

（3）企业应在担保合同到期时全面清理用于担保的财产、权利凭证，按照合同约定及时终止担保关系。

（4）对外提供担保预计很可能承担连带赔偿责任的，还应按照国家统一的会计制度的规定对或有事项的规定进行确认、计量、记录和报告。

担保合同生效后，企业应指定专门部门（如财务部）和人员，定期监测被担保人的经营情况和财务状况，定期对担保项目进行跟踪和监督，了解担保项目的执行、资金的使用、贷款的归还、财务运行及风险等方面的情况，定期出具监测报告。对于异常情况和问题，应当做到早发现、早预警、早报告；对于重大问题和特殊情况，应当及时向企业管理层或者董事会报告。公司总经理、董事长接到异常情况报告后，及时组织有关会议研究对策并实施，以化解担保风险。

被担保人必须定期向公司（担保人）提供其真实完整的经营状况，公司有权随时查询被担保人的财务状况；被担保人在担保债务到期前一个月，必须向公司（担保人）提供偿还债务情况报表或计划及相关财务报表；被担保人每次归还债务必须向公司（担保人）书面报告，并提供有效凭证，债务全部清偿之后，必须通知公司（担保人），并提交有关归还债务凭证的复印件；债务履行期届满，被担保人不履行债务，由公司（担保人）承担担保责任、履行担保义务后，在有效期限内及时向被担保人主张权利，确保公司财产不受损失。

6.担保业务的监督控制

为了控制担保业务风险，监事会应依据公司章程对公司对外担保管理进行监督；企业审计部门应依据公司授权和部门职能描述，对公司担保业务进行审计监督；上级应对下级进行日常工作监督。

担保业务监督的内容包括：

（1）担保业务相关岗位及人员的设置情况。重点检查是否存在担保业务不相容职务混岗的现象。

（2）担保业务授权批准制度执行情况。重点检查担保对象是否符合规定，担保业务评估是否科学合理，担保业务的审批手续是否符合规定，是否存在越权审批的行为。

（3）担保业务监测报告制度的落实情况。重点检查是否对被担保单位、被担保项目资金流向进行日常监测，是否定期了解被担保单位的经营管理情况并形成报告。

（4）担保财产保管和担保业务记录制度落实情况。重点检查有关财产和权利证明是否得到妥善的保管，担保业务的记录和档案文件是否完整。

对监督检查过程中发现的担保内部控制中的薄弱环节，负责监督检查的部门应当告知有关部门，公司有关部门应当及时采取措施，加以纠正和完善；公司监督检查部门应当按照内部管理权限向上级有关部门报告担保内部控制监督情况和有关部门的整改情况。

第四节　案例与思考

案例一　亚星化学担保事件

1.公司简介

亚星化学是我国含氯聚合物产品的龙头企业，拥有独特的竞争优势，是目前全球含氯聚合物研发和生产企业的领头羊，拥有世界级技术水平及规模化的生产装置。"亚星"品牌的氯聚乙烯产品销往全球多个国家和地区，占据国内产品六成市场，国际市场占有率达到35%。

曾经风光无限的龙头企业亚星化学上市后就发生巨额亏损，其大股东难辞其咎。亚星集团将亚星化学当成"提款机"，并通过隐瞒关联交易、隐瞒与亚星集团的非经营性资金往来等手段操纵利润，多次被监管部门警告。2011年年报中已报亏损5 544.70万元，2012年又报亏损49 399.20万元，变为ST亚星，2013年由于公司继续亏损2 206.65万元，被冠以*ST亚星的称号。公司在《关于证券投资者问询事项及其解答情况的公告》中表示：公司2011年度及2012年度业绩亏损，2013年5月8日撤销退市风险警示，股票简称由"*ST亚星"变更为"亚星化学"。但好景不长，2014年、2015年公司的业绩连续两年亏损。在2016年扣除非经常性损益之后，公司的整个经营情况还是不容乐观，又被冠以*ST称号。至2017年3月1日，亚星化学才正式"摘帽"。

亚星化学的2015年净利润为-37 812.10万元，经营现金净流量对销售收入比率为-0.1415%，公司财务杠杆高，财务风险大，又由于经营活动净流量为负数，足以见得该公司现金流不够充足，公司面临现金流断裂的经营风险。2016年，公司扭亏为盈，实现净利润888.56万元，然而营业利润仍然为负数，利润来源主要为收取政府节能减排资金补助1亿元等，经营活动产生的现金流量为0.035%，比率偏低，显示单位盈利状况不佳的现状。

2.担保事件

据《证券日报》2017年4月18日报道，截至4月17日下午可供统计的数据中，以"担保总额占净资产比例"为指标排序可知，已有52家上市公司的担保额超过净资产。

亚星化学的担保总额占净资产比例最高，超过26倍。亚星化学2016年的年报显示，报告期内担保总额为1.924亿元，担保总额占公司净资产的比例为2 618%。需要注意的是，亚星化学目前的经营情况并不算好，年报显示，2016年度公司实现归属于上市公司股东的净利润为2 678.17万元，实现了扭亏为盈。非经常性损益合计为10 065.73万元，主要项目是收到潍坊市财政局财政补贴1亿元。

2017年4月1日，亚星化学发布《潍坊亚星化学股份有限公司关于银行贷款逾期的公告》。公告中称，2017年2月15日农业银行逾期贷款7 500万元，截至公告日，公司新增农业银行逾期贷款2 000万元，公司逾期贷款共计9 500万元。

亚星化学表示，由于该部分银行授信由潍坊市投资集团发展有限公司（以下简称"投资集团"）提供担保，上述逾期贷款需要投资集团继续提供担保，现公司、投资集团与农业银行正在沟通担保事宜，争取妥善解决上述逾期贷款问题。目前，公司除农业银行逾期贷款9 500万元外，在其他银行的业务正常开展。

亚星化学近年确实陷入担保案件的多事之秋。亚星化学刚因原控股子公司乐星化学提供担保被追责代偿一事，遭上交所问询。事件情况为：亚星化学前期出售乐星化学时，曾对该公司有担保责任，在出售资产预案审核过程中，上交所已对该问题进行了重点关注和问询。如今，该笔担保果然出现了问题，亚星化学2月28日在公告中披露，收到原控股子公司乐星化学《告知函》，由公司提供担保的三笔信用证将于近日到期，乐星化学暂时无力还款。公司需要承担担保责任，代乐星化学向中国银行共偿付443.43万美元。此前，公司曾于2月18日披露称，拟为乐星化学1.71亿元的综合授信提供担保，乐星化学则以评估价值1.81亿元的机器设备等动产提供抵押反担保。

根据亚星化学与乐星化学签订的《代为还贷协议》，乐星化学将于2017年6月27日前偿还公司代为还贷的本息。对此，上交所要求亚星化学核实并补充披露乐星化学的还款能力和还款资金来源。

资料来源　张敏.亚星化学近亿元贷款逾期　叫停对原控股子公司1.71亿元担保［N］.证券日报，2017-04-05.

3.案例思考

从上述企业担保业务案例分析，其担保业务内部控制存在哪些问题？从中你能得到哪些启示？

案例二　*ST众和对外担保业务

1.案例简介

*ST众和创办于1993年，于2006年10月登陆A股市场，公司主营业务分为纺织印染和新能源锂电两大类。自上市后，众和于2010年净利润达到了8 456万元，然而2010年后便开始一路下滑。随着业绩的持续下降，于2015年众和出现了上市以来首度亏损，随后3年依然持续亏损未能实现扭亏为盈。

2015—2018年，*ST众和分别亏损1.47亿元、0.48亿元、10.4亿元和5.73亿元。至2018年年末，*ST众和的净资产仅为-11.03亿元，且公司2018年财报再次被出具无法表示意见。相关财务指标触及了《股票上市规则》条款：净资产、净利润和审计报告意见类型三种应予强制终止上市的情形。虽然2017年6月企业开始进行重大资产重组，以期避免被强制退市，但因重大资产重组须均衡多方利益，谈判难度大，未能征集到合适的意向受让方，于2019年4月公告称终止重大资产重组。2019年5月18日，*ST众和发布关于公司股票终止上市公告称，深圳证券交易所于5月17日宣布决定终止*ST众和股票上市，5月27日起*ST众和进入退市整理期，退市整理期届满的次一交易日，深圳证券交易所将对公司股票予以摘牌。

截至2018年年底，*ST众和对外担保总额达到4.74亿元，累计金额巨大，在同行业处于较高水平。根据证监会〔2017〕16号公告，严格控制上市公司的对外担保风险，上市公司对外担保总额不得超过最近一个会计年度合并会计报表净资产的50%。对比这一规定，从2015年起，众和对外担保的规模占净资产均超过50%，处于高风险的状态，多次收到问询函和关注函。2017—2018年，*ST众和净资产下降为负数，分别为-5.33亿元和-11.03亿元。但2015—2017年*ST众和依然新增对外担保金额，并对2014年部分担保进行延期，无论是金额还是风险，都无法与自身的财务状况相匹配。

在2018年暂停退市后，*ST众和仍需要面对巨大的担保偿债压力，或有负债转换为真实债务，大量预计负债的计提对于其财务状况更是雪上加霜，在暂停上市后扭亏为盈困难，这也是导致其强制退市的重要原因之一。从各项担保的金额来看，最高的一笔金额发生于2015年，金鑫矿业向中融信托借款人民币2亿元，众和提供连带责任担保，借款主要用于矿山建设及补充流动资金，已于2016年2月到期，但金鑫矿业和*ST众和均没有能力归还借款和罚息，截至2016年12月31日，该笔借款本息及逾期罚金合计约人民币2.87亿元。

证监会规定：担保的高风险主要体现在两个方面：一是担保规模大，即上市公司或有负债规模大，将给企业的正常经营带来较大的不确定性，当对外担保总额超过净资产的50%时，可以认为对外担保风险已经进入较高水平。二是担保对象异常，指对资产负债率过高的企业提供担保，这类企业自身财务风险高，出现贷款违约的可能性大。为这一类公司提供担保，需要承担的风险极高。同时，上市公司偏好向股东、子公司及其关联方提供担保，这类担保很可能成为大股东"掏空"上市公司的重要手段。*ST众和的对外担保中存在这两类高风险的问题。

资料来源　根据黄溶冰. 上市公司对外担保内部控制失效问题研究——以*ST众和为例〔D〕. 杭州：浙江工商大学，2020整理。

2. 案例思考

查阅相关资料，分析思考*ST众和对外担保内部控制失效的成因及启示。

本章小结

　　企业担保业务涉及的主要内容为：担保业务申请受理，担保事项的调研及报告，担保业务的审批，签订担保合同，担保监督检查，担保合同的履行和垫付款项及其催收。

　　为了实现担保业务目标，企业应重点关注下列担保业务风险：担保业务未经适当审批、超越权限审批导致的严重损失；担保违反国家法律规定和上市地监管机构的要求，或主合同、担保合同不符合《民法典》等国家法律法规要求，可能遭受外部处罚、经济损失和信誉损失；担保事项归集、汇总与核销不及时、不完整，导致相关担保信息披露不适当；担保执行监控不当，可能导致企业经营效率低下或资产遭受损失。

　　担保业务内部控制环节包括：不相容岗位分离及权责划分，担保业务的授权审批控制，担保业务的评估与审批控制，担保业务的执行控制，担保财产的管理和记录控制，担保业务的监督控制。

工程项目业务内部控制

学习目标

通过本章学习，了解工程项目业务内容，熟知工程项目业务风险，掌握工程项目业务的内部控制环节，能恰当运用内部控制理论对工程项目内部控制案例进行分析。

第一节　工程项目业务概述

工程项目（一般指建设领域的项目）或称投资项目、建设项目，是指一个总体设计或总预算项目，由一个或几个互有内在联系的单项工程组成，建成后在经济上可以独立核算经营，在行政上又可以统一管理的工程单位。工程项目是通过一定数量的投资和组织实施，以形成固定资产为特定目标的一次性经济活动。对工程项目的基本要求是质量达标、工期合理、造价节省、投资有效。工程项目具有唯一性、一次性、整体性、固定性，许多因素具有不确定性、不可逆转性、建设周期长和协作要求高的特点。

工程项目的这些特点给工程项目管理带来了较大的难度，而工程项目对单位的影响是巨大的，所以，为了实现工程项目的管理目标，必须在工程项目业务的各个环节进行严格的控制。工程项目业务的控制环节一般分为项目决策、项目概预算、项目招投标、项目价款支付、竣工决算。

工程项目业务涉及的具体环节为：

1.项目决策

工程项目决策是整个工程建设的前期工作，是整个项目成败的关键，真实可靠的项目建议书、可行性研究报告、科学的论证决策将为项目的顺利建设打下良好的基础。工程项目决策环节主要包括项目建议书的编制、项目可行性研究报告的编制与评审、项目决策程序等内容。

（1）项目建议书的编制。项目建议书又称立项报告，主要论证项目建设的必要性。项目建议书是项目发展周期的初始阶段，是项目选择的依据，也是可行性研究的依据。

项目建议书的具体内容包括：项目提出的必要性和依据；产品方案，拟建规模和建设地点的初步设想；资源情况、建设条件、协作关系和设备技术引进国别、厂商的初步分析；投资估算、资金筹措及还贷方案设想；项目的进度安排；经济效果和社会效益的初步估计，包括初步的财务评价和国民经济评价；环境影响的初步评价，包括治理"三废"措施、生态环境影响的分析；附件。

（2）项目可行性研究报告的编制与评审。编制可行性研究报告的重要依据是批准的项目建议书。由项目建设单位法人代表通过招投标或委托等方式，确定有资质的和相应等级的设计或咨询单位承担，项目法人应全力配合，共同进行这项工作。可行性研究报告是项目建设程序中十分重要的阶段，必须达到规定要求，为项目决策提供科学依据。

可行性研究报告的内容主要包括：项目概况，项目建设的必要性，市场预测，项目建设选址及建设条件论证，建设规模和建设内容，项目外部配套建设，环境保护，劳动保护与卫生防疫，消防、节能、节水，总投资及资金来源，经济、社会效益，项目建设周期及进度安排，招投标法规定的相关内容等。

企业应当组织规划、工程、技术、财务、法律等部门的专家对项目建议书和可行性研究报告进行充分论证和评审，出具评审意见，作为项目决策的重要依据。

（3）项目决策程序。项目的策划和决策阶段中任何一项决策的失误，都有可能导致投资项目的失败，在当今激烈的市场竞争条件下，任何选择都具有一定的风险。因此，项目策划和决策阶段的工作是项目的首要环节和重要方面，对项目能否取得预期的经济、社会效益起着关键作用。而且建设项目一般周期较长、投资较大、风险也较大。建设项目具有不可逆转性，一旦投资下去，工程建起来，设备安装起来，即使发现错了，也很难更改，损失很难挽回。

项目决策应遵循科学化和集体化的决策原则。在项目决策前，按照科学的程序，采用科学的方法，在调查研究的基础上，分析各种风险，对拟建项目的可行性和发展前景进行认真的决策分析与评价，进行集体决策。企业应根据职责分工和审批权限对工程项目进行决策，决策过程应有完整的书面记录。重大项目的决策，应当报经董事会或董事会授权机构进行决策。

2. 项目概预算

工程项目概预算是设计上对工程项目所需全部建设费用计算结果的统称。在设计的不同阶段，其名称、内容各有不同。总体设计时叫估算，初步设计时叫总概算，技术设计时叫修正概算，施工图设计时叫预算。

（1）概算。设计概算是在初步设计或扩大初步设计阶段，由设计单位根据初步设计或扩大初步设计图纸，概算定额、指标，工程量计算规则，材料、设备的预算单价，建设主管部门颁发的有关费用定额或取费标准等资料，预先计算工程从筹建至竣工验收交付使用全过程建设费用的经济文件，即计算建设项目总费用。项目概算是国家确定和控制基本建设总投资的依据；是工程投资的最高限额；是工程承包、招标的依据；是核定贷款额度的依据；是考核分析设计方案经济合理性的依据。

修正概算是指在技术设计阶段，由于设计内容与初步设计的差异，设计单位应对投资进行具体核算，对初步设计概算进行修正。

（2）预算。施工图预算是指拟建工程在开工之前，根据已批准并经会审后的施工图纸、施工组织设计、现行工程预算定额、工程量计算规则、材料和设备的预算单价、各项收费标准，预先计算工程建设费用的经济文件。项目预算是考核工程成本、确定工程造价的主要依据；是编制标底、投标文件、签订承发包合同的依据；是工程价款结算的依据；是施工企业编制施工计划的依据。

（3）施工预算是施工单位内部为控制施工成本而编制的一种预算。它是在施工图预算的控制下，由施工企业根据施工图纸、施工定额并结合施工组织设计，通过工料分析，计算和确定拟建工程所需的工、料、机械台班消耗及其相应费用的技术经济文件。施工预算实质上是施工企业的成本计划文件。项目施工预算是企业内部下达施工任务单、限额领料、实行经济核算的依据，是企业加强施工计划管理、编制作业计划的依据，是实行计件工资、按劳分配的依据。

建设单位对工程设计与概预算的控制主要通过审查方式实现，其中对预算的审查是为了控制建设项目的投资，对工程设计的审查是为了控制设计项目的质量。工程项目概预算的内容包括建筑安装工程费，设备工具、器具购置费，工程建设其他费用和预备费四个方面。

3.项目招投标

企业的工程项目一般应当采用公开招标的方式，择优选择具有相应资质的承包单位和监理单位。在选择承包单位时，企业可以将工程的勘察、设计、施工、设备采购一并发包给一个项目总承包单位，也可以将其中的一项或者多项发包给一个工程总承包单位，但不得违背工程施工组织设计和招标设计计划，将应由一个承包单位完成的工程分解为若干部分发包给几个承包单位。

企业应当依照国家招投标法律的规定，遵循公开、公正、平等竞争的原则，发布招标公告，提供写有招标工程主要技术要求、主要合同条款、评标的标准和方法以及开标、评标、定标的程序等内容的招标文件。

企业应当依法组建评标委员会，按照招标文件确定的标准和方法，对投标文件进行评审和比较，择优选择中标候选人，最后与承包商签订承包合同。

4.项目价款支付

基本工程建设存在着规模大、投资多、工期长、多方参与、情况复杂等因素，这些特点决定了工程项目价款支付业务有特殊的内容和内部控制方式。为确保价款支付及时、正确，企业应该建立工程进度支付价款环节的控制制度，对价款支付的条件、方式以及会计核算程序作出明确规定。

工程价款支付业务的主要内容为：

（1）工程建设所需材料设备款的结算。工程项目一旦开工建设，建设单位就要组织工程所需的建筑材料及有关设备的采购。单位办理工程项目采购业务，应当符合公司采购与付款的相关规定，但与企业生产经营活动采购不同，建设单位采购材料并不是自身使用，而是转交给施工单位进行工程施工，并且工程材料的采购计划是由施工单位根据施工图预算提报的，所以首先要加强对采购计划的审批控制；其次，材料设备款的支付要在建设单位和施工单位共同认可后才能进行。

（2）工程预付款的支付。开工前建设单位预付施工单位部分工程款。工程预付款的支付主要根据施工合同有关条款进行，因此，在支付工程预付款之前，必须组织审计部门对工程预算进行审核，合理确定合同价款。

（3）工程进度款的拨付。建设单位应根据工程形象进度拨付工程款，加强对工程进度拨款的控制，这是加强拨款管理、防止工程款拨超的重要手段。

工程进度款支付一般有按月结算、分段结算和竣工后一次结算等方式。按月结算指实行旬末预支或月中预支，月终按工程师确认的当月完成的有效工程量进行结算。分段结算指双方约定按单项工程或单位工程形象进度，划分不同阶段进行结算。竣工后一次结算指建设项目少，工期较短的工程可以实行在施工过程中分几次预支，竣工后一次结算的方法。

（4）工程竣工结算。工程竣工结算是建设单位与施工单位办理竣工工程价款结算的手续，是对整个工程的全面清算。施工单位在工程决算审核完毕后，凭竣工验收证明、工程清查情况资料到财务部门办理结算。财务部门依据合同，验明有关手续后办理结算。

5.竣工决算

为确保竣工决算真实、完整、及时，企业应当建立竣工决算环节的控制制度，对竣工清理、竣工决算、决算审计、竣工验收等作出控制。

竣工决算的内容应包括从项目策划到竣工投产全过程的全部实际费用。竣工决算的内容包括竣工财务决算说明书、竣工财务决算报表、工程竣工图和工程造价对比分析四个部分。其中竣工财务决算说明书和竣工财务决算报表又合称为竣工财务决算，是竣工决算的核心内容。

第二节　工程项目业务的风险

工程项目业务要保证工程项目立项符合国家的政策，包括产业政策、环境保护政策、基本建设和技术改造方面的有关政策等；要符合国家关于工程项目建设的有关法律法规和具体规定；要保证单位的工程项目竣工后能够给单位带来经济效益和良好的社会效益。为了实现工程项目业务目标，企业应重点关注涉及工程项目业务的下列风险：

（1）工程项目前期准备工作不够科学合理，项目决策依据、程序、审批权限和责任制度不明确，导致工程项目决策失误。

（2）工程项目概预算编制的依据、内容、标准和审批程序不明确，可能导致项目投资失控。

（3）项目招标暗箱操作，存在商业贿赂或舞弊，可能导致中标人实质上难以承担工程项目，中标价格失实及工程项目质量问题；合同条款内容的规定要全面科学，避免导致项目投资失控。

‖‖‖相关链接

合同管理中存在的问题

（1）制度不健全，影响合同管控。部分施工企业合同管理不规范，合同管理体系不健全，往往将已签订的合同束之高阁，合同执行缺少过程追踪及监控。同时在合同管理中缺乏条理性和严密性，分级分类管理制度不健全，造成管理界面不清晰，审批流程长，在很大程度上影响工程项目进展。

（2）忽视主合同管理，造成合同管理工作被动。在履约过程中，参建施工企业不重视主合同管理工作，对主合同中双方权责理解不深，对合同、招标文件、业主管理制度中变更索赔、材料调差、优质优价等与费用相关的条款研读不够，不能将对参建施工企业有利的条款转化为合同管理工作的成果。

（3）合同文本不规范，增加合同管理难度。大型公路施工项目中参建企业较多，每个参建企业有自己的合同文本，但部分施工企业不重视合同文本，合同用语不规范，有争议性的模棱两可语句和条款时常在合同中出现，所签订合同不严谨、不规范，存在法律风险，给企业带来不必要的经济损失。

（4）合同履行不严肃，合同风险增大。在合同履行过程中往往会出现未能根据变化后的情况，对合同内容及时进行相应的修正和调整，导致小问题积累成大问题，最终导致合同的约束力丧失，不能体现合同的权威性，合同不能正常履行，进而造成合同履行风险。

（5）重视程度不够，认知水平有待提升。在大型公路项目施工合同管理中，由于相关人员来自不同的公司或不同的项目，部分人员在思想上对这方面的管理缺乏足够的重视，整体的认知水平有待提升，导致合同管理效果不显著，制约其管理水平的提升。受到合同管理经验欠缺、专业能力不足等因素的影响，导致自身在合同管理方面的认知水平不高，会使相应的管理工作开展不及时或缺乏有效性等，间接地降低了合同的管理水平。

资料来源 谢展，袁福银，孙春虎. 浅析大型公路施工项目合同管理 [J]. 公路，2020（6）.

（4）价款支付的方式、金额、时间进度和审批程序不明确，可能导致资金损失或延误工期。

（5）竣工决算环节的控制流程不科学，竣工清理范围、竣工决算依据、决算审计要求、竣工验收程序、资产移交手续等不明确，可能导致工程交付使用后存在重大隐患。

（6）工程项目的会计核算和报告不符合国家相关会计制度的规定，导致会计信息失真。

知识点滴

工程项目风险管理流程描述

在工程项目风险管理中，首先进行的是风险规划，在项目立项后，由相关管理人员制定一系列的风险管理规划，这些规划中包含对风险的识别和应对方法，是后续风险管理的依据。

风险规划完成后，进入风险识别的流程。风险识别是工程项目风险管理最重要的环节，参与者来自工程涉及的不同岗位，具有全员参与性。参与人员根据风险规划中制定的风险度量方法对风险的来源、风险的发生条件、风险发生的概率、风险的影响范围等进行确定。风险识别务求尽可能识别出所有的风险，由于风险的不确定性，这个过程伴随工程项目的全生命周期。风险识别的方法繁多，常用的有故障树分析法、蒙特卡罗模拟法、综合评价法、层次分析法等。应尽可能使用定量分析的方法，因为定量分析更为准确直观，而定性分析的方法往往依赖参与人员的风险意识程度，准确程度难以保证。

对于量化识别出的影响较小的风险，可以风险保留并正常施工建设，在建设实施过程中注意预防即可；对于影响较大但可以预防或弱化的风险，可以采取控制措施将风险弱化处理到项目可正常实施的范围内后正常进行施工作业；对于具有较大影响但是无法预防和弱化的风险，判断其是否具有灾难性，将具有灾难性、自身无法承担的风险进行风险转移，自身可以承担的风险做风险保留处理。

除风险规划、风险识别、风险评估和风险应对流程，风险监控在建设工程项目风险管理流程中也不可或缺。

资料来源　吴泽斌，吴泽宇，易璐. 工程项目风险承载力：内涵界定与评价思路，建筑经济[J]. 2020（2）.

第三节　工程项目业务内部控制环节

1.职务分离控制

企业应当建立工程项目业务各项管理制度，全面梳理各个环节可能存在的风险点，规范工程立项、招标、概预算、价款支付、验收等环节的工作流程，明确相关部门和岗位的职责权限，做到可行性研究与决策、概预算编制与审核、项目实施与价款支付、竣工决算与审计等不相容职务相互分离，强化工程建设全过程的监控，确保工程项目的质量、进度和资金安全。

企业应当建立工程项目业务的岗位责任制，明确相关部门和岗位的职责权限，确保办理工程项目业务的不相容岗位相互分离、制约和监督。

工程项目业务不相容岗位一般包括：

（1）项目建议、可行性研究与项目决策。

（2）概预算编制与审核。

（3）项目决策与项目实施。

（4）项目实施与价款支付。

（5）项目实施与项目验收。

（6）竣工决算与竣工决算审计。

企业应当根据工程项目的特点，配备合格的人员办理工程项目业务。应当建立工程项目授权制度和审核批准制度，并按照规定的权限和程序办理工程项目业务。按照规定的权限和程序对工程项目进行决策，决策过程应有完整的书面记录。

2.项目决策控制

企业应当建立工程项目决策环节的控制制度，对项目建议书和可行性研究报告的编制、项目决策程序等作出明确规定，确保项目决策的科学性和合理性。

企业应当组织工程、技术、财会、法律等部门的相关专业人员对项目建议书和可行性研究报告的完整性、客观性进行技术经济分析和评审，出具评审意见。

企业应当根据职责分工和审批权限制定工程项目业务流程，明确项目决策、概预算编制、价款支付、竣工决算等环节的控制要求，并设置相应的记录或凭证，如实记载各环节业务的开展情况，确保工程项目全过程得到有效控制。

　　企业应当根据职责分工和审批权限对工程项目进行决策，决策过程应有完整的书面记录。重大工程项目的立项，应当报经董事会或类似权力机构集体审议批准。总会计师或分管会计工作的负责人应当参与项目决策。严禁任何个人单独决策工程项目或者擅自改变集体决策意见。对于重大项目，企业应当考虑聘请具备规定资质和胜任能力的中介机构和专业人士，协助企业进行工程项目业务的实施和管理，确保工程项目质量。

　　企业应当建立工程项目决策及实施的责任制度，明确相关部门及人员的责任，定期或不定期地进行检查。

　　企业应当根据国家有关规定和企业实际情况，合理确定工程项目建设方式。对需要承包给施工企业承建的工程项目，应当区别招标与否的不同情况，制定相应的审批程序。

　　3.概预算控制

　　企业应当建立工程项目概预算环节的控制制度，对概预算的编制、审核等作出明确规定，确保概预算编制科学、合理。组织工程、技术、财务等方面的相关专业人员对编制的概预算进行审核，重点审查编制依据、工程量的估计、定额、参数、模型等的采用是否合理，项目内容是否完整，计算是否准确。审核人员应出具书面审核意见，并签章确认。企业可以委托具备相应资质的中介机构开展工程造价咨询工作。

　　4.招投标控制

　　按照惯例，工程项目应采用公开招标方式确定承包商，防止发包、承包中的舞弊行为，保证工程项目的质量。企业应根据技术胜任能力、管理能力、资源的可利用性、收费的合理性、专业的全面性、社会信誉以及质量保证等因素来选择承包商。

　　企业应根据项目总承包体制及各项工程的特点，明确各分包工程的范围，制定总承包及各分包工程的招标文件。在确定承包商之前，企业应对各备选单位进行调查，并进行投标资格的初步审查，了解该单位的资质信誉、实力、工程业绩是否符合该工程项目要求，并且要求投标方以书面形式向企业承诺不转包该专业工程。

　　企业应当依照国家招投标法律的规定，遵循公开、公正、平等竞争的原则，发布招标公告，提供载有招标工程主要技术要求、主要合同条款、评标的标准和方法，以及开标、评标、定标的程序等内容的招标文件。企业可以根据项目特点决定是否编制标底。需要编制标底的，标底编制过程和标底应当严格保密。在确定中标人之前，企业不得与投标人就投标价格、投标方案等实质性内容进行谈判。

　　企业应当依法组建评标委员会。评标委员会由企业的代表和有关技术、经济方面的专家组成。评标委员会应当客观、公正地履行职务、遵守职业道德，对所提出的评审意见承担责任。

　　企业应当采取必要的措施，保证评标在严格保密的情况下进行。评标委员会应当按照招标文件确定的标准和方法，对投标文件进行评审和比较，择优选择中标候选人。评标委员会成员和参与评标的有关工作人员不得透露对投标文件的评审和比较、中标候选人的推荐情况以及与评标有关的其他情况。企业应当按照规定的权限和程序从中标候选人中确定中标人，及时向中标人发出中标通知书，在规定的期限内与中标人订立书面合同，明确双方的权利、义务和违约责任。

经过上述评标过程的规范化、程序化、公开化，使招标结果具有公正性，也使得施工总承包、设计总承包和监理方易于与项目公司取得一致意见最后定标。进而，综合以上各标准确定承包商并洽谈、签订承包合同。

一般工程施工期较长，而这个阶段对工程质量来说又特别重要，因此，企业应加强施工阶段的监督管理，保证工程质量。企业可以由专门小组也可以委托专门的监理机构进行工程质量监督。企业可以使用全面质量管理体系对施工过程进行质量管理，包括：做好施工的技术交底，监督按照设计图纸和规范、规程施工；进行施工质量检查和验收，加强对施工过程各个环节特别是隐蔽工程进行质量检查；进行质量分析，防止施工过程中类似质量问题的再次发生。

5.价款支付控制

企业应当建立工程进度价款支付环节的控制制度，对价款支付的条件、方式以及会计核算程序作出明确规定，确保价款支付及时、正确。

对于重大项目，企业应当考虑聘请符合国家规定资质的中介机构，如招标代理、工程监理、财务监理等，协助企业进行工程项目的管理。

企业会计人员应当对工程合同约定的价款支付方式、有关部门提交的价款支付申请及凭证、审批人的批准意见等进行审查和复核。复核无误后，方可办理价款支付手续。

工程进度款的支付要按工程项目进度或者合同约定进行，不得随意提前支付。

企业会计人员在办理价款支付业务过程中发现拟支付的价款与合同约定的价款支付方式及金额不符，或与工程实际完工进度不符等异常情况时，应当及时报告。

企业应当严格控制项目变更，对于必要的项目变更应经过相关部门或中介机构（如工程监理、财务监理等）的审核。

因工程变更等原因造成价款支付方式及金额发生变动的，应当提供完整的书面文件和其他相关资料。企业会计人员应当对工程变更所涉及的价款支付进行审核。

企业应当加强对工程项目资金筹集与运用、物资采购与使用、财产清理与变现等业务的会计核算，真实、完整地反映工程项目成本费用发生情况、资金流入流出情况及财产物资的增减变动情况。

企业应当加强对在建工程项目减值情况的定期检查和归口管理、减值准备的计提标准和审批程序。

6.竣工决算控制

企业应当建立竣工决算环节的控制制度，对竣工清理、竣工决算、决算审计、竣工验收等作出明确规定，确保竣工决算真实、完整、及时。

企业应当建立竣工清理制度，明确竣工清理的范围、内容和方法，如实填写并妥善保管竣工清理清单。企业应当加强对工程剩余物资的管理，对需处置的剩余物资，应当明确处置权限和审批程序，并将处置收入及时入账。

企业应当依据国家法律法规的规定及时编制竣工决算。

企业应当组织有关部门及人员对竣工决算进行审核，重点审查决算依据是否完备，相关文件资料是否齐全，竣工清理是否完成，决算编制是否正确。企业应当建立竣工决算审计制度，及时组织竣工决算审计。未实施竣工决算审计的工程项目，原则上不得办理竣工验收手续。因生产经营急需或确需组织竣工验收的，应同时进行竣工决算审计。

企业应当及时组织工程项目竣工验收，确保工程质量符合设计要求。

企业应当对竣工验收进行审核，重点审查验收人员、验收范围、验收依据、验收程序等是否符合国家有关规定，并考虑聘请专业人士或中介机构帮助企业验收。验收合格的工程项目，应当及时编制财产清单，办理资产移交手续，并加强对资产的管理。

企业应当建立工程项目后评估制度，对完工工程项目的经济性与项目建议书和可行性研究报告提出的预期经济目标进行对比分析，并将分析结果作为绩效考核和责任追究的基本依据。

第四节　案例与思考

案例一　鲁布革工程管理经验

1.工程背景

鲁布革水电站位于云南罗平县和贵州兴义市交界处黄泥河下游的深山峡谷中，这里河流密布，水流湍急，落差较大。1990年，在这里建成了装机容量为60万千瓦的水电站。早在1977年，水电部就着手进行鲁布革电站的建设，水电十四局开始修路，进行施工准备。但由于资金缺乏，工程一直未能正式开工，每年国家拨给工程局的少量资金，大部分用来维持施工队伍，准备工程进展缓慢，前后拖延7年之久。

1983年，水电部决定利用世界银行贷款，使工程出现转机。鲁布革向世界银行贷款总额度为1.454亿美元。按世界银行的规定，对引水系统工程的施工实行中华人民共和国成立以来第一次按照FIDIC组织推荐的程序进行国际公开（竞争性）招标。招标工作由水电部委托中国进出口公司进行。

（1）投标过程

招标公告发布之后，13个国家的32家承包商提出了投标意向，争相介绍自己的优势和履历。

1982年9月，刊登招标公告，编制招标文件，编制标底。引水系统工程原设计概算1.8亿元，标底14 958万元。工期1 579天。

1982年9月—1983年6月，资格预审。

1983年6月15日，发售招标文件（标书）。15家取得投标资格的中外承包商购买了招标文件。

经过5个月的投标准备，1983年11月8日，开标大会在北京正式举行。

1983年11月—1984年4月，评标、定标。经各方专家多次评议，日本大成公司中标。从投标报价（根据当日的官方汇率，将外币换算成人民币）可以看出，最高价法国SBTP公司（1.79亿元），与最低价日本大成公司（8 463万元）相比，报价竟相差1倍之多，前几标的标价之低，使中外厂商大吃一惊，在国内外引起不小震动。

日本大成公司　投标：8 463万元（比标底低43%）；工期：1 545天。

实际结果　造价：为标底60%；工期：1 423天；质量：达到合同规定的要求

（2）事件过程

大成公司派到中国来的仅是一支30人的管理队伍，从中国水电十四局雇了424名劳动工人。他们开挖23个月，单头月平均进尺222.5米，相当于我国同类工程的2~2.5倍；在开挖直径8.8米的圆形发电隧洞中，创造了单头进尺373.7米的国际纪录。1984年11月开工，1988年12月竣工，施工中以精干的组织、科学的管理、适用的技术，达到了工程质量好、用工用料省、工程造价低的显著效果，创造了隧洞施工国际一流水平，成为我国第一个国际性承包工程的"窗口"，形成了强大的"鲁布革冲击波"。

2.鲁布革工程经验

从项目的实施方式上，鲁布革工程经验主要体现在：

（1）管理层与作业层分离，总包与分包管理相结合

大成公司在对鲁布革水电站引水系统提出投标意向之后，立即着手选配工程项目领导班子，公司首先指定泽田担任项目经理（日本称所长），由泽田根据工程项目的工作划分和实际需要，向各职能部门提出所需的各类人员的数量、比例、时间、条件，各职能部门推荐备选人名单，磋商后，初选的人员集中培训两个月，考试合格者选聘为工程项目领导班子的成员，统交泽田安排，作为管理层。大成公司采用施工总承包制，在现场日本的管理及技术人员仅30人左右，雇用我国的公司分包，而作业层则主要从中国水电十四局雇用。

（2）项目矩阵制组织与资源动态配置相结合

鲁布革大成事务所与本部海外部的组织关系是矩阵式的。在横向，大成事务所班子的所有成员在鲁布革项目中统归泽田领导。在纵向，每个人还要以原所在部门为后盾，服从原部门领导的业务指导和调遣。比如机长宫晃，在横向，他作为泽田的左膀右臂之一，负责鲁布革工程所有施工设备的选型配套、使用管理、保养维修，以确保施工需要和尽量节省设备费用，对泽田负完全责任。在纵向，他要随时保持和原本部职能部门的联系，以取得本部的指导和支持。当重大设备部件损坏，现场不能修复时，他要及时以电报或电传的形式与本部联系，本部尽快组织采购设备并运往现场，或请设备制造厂家迅速派人员赶赴现场进行修理和指导。工程项目

组织与企业组织协调配合十分默契。比如工程项目隧洞开挖高峰时，人手不够，总部立即增派有关专业人员到现场。当开挖高峰过后，到混凝土补砌阶段，总部立即将多余人员抽回，调往其他工程项目。这样，横纵向的密切配合，既保证项目的急需，又提高了人员的效率，显示矩阵制高效的优势。

（3）科学管理与关键线路控制方法

大成公司采用网络进度计划控制项目进展，并根据项目最终效益制定独到的奖励制度，将奖励与关键线路结合。若工程在关键线路部分，完成进度越快，奖金越高；若在非关键线路部分的非关键工作，有时干得快，奖金反而要降低，就是说非关键工作进度快了对整个工程没有什么效益。科学管理还体现在施工设备管理上，为了降低成本，公司不备用机械设备，而是多备用机械配件，机械出现故障，将配件换上立即运转，机械修理在现场进行，而不是将整个机械运到修理厂去修理。而且下班后机械设备不离场，使其充分发挥效率。

当时，中国的工程建设管理还处在计划体制下，对市场管理手段和经济手段还比较陌生，在鲁布革工程中第一次使用国际性的合同管理制度，由鲁布革工程管理局与日本大成公司签订承发包合同。中国施工管理人员对合同制管理体制是陌生的。一条运输路，合同规定由甲方提供三级碎石路，由于翻修不当，造成日方汽车轮胎损失严重，于是日方提出索赔200多条轮胎。这些事件对我国管理人员来说都是前所未有的，但是合同执行的结果让我们彻底改变了看法：工程质量综合评价为优良，包括除汇率风险以外的设计变更、物价涨落、索赔及附加工程量等增加费用在内的工程结算为 9 100 万元，仅为标底 14 958 万元的 60.8%，比合同价仅增加了 7.53%。合同管理制度相比传统那种单纯强调"风格"而没有合同关系的自家"兄弟"关系，发挥了管理刚性和控制项目目标的关键作用。

"鲁布革冲击波"对中国建筑业的影响和震撼是空前的。它对我国传统的投资体制、施工管理模式乃至国企组织结构等都提出了挑战。对于中国项目管理发展而言这是一个划时代的事件，开启了真正意义上的中国建设工程项目管理的新时代。从今天看来，鲁布革工程经验还有很多我们没有完全吸取，比如设计施工一体化、总包分包管理等。

资料来源　牛峰. 鲁布革工程管理经验，中国工程界的第一扇大门！［EB/OL］.［2017-11-08］. http://www.sohu.com/a/203204008_472913.

3.案例思考

阅读相关资料，分析该案例给你带来的启示。

案例二　白鹤滩水电站零星工程项目管理案例

1.案例介绍

水电站零星工程是指为满足场区运行维护以及安全、文明施工等需要，且不包含在其他合同范围内的小型零散项目，如供水、供电、通信、绿化、公用设施建设及维护等，施工内容繁杂（包括交通安全设施、施工区广告牌、道路桥梁维护、零星绿化、市政管网改造、房屋装修、施工区红线封闭等）。

白鹤滩水电站作为在建世界第一大水利枢纽工程，给大坝坝体、地下电站等主体工程做好保障需实施大量公共零星工程项目，以往工程实施过程中均将此类项目作为其他合同变更项目处理。在白鹤滩水电站工程建设过程中创新了管理模式，建设单位按年度进行零星工程项目合同单独招标，监理通过不断总结管理经验，形成一套适合零星工程项目管理的方法。

零星工程项目招标时工程内容尚无法确定，只能拟定部分项目，且单个项目投资额小、施工部位零散、涉及行业多、项目管理难度大，与一个独立性强的工程合同项目管理模式有较大区别，工程项目划分、施工质量、安全和进度、工程计量等都需要单独制定管理程序和制度才能达到监理管理目的。

目前，大型水电站建设对零星工程作为单独的合同进行管理还没有类似经验，为了规范零星工程合同项目管理，做到规范化、制度化和信息化，在白鹤滩水电站建设期间经参建各方不断探索和总结，形成了一套切实可行的管理方法。

（1）零星工程项目审批

白鹤滩水电站零星工程自白鹤滩工程筹建期以来就逐步在实施，筹建工程前期均纳入其他相对独立的合同项目作变更处理。为便于集中管理，建设单位于2014年确定以单独的零星工程合同来管理。零星工程项目在合同签订时具体实施项目不完全确定，在实施过程中须根据工程需要不断增加和调整，通过对2014—2016年度零星工程合同项目的管理经验进行总结，确定了相应的管理办法。单个零星工程项目发起实行审批程序是零星工程项目管理的重要环节，以保证项目实施的必要性和投资额控制，对于招标过程合同内已有的工程量清单项目，可不再进行项目审批。

①项目发起依据。经建设单位按程序批准的专题报告、会议纪要等；每半年或一年召开的供水、供电、通信系统技改项目专题审查会议形成的相关文件；建设单位项目部下发的委托函；经发起部门和责任部门分管领导共同审批的工作联系单等。

②项目审批。建设单位项目部组织零星工程实施单位进行现场调查，确定规划设计方案，由项目发起部门填写"零星工程审批表"，报建设单位领导审批。

③项目实施。承建单位根据经建设单位审批的零星工程规划设计方案编制施工方案，对工程量小、施工工艺简单的项目，经业主和监理同意填写"零星工程项目技术方案确认表"，方案经监理审批后实施。

④项目验收。零星工程项目均作为变更项目处理，采取"一事一了"的原则，单个零星工程完工后及时验收，由承建单位填写"零星工程项目验收单"，请相关方验收签字，完善工程资料后立即进行变更立项、结算和资料归档工作。

（2）合同项目开工控制程序

监理根据零星工程项目的实际情况，在管理过程中不断分析总结，制定了工程质量、安全、进度、合同、信息、工程验收等方面的具体管理程序和制度。

合同项目开工前由承建单位上报开工报审文件，主要包括施工组织设计、项目部组织机构、质量和安全体系文件、分包单位市场准入申请、测量和试验大纲、项目划分和合同项目开工申请表等内容。承建单位涉及劳务和专业分包情况的，严格按照白鹤滩水电站工程市场准入制度办理市场准入审批手续。针对工作量较小的项目，项目部可直接聘用工人进行劳务作业，按照合同要求承建单位应与其雇用的人员签订劳动合同，规范劳务用工管理。

为规范工程项目划分和验收程序，一个合同工程作为一个单位工程进行验收，按年度实施完成的零星工程项目划分为一个分部工程进行验收，每个工程部位划分为一个子分部工程，分项和单元工程验收参照相关行业工程验收规范执行。

（3）单项工程方案审批

涉及专业性较强、工程结构安全要求高的项目按照合同要求由承建单位委托有资质的单位设计，并提供设计图，必要时也可由建设单位委托主体设计单位设计，零星工程项目通常以施工方自带设计施工为主。承建单位按批准的设计方案编制施工方案，经监理审批后实施。工程量不大或对结构安全要求不高的项目经参建各方协商可采用技术方案确认表的形式替代施工方案，并附施工图，技术方案须明确零星工程布置、结构形式、设计参数、执行标准等内容。

（4）实施过程管理

①工程材料验收。承建单位需独立建立试验室进行取样检测，针对委托检测的，将委托机构资质报监理单位备案，项目开工前编制试验大纲报监理审批。零星工程项目使用材料包括甲供材料和自购材料（自购材料比例大），所有材料进场需执行报验程序，申请监理验收，材料报验时必须提供"三证"和复试报告。鉴于单个零星工程项目使用材料用量小，承建单位可设置材料仓库集中验收管理，取样送检次数不得低于规范上限要求。施工过程半成品均需按照相关规范取样检测。检测频次应满足要求，针对工程量非常小或无结构安全要求的混凝土、砌体、装饰等零星工程项目，为节约工程成本，经参建各方协商可以功能性验收为主。

②工程测量。合同项目开工前承建单位需编制测量大纲报监理审批，配备有资质的专业测量人员和设备。不规则体型工程量原则上要求测量收方，针对应急抢险或不方便测量收方的项目，施工前由参建各方协商可采用丈量、资源投入等方式计量，实施过程需相关方进行见证。

③质量验收评定。工程项目涉及相关行业标准规范的，应参照相关验收规范执行，具体实施程序如下：

A.满足分项工程、单元工程（包括检验批）条件的，应按照相应行业标准及规范执行。

B.涉及水工专业的项目仍按照建设单位下发的相关质量管理规定、程序、办法执行，如混凝土工程、石方爆破开挖等。

C.针对没有相应质量验收规范、结构形式简单（不涉及结构安全）、工程量较小的项目，经参建各方协商可以功能性验收为主，如塌方清运、挡墙及排水沟修复、房屋维修、零星安装等项目。单项工程完工后由承建单位填写"零星工程项目验收单"，及时请相关方验收签字确认。

④工程进度管理。零星工程项目具有施工工期短的特点，单项工程施工前由承建单位编制详细的施工进度计划，针对零星工程合同承建单位仍按时上报月度、季度、年度施工进度计划。施工进度计划上报监理后，监理组织施工协调例会讨论确定工期目标，并按照会议要求予以审批。施工过程实行日报制度，每天在公共项目微信群中反映工程进展情况，便于项目业主和监理及时了解。零星工程项目施工部位遍及场内外所有区域，施工干扰大，征地红线外项目经常会受交通管制、征地移民、村民阻工等影响，监理在管理过程中需加大施工协调力度，及时将问题反馈给项目业主，消除影响因素，确保工程顺利实施。

⑤工程安全管理。因为零星工程项目存在边界条件复杂、不安全因素多的特点，所以安全管理工作不容忽视。监理根据零星工程项目特点制定了相应的管理措施和制度：

A.要求承建单位加强市场准入管理，严禁不成熟的作业队伍进场，与各作业队签订安全责任书。

B.要求承建单位在每个施工方案中进行安全分析，制定相应安全措施，实施过程中严格监督执行，重点对边坡塌方、交通安全、高排架施工、高临边作业、交叉作业等进行控制。

C.设置零星工程项目管理微信群，督促承建单位每日上报施工及安全情况，监理根据现场情况随时进行指导和督促。

D.监理现场巡视发现的安全隐患上报至白鹤滩工程建设部，督促施工方限期整改闭合。

E.督促施工方加强安全台账管理，重点建立车辆管理、三级安全培训教育等台账。

（5）工程计量和支付管理

零星工程项目变更处理是合同管理的核心，承建单位须配置专业造价管理人员，专门负责项目合同变更结算工作，包括变更立项、申报等。每个单项工程在施工完成并验收合格后的一周内申报完工变更文件，经业主和监理审核完成后支付工程款。

零星工程计量工作难度大，工程量计量规则和方法多种多样，为规范工程量签证，要求承建单位在办理项目审批和编制施工方案时严格按照"建设工程工程量清单计价规范"确定项目名称、计量单位和计量方法，须采用实际资源投入进行计量的，在项目审批和方案报审中予以明确。针对零星工程计量签证工程监理制定了详细的计量签证管理制度和流程，签证前检查资料是否齐全，包括计量依据、工程量计算书、工程照片、施工记录、材料报审、试验检测、单元工程质量评定、竣工图、单项工程物资核销等，缺任何一项资料，监理工程师均不予认证。

（6）零星工程档案管理和合同验收

承建单位须设置专职资料员负责竣工资料收集和编制工作，建立质量验收评定、工程量计量、合同结算、物资核销四级台账，零星工程项目实施情况滚动台账，以及试验检测、物资领用、车辆管理、特种设备等方面台账，随工程进展及时更新，项目部每周对资料整理、台账更新情况进行内部检查，监理每月进行一次专项检查。施工期间由承建单位收集各类工程照片并编辑存档备查，特别是隐蔽工程项目，工程照片应反映项目施工前、施工中和施工后的整个实施过程，并能体现项目管理重点。

零星工程项目单独制定了资料归档管理办法，实行单个零星项目归档制度，单个零星项目施工完成按照档案管理要求文件类别进行整理，包括技术管理文件、质量保证文件、质量检测试验文件、施工测量和监测文件、施工项目文件、经济文件、竣工图和基础验收文件，合同项目综合管理文件待项目竣工验收后统一归档。以年度单位完成的零星工程项目作为一个分部工程进行验收，验收完成立即进行资料整理归档。合同项目实施完成再进行竣工物资核销、完工清理合同验收文件整理归档。施工报告、监理工作报告、建设管理报告按合同竣工验收要求编写。

资料来源　陈玖龙. 白鹤滩水电站零星工程项目管理方法研究 ［J］. 人民长江，2018（6）.

2.案例思考

本案例给你带来的启示是什么？

延伸阅读

以色列审判"豆腐渣工程"

以色列特拉维夫地方法院2000年4月17日对1997年7月14日晚第15届马卡比运动会开幕式上步行桥倒塌一案作出判决，裁定全部5名被告玩忽职守致人死亡和人身伤害罪名成立。

法院定于5月11日举行量刑听证会，5名被告将面临最高入狱5年的处罚。马卡比运动会被喻为世界犹太人的"奥运会"，自1932年开始，每4年举行一次。1997年，世界各地的犹太裔运动员聚集特拉维夫，参加第15届马卡比运动会。在7月14日的开幕式上，组织者要求运动员通过临时架设在亚尔肯河上的一座步行桥，进入拉马甘体育场。当首先入场的373名澳大利亚运动员和15名奥地利运动员站在桥上等候时，步行桥突然倒塌，运动员们落入被有毒化学物质严重污染的亚尔肯河中，两名澳大利亚选手当场被淹死，另外两名澳大利亚选手因吸入有毒物质死亡。此外还有64名澳大利亚队员受伤，其中一些人伤势较重，至今生活无法自理。惨剧发生后，除警方开展特别调查外，由桥梁建筑专家组成的委员会也对步行桥倒塌原因进行了分析。在此基础上，有关方面确认，这座步行桥是一项"豆腐渣工程"。

1997年12月，以色列国家检察官办公室正式对5人提起诉讼。这5名被告是：第15届马卡比运动会组委会主席埃亚尔、步行桥设计师巴尔·伊兰、主要承包商公司经理米绍里以及分承包商公司的两名经理本·埃兹拉和卡拉戈拉。法庭对这起案件自1997年12月开始庭审，历时近两年，先后传唤控辩双方80多名证人到庭。法庭审讯结束后，由3名法官组成的特别小组又经过半年的审议，最终拿出了长达257页的判决书。根据判决书所述，步行桥倒塌的原因主要有三个：①桥基不牢；②桥的顶部重量过大；③焊接工作太粗糙。对此，5名被告各有责任。组委会主席埃亚尔原准备让以色列国防军的工程兵队建造步行桥工程，但后来又嫌工程兵队28.8万谢克尔（约合7万美元）的要价太高，转而又接受不到10万谢克尔（约合2.5万美元）的报价，同意米绍里的公司作为主要承包商，却完全忽视了米绍里的公司严格来讲并不是建筑公司，它只能从事舞台布景搭设等简单工程。

按照有关法律规定，埃亚尔应聘请一位桥梁工程师监督整个工程的建设过程并作最后验收，可是埃亚尔却没这么做，在步行桥建成后，他自己跑到桥上蹦了几下，看看桥体是否晃动，就算通过了。米绍里作为承包步行桥工程的公司负责人，又将工程转包给无建造桥梁经验的本·埃兹拉和卡拉戈拉的公司。后两人在时间紧的情况下，聘用根本没设计过此类桥的设计师巴尔·伊兰，在建筑材料不足的情况下仓促开工。一座"豆腐渣"步行桥就这样建成了。法官在判决书中沉重地指出，缺乏职业精神，不尊重人的生命，是造成这起"豆腐渣工程"悲剧的主要原因。

资料来源　企业内部控制编审委员会. 企业内部控制配套指引解读与案例分析［M］. 上海：立信会计出版社，2010.

出现"豆腐渣工程"的主要原因：

（1）招投标中违反"公开、公平、公正"原则。组委会主席埃亚尔把建造步行桥工程任务私下给了严格来讲不是建筑公司而是只能从事舞台布景搭设等简单工程的米绍里的公司作为主要承包商。

（2）合同管理失控。米绍里作为承包步行桥工程的公司负责人，又将工程转包给无建造桥梁经验的本·埃兹拉和卡拉戈拉的公司。

（3）勘察设计环节薄弱，施工过程控制不严。本·埃兹拉和卡拉戈拉的公司聘用根本没设计过此类桥的设计师巴尔·伊兰，在建筑材料不足的情况下仓促开工，使得工程项目质量低下。

（4）竣工未验收，监督检查不到位。建筑工程监理，本应是严肃的事情，责任重大，但埃亚尔却没有聘请一位桥梁工程师监督整个工程的建设过程并作最后验收，而是在步行桥建成后，自己跑到桥上蹦了几下看看桥体是否晃动，就算通过了。

本章小结

　　为了实现工程项目的管理目标，必须在工程项目业务的各个环节进行严格的控制。工程项目业务的控制环节一般分为项目决策、项目概预算、项目招投标、项目价款支付、竣工决算。

　　为了实现工程项目业务目标，企业应重点关注涉及工程项目业务的下列风险：工程项目前期准备工作不够科学合理，项目决策依据、程序、审批权限和责任制度不明确，导致工程项目决策失误；工程项目概预算编制的依据、内容和审批程序不明确，可能导致项目投资失控；项目招标暗箱操作，可能导致中标人实质上难以承担工程项目，中标价格失实及工程项目质量问题；价款支付的方式、金额、时间进度和审批程序不明确，可能导致资金损失或延误工期；工程项目概预算编制、审批、竣工决算等环节的控制流程不科学规范，可能导致工程交付使用后存在重大隐患；工程项目的会计核算和报告不符合国家相关会计制度的规定，导致会计信息失真。

　　工程项目业务内部控制环节包括：职务分离控制、项目决策控制、概预算控制、招投标控制、价款支付控制和竣工决算控制。

第十三章

内部控制自我评价

学习目标

通过本章学习，理解内部控制评价的含义和目标，掌握内部控制评价的内容及方法，了解内部控制评价的程序，掌握内部控制评价报告的编制方法，能恰当运用内部控制理论对内部控制评价报告进行分析。

第一节　内部控制评价概述

1.内部控制评价的含义及目标

我国《企业内部控制基本规范》第四十六条指出："企业应当结合内部监督情况，定期对内部控制的有效性进行自我评价，出具内部控制自我评价报告。"这里的"内部控制自我评价"是指：由企业董事会和管理层实施，对企业内部控制有效性进行评价，形成评价结论，并出具评价报告的过程。内部控制有效性是指企业建立与实施内部控制，能够为控制目标的实现提供合理的保证。应从以下几个方面理解内部控制评价的含义：

（1）明确企业内部控制建设的责任主体，即董事会（或类似权力机构）是建立健全和实施内部控制评价工作的主要责任方。

（2）明确内部控制自我评价的评价内容与评价要求。评价内容为内部控制的有效性，包括财务报告内部控制有效性和非财务报告内部控制有效性。内部控制评价具有全面性，要求企业的评价工作包括内部控制的设计与运行及涵盖企业及其所属单位的业务和事项，并在此评价基础上，关注主要业务单位、重大业务事项和高风险领域。

（3）企业对内部控制的有效性进行自我评价后，必须按照规定的要求披露年度自我评价报告。

企业实施内部控制评价工作，对防范、揭示和管理企业风险，实现企业经营目标和发展战略具有重大意义。内部控制评价机构在内部控制评价中的作用是对企业内部控制的有效性发表意见。内部控制评价机构应当根据国家有关法律法规和《企业内部控制基本规范》的要求，结合企业实际情况，考虑企业内部控制能否对战略目标、经营管理的效率和效果目标、财务报告及相关信息真实完整目标、资产安全目标、合法合规目标等单个或整体控制目标的实现提供合理保证。

内部控制具体评价目标如下：①建立健全内部控制机制，保证内部控制体系有效实施。②确保企业经营业务的合法合规性。③保障企业资产的安全完整性。④增强企业财务信息和管理信息的真实完整性。⑤为企业提高风险管理水平提供信息服务和决策支持。⑥提高企业经营效率和效果，促进企业实现发展战略。

2.内部控制评价的原则

企业实施内部控制评价应当遵循下列原则：

（1）风险导向原则。内部控制评价应当以风险评估为基础，根据风险发生的可能性和对企业单个或整体控制目标造成的影响程度来确定需要评价的重点业务单元、重要业务领域或流程环节。

（2）全面性原则。评价工作应当包括内部控制的设计与运行，涵盖企业及其所属单位的各种业务和事项。

（3）重要性原则。评价工作应当在全面评价的基础上，关注重要业务单位、重大业务事项和高风险领域。

（4）客观性原则。评价工作应当准确地揭示经营管理的风险状况，如实反映内部控制设计与运行的有效性。

（5）独立性原则。内部控制评价机构的确定及评价工作的组织实施应当保持相应的独立性。

（6）成本效益原则。内部控制评价应当以适当的成本实现科学有效的评价。

企业的内部控制评价工作由董事会及其审计委员会负责领导。内部审计部门通常把进行内部控制评价作为其常规性责任的一部分，或根据董事会、管理层或者子公司的特别要求来进行内部控制评价。因此，企业可以授权内部审计部门负责组织和实施内部控制评价工作。具备条件的企业，可以设立专门的内部控制评价机构。

审计委员会在董事会领导下，负责管理公司的内部控制检查监督工作，其职责包括制订年度内部控制检查监督计划及工作报告的内容与格式要求、决定内部控制检查监督的范围、审阅内部审计部门提供的报告，并评价内部控制的建立和实施情况，形成内部控制自我评估报告草案，并报董事会审议。

内部审计部门作为提供价值增值服务的主体，其核心工作内容之一即负责内部控制的日常检查监督工作，根据计划实施评价工作、形成内部控制检查监督工作报告并提交审计委员会审阅。目前我国上市公司大都设置了独立的内审机构或职能部门，并配备一定数量、具有执业资格的内部审计人员，在组织架构上内审部门或职能部门通常在董事会及审计委员会的领导下，对审计中发现的重大控制缺陷及改进事项定期向董事会及审计委员会、监事会和高级管理层提交工作报告。

第二节　内部控制评价的内容

内部控制评价要结合内部控制的五大要素来对被评价单位内部控制系统的总体情况进行评估，它们来源于管理层经营企业的方式，并与管理过程整合在一起。每一个要素都能够影响其他构成要素，最终影响企业内部控制系统运行的有效性。以下为内部控制五要素重点评价的内容。

一、内部环境

内部环境是企业实施内部控制的基础，支配企业全体员工的内部控制意识，影响全体员工实施控制活动和履行控制责任的态度、认识和行为。内部环境类应用指引有五项，包括组织架构、发展战略、人力资源、企业文化和社会责任等指引。与以上五项应用指引相对应，内部控制环境评价主要关注点包括：

1.诚信道德与企业价值观

（1）是否存在行为准则以及商业行为、利益冲突、伦理等方面的道德标准，并有效执行。

（2）是否树立了明确的管理风格，包括明确的道德指导和在公司范围内进行沟通指导的程度。

（3）与员工、供应商、客户、投资人、债权人、保险人、竞争对象和审计师等的关系如何。

（4）针对违反政策和道德准则的情况是否采取了适当的措施，采取的措施是否在公司范围内进行了沟通。

（5）管理层对干预或逾越既定控制制度的态度。

（6）是否存在不切实际的目标压力（特别是那些短期目标压力），企业薪酬在多大程度上能够有助于业绩目标的实现。

2.胜任能力

（1）公司是否存在正式和非正式的工作描述，或其他能说明具体工作任务和责任的方式。

（2）公司是否存在对胜任工作所需要知识和技能的分析。

3.董事会

（1）董事会或审计委员会是否独立于管理层。

（2）是否建立了董事会专门委员会，必要时特别关注和处理相关重要事件。

（3）董事的知识和经验如何。

（4）董事会（或审计委员会）与首席财务官、会计人员、内部审计和外部审计人员会面的频率和时间。

（5）企业为董事会或专门委员会委员提供信息的及时性和充分性。

（6）董事会如何聘用和解聘高级管理人员，是否监督高级管理人员的薪酬问题。

（7）董事会对"高级管理层基调"的态度和举措。

（8）董事会或审计委员会是否对其所发现的问题采取了相应的行动，包括特殊调查等。

4.公司治理层的管理理念和经营风格

（1）管理层对待风险的态度，如管理层是否经常介入特别高风险的管理业务，还是在接受风险方面非常保守。

（2）公司关键职能部门（如经营、会计、数据处理、内部审计等部门）的人员流动情况。

（3）管理层对财务等重要职能的态度，以及对财务报告可靠性和资产安全性的关切程度。

（4）公司高级管理层和业务部门管理层相互交流的频率，特别是双方处于不同地域时的交流频率。

（5）管理层对财务报告的态度和行动，包括对会计处理争议所持的态度和采取的行动。

5.公司组织结构

（1）组织结构的适当性，及其提供管理活动必要信息流的能力。

（2）关键管理者的职责定义，以及他们对自身职责的理解。

（3）关键管理者是否充分具备与履行其职责相关的知识和经验。

（4）组织内部报告关系的适当性。

（5）公司的组织结构如何随环境的变化而变化。

（6）公司员工数量的合理性，特别是管理人员和监督人员的数量合理性。

6.权力和责任的分配

（1）如何根据公司目标、经营职能和监管要求分配责任和授权，包括信息系统的责任和授权的变化。

（2）公司与控制相关的标准、程序的适当性，包括员工职责的描述。

（3）职员数量的适当性，特别是数据处理和会计职能，这些职员应具备与企业规模、业务活动和系统相适应的技能水平。

（4）授权和所分配的责任是否相吻合。

7.人力资源政策及实施情况

（1）企业招聘、培训、晋升、薪酬等政策和程序的恰当性。

（2）员工是否意识到他们的工作职责和公司对他们的期望。

（3）对背离既定政策和程序的行为所采取的补救措施的适当性。

（4）应征员工背景调查的适当性。

（5）人力政策与相应的道德标准是否一致。

（6）员工留任和晋升标准的适当性。

二、风险评估

企业组织开展风险评估机制评价，应从公司层面目标的制定、业务活动层次目标的制定、风险分析及系统应对变化的能力三方面展开，具体评价的主要关注点如下：

1.公司层面目标

（1）公司总体目标设置的合理性、充分性、与公司愿景和期望的相关性。

（2）公司总体目标沟通与传递方式的有效性。

（3）公司总体目标与战略计划的关联性和一致性。

（4）商业计划、预算与公司目标、战略计划及当前情况的一致性。

2.业务活动层次目标

（1）业务活动层次的目标与公司目标及战略计划的一致性。

（2）业务活动层次的目标与其他活动的一致性。

（3）业务流程与业务活动层次目标的相关性。

（4）业务活动层次目标的具体性。

（5）资源的充足性。

（6）是否明确企业整体目标实现的关键因素。

（7）管理层参与制定企业目标以及他们对目标负责的程度。

3.风险分析及系统应对变化的能力

（1）企业识别外部风险的机制是否健全。

（2）企业识别内部风险的机制是否健全。

（3）是否为业务活动层次的每一个重要目标的实现，识别相关的重要风险。

（4）风险分析程序的全面性和相关性，包括估计风险因素的重要程度、评估风险发生的可能性以及决定应采取的行动。

（5）对于那些影响企业或业务活动目标实现的事件和活动，企业是否存在一种预见和识别机制，并及时作出适当的反应。

（6）是否存在一种机制，识别和处理那些对企业有深远影响的变革，高级管理层是否高度关注。

三、控制活动

控制活动是企业为保障管理层的指令有效实施和实现企业目标而建立的政策和程序。各控制活动的评价标准依不同的业务类型而不尽相同，但评价企业控制活动一般应考虑以下因素：控制活动的类型，包括人工控制和自动控制、预防性控制和发现性控制等；控制活动的复杂性，通常与企业的组织机构、市场环境、经营规模、员工素质等相关；实施控制活动需要的职业判断程度；控制活动所针对的风险事项及其重要性；该控制活动对其他控制活动有效性的依赖程度。评价控制活动的主要关注点如下：

（1）企业针对每一项业务活动是否都制定了恰当的控制政策和程序。

（2）已确定的控制政策和程序是否得到持续、恰当的执行。

四、信息与沟通

信息与沟通是及时、准确、完整地收集与企业经营管理相关的各种信息，并使这些信息以适当的方式在企业有关层级之间进行及时传递、有效沟通和正确应用的过程，是实施内部控制的重要条件。信息与沟通的评价工作主要集中在信息收集处理和传递的及时性、反舞弊机制的健全性、财务报告的真实性、信息系统的安全性，以及利用信息系统实施内部控制的有效性等方面。评价工作的主要关注点如下：

（1）企业是否有效地获取内部和外部信息，以向管理层报告企业既定目标的实现情况。

（2）是否及时向适当的人员汇报足够的信息，以便他们有效地履行其职责。

（3）信息系统的建立或修改是否基于对信息系统的战略规划，并着眼于实现企业各个层次的目标。

（4）管理层是否通过承诺适当的资源，表现出对发展必要的信息系统的支持态度。其包括：①向员工传达其职责和控制责任的有效性。②是否建立了适当的沟通渠道供员工反映他们注意到的可疑问题。③管理层对于员工提出的提高生产效率、质量的建议或其他改进建议的接受能力。④整个企业内部是否充分交流、信息是否完整和及时、信息是否足够满足相关人员有效地履行职责的需要。⑤是否存在开放、有效的渠道与客户、供应商和外部其他方面经常交流不断变化的客户需求。⑥外部相关方了解企业道德标准的程度。⑦在收到客户、供应商、监管者和其他外部人员反映的情况后，管理层是否采取了及时、适当的应对措施。

五、监督

《企业内部控制基本规范》第四十四条将内部监督分为日常监督和专项监督。日常监督是指企业对建立与实施内部控制的情况进行常规、持续的监督检查；专项监督是指在企业发展战略、组织结构、经营活动、业务流程、关键岗位员工等发生较大调整或变化的情况下，对内部控制的某一或者某些方面进行有针对性的监督检查。监督要素还应包括向相关管理人员和董事会上报内部控制缺陷并采取相关的改进措施。与此相应的，监督评价主要的关注点如下：

1.日常监督

（1）员工在从事日常活动时，在多大程度上能获知有关内部控制系统是否正常运作的信息。

（2）外部反映的情况证实内部信息或揭露问题的程度。

（3）企业是否定期将会计系统的记录结果与实物进行核对。

（4）企业是否对内部和外部审计师提出的加强内部控制措施方面的建议作出响应。

（5）公司培训、筹备会议和其他会议向管理层就内部控制有效性进行反馈的程度。

（6）是否要求员工定期声明他们是否理解并遵守了企业的行为准则，并且定期执行了重要的控制活动。

（7）公司内部审计活动的有效性。

2.专项监督

（1）企业对内部控制系统进行独立评估的范围和频率。

（2）用于评估自身内部控制系统的方法是否合理、恰当。

（3）文档记录水平的适当性。

3.缺陷报告

（1）企业是否存在适当的机制，汇集并报告发现内部的控制缺陷。

（2）汇报程序是否恰当。

（3）跟踪追查行动是否适当。

第三节 内部控制评价程序

企业应当按照内部控制评价办法规定的程序，有序开展内部控制评价工作。内部控制自我评价的程序主要包括以下内容：

1. 制订内部控制评价方案

内部控制评价方案的制订主要包括明确内部控制评价目的、确定内部控制评价范围等内容。

（1）明确内部控制评价目的。

在内部控制评价工作开始前，评价机构中每个参与内部控制评价的人都应明确内部控制评价的目的，内部控制评价机构应结合企业实际情况，对战略目标、经营管理的效率和效果目标、财务报告及相关信息真实完整目标、资产安全目标、合法合规目标等单个或整体控制目标的实现进行评价。

内部控制评价工作应由内部审计部门等内部控制评价机构负责，还应该包括企业经营、财会、人力资源、信息系统、税务以及法律等部门的管理人员。对于所需的内部控制评价人员人数及经验，应取决于内部控制评价的性质及复杂程度、时间限制及可用资源等因素的评估。分派内部控制评价工作时，对于内部控制评价人员的遴选，应考虑其所具备的专业知识和技能。当需要更进一步的专业知识和技能时，可以考虑使用外部资源。

（2）确定内部控制评价范围。

内部控制评价应当以风险评估为基础，根据风险发生的可能性和对企业单个或整体控制目标造成的影响程度来确定需要评价的关键控制。风险评估包括对企业目标以及对这些目标的实现有重大影响的风险的分析，风险评估过程应从企业整体层面开始，并向下延伸至恰当的组织层级。对于每一个重要的目标和风险，企业都应当识别风险所影响的分支机构、重要业务单元、重点业务领域或流程环节。

风险评估的主要内容是：

①就整体而言，业务单元或作为一个整体的企业的基本目标是什么？②基本目标的子目标是什么？③与这些子目标的实现相关联的风险是什么？④这些风险发生的可能性如何？这些风险的影响有多大？⑤根据风险发生的可能性和影响，对风险进行排序。

在进行风险评估时，内部控制评价人员应考虑的风险因素包括：经营的性质，如交易量、经营的复杂性、涉及的金额、地理位置、信息系统的复杂性等因素；环境因素，如竞争情况、市场的变化、管理等因素；易受盗窃或欺诈的程度。在评估风险是否重大时，内部控制评价人员不应考虑相关内部控制的影响。

《企业内部控制基本规范》指出，内部控制的主要目标包括战略目标、经营管理的效率和效果目标、财务报告及相关信息真实完整目标、资产安全目标、合法合规目标共五个主要目标类别。这种对目标的分类为风险评估提供了出发点。这五种主要的目标可进一步细化为更详细的目标，使得详细的目标与可识别的风险相联系。当风险已经被识别后，内部控制评价人员就可以确定哪些控制可以被运用到应对风险之中。

相关链接

　　假设某制造业企业的董事会要求内部控制评价机构评价财务报告内部控制，以确信财务报告内部控制是有效的。内部控制评价人员在对财务报表进行复核后，接着考虑财务报表的哪些项目会产生可能影响企业达到其财务报告目标的错报。假如内部控制评价人员首先考虑的是收入确认的风险，他们了解到以下情况：①企业在季末的销售量和发货量都很大，这增加了截止风险。②季末发货涉及的金额较大，对财务报表的编制很重要。③对销售人员按企业在特定时期的销售额进行奖励。某制造业企业风险识别和风险排序如表13-1所示。

表13-1　　　　　　　　　　某制造业企业风险识别和风险排序

项目	目标	风险	风险排序
收入	收入确认的金额正确	高估错报（销售人员要求经销商提前购入存货，即"通道填充"）	高风险
收入	收入确认在恰当的期间	高估错报（在发货之前确认收入）	中等风险

　　（3）编制内部控制评价方案。

　　当内部控制评价目标及可能的风险确知后，内部控制评价人员就能够确定内部控制评价范围及所需时间，列出时间及人员的预算及分派各人的工作。

　　内部控制评价方案主要包括以下内容：将内部控制评价人员执行收集、分析、解释信息的程序予以书面化；陈述内部控制评价的目的；为实现每一个内部控制评价阶段的评价目的所需的抽查范围及程度；指明应当检查的风险、流程及交易事项；陈述控制测试的性质和范围。

　　内部控制评价工作方案应报管理层和董事会审批。

　　2.评价内部控制设计的有效性

　　内部控制评价方案制订后，内部控制评价人员初步识别了内部控制风险，下一步就是确定能够恰当应对这些风险的关键控制有哪些。一般而言，内部控制人员应只关注应对重大风险的关键控制。

　　为了识别关键控制，内部控制人员首先必须了解：为了管理或减轻已识别的重大风险，企业的内部控制是如何设计的；如果内部控制失效没有被及时发现，内部控制的失效是如何发生的。

相关链接

　　接表13-1，某制造业企业"通道填充"风险内部控制调查表见表13-2。

表13-2 　　　　　　　　　　　某制造业企业"通道填充"风险内部控制调查表

调查内容	是否关键控制		
	是	否	不适用
所有销售人员签署的行为守则		否	
针对"通道填充"制定的政策		否	
标准化的销售合同		否	
所有对标准化销售合同的修改都必须有销售经理的批准	是		
对超过限额的销售的批准		否	
除非货物已发运，否则不能开具发票的控制		否	
每季末销售经理都要对销售人员的报酬进行复核，当销售退回超过一定比例则调整销售人员的报酬，对异常的现象进行调查，并记录结果	是		
销售经理（每周）和首席财务官（每月）按每一位销售人员和每一位客户定期复核销售趋势和销售退回趋势	是		

在了解内部控制时，内部控制评价人员可使用以下程序：

（1）通过检查各种文件，并与有关管理人员和职工进行谈话来了解各部门在处理经济业务时相互联系、相互制约的关系，了解各项经济业务的处理程序等，并做成书面记录。

（2）通过绘制业务处理流程图，了解本企业各项经济业务处理的程序及其在业务处理过程中存在的内部控制情况。

（3）通过编制"问题式内部控制调查表"，来了解本企业内部控制的完善和健全程度。采用调查表的方式了解内部控制，首先要确定所需调查的问题，即针对企业各种业务的内部控制中的关键控制点或主要问题进行调查。该表列出"是"、"否"及"不适用"三栏，其中"否"为控制缺陷。

（4）执行穿行测试，即内部控制评价人员选择各种类型的交易的少量样本，从头到尾详细检查其处理过程的控制程序及相关文件。

内部控制评价人员应当根据风险评估程序收集的证据，判断相关控制的设计是否有效。企业在判断内部控制设计有效性时，应当充分考虑下列因素：

①是否针对风险设置了合理的细化控制目标。②是否针对细化控制目标设置了对应的控制活动。

当识别风险后没有找到适当的控制用来防范风险时，内部控制评价人员应确定与这些风险相关的内部控制重大缺陷是什么，是否可以通过任何补充的控制去弥补或缓和内部控制的重要缺陷，并应就不适当的或无效的控制与恰当的管理层进行讨论。如果双方就纠正措施达成一致，并且管理层采取了适当的纠正措施，则继续进行内部控制评价将不再必要。但是如果不能与管理层达成一致意见，内部控制评价人员需要收集进一步的证据表明风险确实存在，当控制较弱时，内部控制评价人员应该有计划有目的地进行测试，以此来证明风险的存在和采取纠正措施的重要性。

3.测试内部控制运行的有效性

对内部控制设计的有效性进行评价后，内部控制评价人员还要检查内部控制是否按设计在有效运行。如果内部控制有章不依或执行不严，就形同虚设。因此，内部控制评价人员需要进一步检查有关的内部控制是否得到遵循以及遵循的程度如何，这项工作通常称为"控制测试"。

内部控制评价人员应当根据审批通过的评价方案组织实施内部控制评价工作，通过适当的方法收集、确认、分析相关信息，对识别出的关键控制活动进行必要的测试，获取充分、相关、可靠的证据对内部控制的有效性进行评价，并作出书面记录。

（1）评价内部控制执行的有效性。

在测试内部控制执行的有效性时，内部控制评价人员应当从下列方面获取关于控制执行有效性的证据：①相关控制活动是如何运行的；②相关控制活动是否得到了持续一致的运行；③实施相关控制活动的人员是否具备必需的权限和能力。

控制测试的方法主要包括以下三种：

①检查记录或文件，即审查有关凭证、账簿等相关文件或记录是否已按规定的制度执行，如是否经过复核、审批等。例如，销售发票上有关审核人员已签字，可以证明该发票已被审查过。

②重新执行，就是按经济业务全部或局部的处理过程重新执行一遍。例如，审计人员重新根据采购合同、供货单位的销售发票编制收料单，看其是否与原来收料单上填写的规格、数量、金额一致，以确定内部控制是否得到贯彻执行。

③实地观察，审计人员在经济业务处理现场实地察看业务人员是否执行内部控制。例如，观察出纳员支付现金时是否有会计主管的审核签字；现金收支是否及时登入日记账；每日下班以前，是否将余款存入保险箱等。这种实地观察，一般不事先通知被观察人员。

以上控制测试方法应根据内部控制不同方式的特点加以选用。有的控制在具体实施时留有内部控制踪迹，例如在凭证上的审核签字、报表上的复核签字等，对此，可用检查文件或记录的方法。而有的内部控制在具体实施时却不留踪迹，例如定期或不定期的抽查复核、一般的授权等，对此，就需要用实地观察或重新执行的方法。但是，并不是所有经济业务都可以采用重新执行的方法，如有的经济业务时过境迁，难以再现和恢复处理作业现场的当时环境，这时就不便使用重新执行的方法。即便是对留有内部控制踪迹的凭证等进行控制测试，也不能单纯地采用检查文件或记录的方法。因为内部控制踪迹还不能完全反映内部控制实施的质量，即不能反映业务人员是严格按控制要求办理还是敷衍了事、草率执行，所以还要辅以实地观察或重新执行的方法作进一步的测试。

对折扣和折让控制制度的测试

合理的折扣和折让政策，往往能博得客户的好感，从而最终使企业成功地扩大其营业收入。然而，当折扣和折让政策有较大的弹性时，弊端也较容易发生。

对商业折扣，可抽取部分享受折扣的销售发票，将销售发票上所列的折扣金额同企业规定的折扣政策（如适用的范围和折扣比例等）进行对照，审查其是否符合折扣政策；对现金折扣可抽取若干销售发票和收款凭证，核对发票上的折扣比例是否符合折扣政策，以及核对收款日期和收款金额是否同发票规定的日期、金额一致，以防不法职员通过给予客户折扣的方式达到其私人目的。

抽查若干销售发票，核实其是否有经销售部门经理或其他指定人签字的批准文件，以及这些文件是否事先连续编号，并被登记在贷方事项备忘录上。任何在贷方事项备忘录上没有记录，而日后享受的各种折扣，都应被视为测试中的不正常情况，需进一步审查。

对折让的测试，主要着重于批准的手续上。应抽取部分批准折让的文件，检查其所记录的内容是否齐全，是否得到企业主管人员的批准，并应分析折让的理由是否充足。

（2）评价证据的充分性和适当性。

企业应当根据风险评估和控制测试获取与内部控制有效性相关的证据，并合理保证证据的充分性和适当性。内部控制评价人员需要实施判断来评价证据的充分性和适当性。

证据的充分性是指获取证据的数量应当能合理保证相关控制的有效。充分性的考虑既可能是定量的，如对某一特定控制的执行结果应评价多少次；也可能是定性的，如对不经常发生的控制活动以及对有关控制环境和风险评估的控制。内部控制评价人员在考虑证据的充分性时，应考虑以下因素的影响：①控制活动失败的潜在影响；②控制活动运行的部门有没有发生频繁的人员、流程和技术的变动；③控制活动发生的频率；④控制活动的复杂性；⑤控制活动的运行是否需要高度的判断；⑥控制活动是否易受到管理层的逾越；⑦控制活动是人工控制还是自动控制。

证据的适当性是指获取的证据应当与相关控制的设计与运行有关，并能可靠地反映控制的实际运行状况。适当的证据应当具备相关、可靠和及时的特征。

企业应当及时记录开展内部控制评价工作的方法和程序，并以适当形式妥善保存相关证据。

4.内部控制缺陷的认定

（1）内部控制缺陷的分类。

内部控制缺陷，是指内部控制的设计或运行，不允许管理层或雇员实施他们的职能来及时防止错误与舞弊的发生，从而发生了内部控制缺陷。内部控制评价机构应当根据评估结果和经核实的证据，确认内部控制缺陷。内部控制缺陷一般可分为设计缺陷和运行缺陷。

设计缺陷，是指缺少为实现控制目标所必需的控制，或现存控制设计不适当，即使正常运行也难以实现控制目标。

运行缺陷，是指现存设计完好的控制没有按设计意图运行，或执行者没有获得必要授权，缺乏胜任能力以有效地实施控制。

（2）内部控制缺陷的认定标准。

企业对内部控制评价过程中发现的问题，应当从定量和定性两方面进行衡量，判断是否构成内部控制缺陷。根据内部控制缺陷影响整体控制目标实现的严重程度，可将内部控制缺陷分为重大缺陷、重要缺陷和一般缺陷。

根据企业内部控制规范体系对重大缺陷、重要缺陷和一般缺陷的认定要求，结合公司规模、行业特征、风险偏好和风险承受度等因素，区分财务报告内部控制和非财务报告内部控制，研究确定适用于企业的内部控制缺陷具体认定标准。企业确定的内部控制缺陷认定标准一般如下：

①财务报告内部控制缺陷认定标准。

公司采用定性和定量相结合的方法将缺陷划分为重大缺陷、重要缺陷和一般缺陷。

A.定性标准。

财务报告重大缺陷的迹象包括：公司董事、监事和高级管理人员的舞弊行为，公司更正已公布的财务报告，注册会计师发现的却未被公司内部控制识别的当期财务报告中的重大错报，审计委员会和审计部门对公司的对外财务报告和财务报告内部控制监督无效。

财务报告重要缺陷的迹象包括：未依照公认会计准则选择和应用会计政策，未建立反舞弊程序和控制措施，对于非常规或特殊交易的账务处理没有建立相应的控制机制或没有实施且没有相应的补偿性控制，对于期末财务报告过程的控制存在一项或多项缺陷且不能合理保证编制的财务报表达到真实、准确的目标。

财务报告的一般缺陷是指除上述重大缺陷、重要缺陷之外的其他控制缺陷。

B.定量标准。

该部分指出企业采用税前利润作为重要性水平计算依据（重要性水平＝年度合并财务报表税前利润×5%）。

在评估重大缺陷、重要缺陷、一般缺陷的过程中，企业将两个重要概念"重要性水平"与"可容忍误差"作为量化评估标准。具体评估方法的运用可查阅上市公司内部控制自我评价报告。

②非财务报告内部控制缺陷认定标准。

主要依据缺陷涉及业务性质的严重程度、直接或潜在负面影响的性质、影响的范围等因素来确定。

A.定性标准。

以下迹象通常表明非财务报告内部控制可能存在重大缺陷：a.企业缺乏民主决策程序；b.企业决策程序不科学；c.违犯国家法律法规；d.管理人员或技术人员流失；e.内部控制评价的结果特别是重大或重要缺陷未得到整改；f.重要业务缺乏制度控制或制度系统性失效。

其他情形按影响程度分别确定为重要缺陷或一般缺陷。

B.定量标准。

非财务报告内部控制缺陷认定定量标准参照财务报告内控控制缺陷认定定量标准确定。

5.出具评价结论，编制评价报告（见本章第四节）

6.提出适当的措施，改进内部控制缺陷

第四节　内部控制评价报告

内部控制评价机构在认定内部控制缺陷后，应出具评价结论，编制评价报告，报送管理层和董事会审阅。内部控制评价报告是内部控制评价工作的重要组成部分。内部控制评价报告就是企业董事会或类似权力机构以报告的形式对内部控制评价状况出具评价意见，并提供给相关信息使用者的一种书面文件。

1.内部控制评价报告的编制

企业应当根据内部控制评价过程中发现的内部控制缺陷，向相关单位或部门对内部控制运行负责的人员和负有监督责任的管理层报告这些缺陷，并负责督促相关单位或部门进行整改，并对整改结果进行核查和确认。在内部控制评价过程中发现了欺诈行为时，内部控制评价人员不应向负责内部控制运行的人员报告，而是应当直接向高级管理层和董事会进行报告。

对于为实现单个或整体控制目标而设计与运行的控制不存在重大缺陷的情形，企业应当认定针对这些整体控制目标的内部控制是有效的。对于为实现某一整体控制目标而设计与运行的控制存在一个或多个重大缺陷的情形，企业应当认定针对该项整体控制目标的内部控制是无效的。

企业应当结合年末控制缺陷的整改结果，编制年度内部控制评价报告。内部控制评价报告至少应当包括下列内容：

（1）内部控制评价的目的和责任主体。

（2）内部控制评价的内容和所依据的标准。

（3）内部控制评价的程序和所采用的方法。

（4）衡量重大缺陷严重偏离的定义，确定严重偏离的方法。

（5）被评估的内部控制整体目标是否有效的结论。

（6）被评估的内部控制整体目标如果无效，存在的重大缺陷及其可能的影响。

（7）造成重大缺陷的原因及相关责任人。

（8）所有在评估过程中发现的控制缺陷，以及针对这些缺陷的补救措施及补救措施的实施计划等。

企业对于内部控制评价报告中列示的问题，应当采取适当的措施进行改进，并追究相关人员的责任。

2.年度内部控制评价报告范例

××股份有限公司××××年度内部控制自我评价报告

根据国家有关法律法规和财政部、证监会等部门联合发布的《企业内部控制基本规范》的要求，公司董事会及其审计委员会对本公司××××年度内部控制的建立和执行情况进行了自我评价，现将评价结果报告如下：

（1）本公司确知建立、实施和维护内部控制制度系本公司董事会及管理层的责任。本公司已经建立了一套内部控制体系，该体系的目的系对公司的战略目标、经营管理的效率和效果目标、财务报告及相关信息真实完整目标、资产安全目标、合法合规目标的实现提供合理的保证。该体系包括一个成文的组织结构和责任划分，包括营造强大道德氛围的行为守则在内的已经在整个公司充分沟通的既定政策和程序，以及对我们员工的仔细遴选、培训和开发。内部审计部门监控内部控制体系的运行，向管理层和董事会报告所发现的问题和建议，并在发现控制缺陷和改进该体系的其他机会时采取矫正措施。

（2）任何内部控制体系的有效性都存在固有局限，包括人为错误以及绕过或凌驾控制的可能性。因此，即使是有效的内部控制体系也只能就战略目标、经营管理的效率和效果目标、财务报告及相关信息真实完整目标、资产安全目标、合法合规目标的实现提供合理的保证。而且，内部控制体系的有效性可能会随着环境而改变。

（3）《企业内部控制基本规范》认为，有效的内部控制应当包括：①内部环境；②风险评估；③控制活动；④信息与沟通；⑤监督。本公司按照《企业内部控制基本规范》中描述的有效内部控制的标准，对××××年1月1日至12月31日的内部控制体系设计和执行的有效性进行了评价。

（4）本公司按照《企业内部控制评价指引》的规定执行了评价工作，实施了风险评估和控制测试等必要程序。我们相信，我们获取的证据是充分和恰当的，为我们的评价工作提供了基础。

（5）我们在评价中发现，在本公司下属的工程公司中资本设备没有得到适当的控制。工程部门并没有在常规基础上使用由资产会计保管的设备资本化报告。我们从当前的设备资本化报告中选择了50个设备并发现：①3个资产原始价值累计达119 402元的设备，在内部审计部门的外勤工作中没有找到。②9个设备被发现在识别标签上没有资本设备的序列号。

（6）除上一段所述事项之外，本公司相信，在××××年1月1日至12月31日期间，本公司与战略目标、经营管理的效率和效果目标、财务报告及相关信息真实完整目标、资产安全目标、合法合规目标相关的内部控制的设计和执行是有效的，内部控制体系能够合理保证上述目标的实现。

（7）本公司下属的工程公司打算采取的补救措施包括：设备资本化报告的副本应该定期交给有关经理人员；要发布程序提醒工程经理审核报告的必要性，以及确保识别标签得到正确的安装。

签名：×××

日期：××××年××月××日

第五节　案例与思考

案例　大悦城控股集团股份有限公司2020年度内部控制自我评价报告

1.案例介绍

大悦城控股集团股份有限公司2020年度内部控制自我评价报告由重要声明、内部控制评价结论和内部控制评价工作情况、内部控制评价工作依据、内部控制缺陷认定标准、对上一年度内部控制缺陷的整改情况、对本年度内部控制缺陷拟采取的整改措施六部分构成：

（1）重要声明

按照企业内部控制规范体系的规定，建立健全和有效实施内部控制，评价其有效性，并如实披露内部控制评价报告是公司董事会的责任。监事会对董事会建立和实施内部控制进行监督。经理层负责组织、领导企业内部控制的日常运行。公司董事会、监事会及董事、监事、高级管理人员保证本报告内容不存在任何虚假记载、误导性陈述或重大遗漏，并对报告内容的真实性、准确性和完整性承担个别及连带法律责任。

公司内部控制的目标是合理保证经营管理合法合规、资产安全、财务报告及相关信息真实完整，提高经营效率，促进实现发展战略。由于内部控制存在的固有局限性，因此仅能为实现上述目标提供合理保证。此外，由于情况的变化可能导致内部控制变得不恰当，或对控制政策和程序遵循的程度降低，根据内部控制评价结果推测未来内部控制的有效性具有一定的风险。

（2）内部控制评价结论

根据公司财务报告内部控制重大缺陷的认定情况，公司于内部控制评价报告基准日，不存在财务报告内部控制重要和重大缺陷，董事会认为，公司已按照企业内部控制规范体系和相关规定的要求在所有重大方面保持了有效的财务报告内部控制。

根据公司非财务报告内部控制重大缺陷认定情况，公司于内部控制评价报告基准日，不存在非财务报告内部控制重要和重大缺陷。

自内部控制评价报告基准日至内部控制评价报告发出日之间未发生影响内部控制有效性评价结论的情况。

（3）内部控制评价工作情况

①内部控制制度的建设情况

为了进一步加强公司内控有效性，公司从1月起开始在原有的制度流程基础上结合现行业务特点，对业务流程制度进行完善及更新，截至2020年年底，共更新及修订70余项制度流程。

②内部控制评价的范围

公司根据《基本规范》《评价指引》及相关规定与要求，以风险为导向，从各项业务规模和实际经营管理的情况出发，以《内部控制手册》为依据，结合公司年度合并财务报表数据，基于定量和定性两方面考虑，选取公司总部及下属单位列为本年度内部控制评价单位，纳入本年度内控评价范围的单位资产总额占公司合并财务报表资产总额的92.50%，营业收入合计占公司合并财务报表营业收入总额的91.59%。

按照目前公司的业态，内部控制评价的范围涵盖了公司及所属单位的主要业务和事项以及高风险领域。纳入评价范围内的单位、业务和事项分为公司治理层面和业务流程层面，包括组织架构、发展战略、人力资源、社会责任、企业文化、合同管理、内部信息传递、信息系统、资金管理、筹资管理、投资管理、房产开发、销售与收款（房产销售、物业管理、房屋租赁）、固定资产管理、业务外包、预算管理、财务报告、人工与福利18项流程。上述纳入内部控制评价范围内的单位、业务和事项以及高风险领域涵盖了公司经营管理的主要方面，不存在重大遗漏。其中，重点关注的业务和事项主要包括：

A.资产管理控制

公司已经制定并执行了资产管理控制的相关制度，符合公司资产管理实际情况，较全面地满足资产管理安全、效益的要求。

2020年，在以往制度流程基础上结合业务发展，重新修订了《固定资产管理制度（2020年修订）》《资产损失及减值准备核销管理办法》，定期开展资产盘点、财产记录、账实核对等管理工作。进一步完善资产管理制度，提高资产管理水平。

B.资金管理控制

公司制度涵盖了筹资、投资、担保、内部往来、资金运营管理等各个方面，从制度层面明确了公司资金管理的要求和控制方法，对加强资金业务管理、提高资金使用效率、降低资金使用成本、保证资金安全等方面起到了重要作用。制度包括《网上银行管理暂行规定》《资金管理办法》《三重一大资金事项审批权限》《货币资金管理制度》《对外担保管理制度》等，公司也根据实际情况不断修订完善相关制度。公司根据《中华人民共和国公司法》《中华人民共和国证券法》《深圳证券交易所股票上市规则》《深圳证券交易所上市公司规范运作指引（2020年修订）》《上市公司监管指引第2号——上市公司募集资金管理和使用的监管要求》等有关法律法规和规定的要求，结合公司的实际情况，制定《募集资金管理制度》，对募集资金的存储、使用、变更、监督等进行明确规定，严格规范募集资金管理。公司对募集资金采取专户存储、专款专用的原则进行统一管理。审计部对募集资金存放和使用情况进行跟踪审核。

C.人力资源政策

公司已经制定和实施了有利于企业可持续发展的人力资源政策，将职业道德和专业能力作为选拔和聘用员工的重要标准。人力资源部每年制订相关培训计划，组织具体培训活动，培养专业人员全面的知识和技能。切实加强员工培训和继续教育，不断提升员工素质。鼓励员工快速成长为符合条件的内训师，鼓励内训师积极参与培训，带动员工快速成长。

2020年，公司在以往制度基础上更新、完善并执行了《劳动合同管理办法》《招聘管理办法》《员工考勤管理办法》《员工休假管理办法》《异地工作人员管理办法》《经理人管理办法》《总部青年人才轮岗锻炼管理办法（试行）》《内训师管理办法（试行）》等相关制度。

D.销售业务控制

公司从总部层面和城市公司层面已建立了较为完善的销售管理流程指引文件，包括：《客户满意度调研工作指引》《销售型物业客户服务手册》《销售型物业营销管理办法》《营销类供应商资源管理办法（试行）》《大悦城控股营销费用分类管理规范（试行）》《客服费用分类管理规范》等，对各项目营销工作流程进行了规范。同时，公司充分利用销售信息系统管理软件，实现销售流程的标准化，不仅进一步规范了授权审批程序，而且还提高了销售环节的效率。2020年在以往制度基础上，根据市场变化及业务发展重新修订了《销售型物业营销管理办法》。

E.成本和采购控制

公司从总部层面和城市公司层面已建立了较为完善的成本及采购流程指引文件，2020年公司在以往制度基础上进行了更新完善。成本方面包括：重新修订了《大悦城控股工程预结算管理作业指引（2020版）》《动态成本管理作业指引》（2020版），规范了成本管理流程，提高了成本管控效率。公司使用成本管理系统对项目运作全过程成本信息进行计划管理和动态跟踪记录。采购方面包括：《招标采购管理办法-2020修订版》《招标采购监督管理办法-2020版》《采购管理流程-2020修订版》《招标采购作业指引-2020修订版》《供应商管理办法-2020修订版》《供应商管理流程-2020修订版》《供应商库管理作业指引-2020修订版》《集中采购管理办法-2020版》《集中采购作业指引-2020修订版》《大悦城控股非招标采购作业指引-非招标电子采购平台试行》《评标专家库管理作业指引-2020年7月修订版》《招标代理机构管理作业指引-2020年7月修订版》等，同时2020年公司上线非招标电子采购平台，更加公开公正透明。通过公开和邀请招标、竞标采购、竞争性谈判等多种方式规范采购业务操作，同时推行战略合作、强集中采购，兼顾采购的效益和效率。在招标过程中，严格进行商务标和技术标评审，在公平公正、充分竞争的基础上择优选择供应商，保证采购成本和质量的合理性；通过战略合作，在对关键产品/服务供应商进行全面评价的基础上，与评价为最优的供应商建立长期、紧密、稳定的合作关系，以达到最优采购绩效。在采购付款环节，加强了支付环节的核对和审查，以保证付款的准确性及合理性。

F.对控股子公司的控制

公司严格按照有关法律法规和上市公司的有关规定，通过对控股公司委派董事、监事和高级管理人员，明确委派董事、监事和高级管理人员的职责权限，结合公司的经营策略督导各控股子公司建立相应的经营计划、风险管理程序。同时，公司进一步强化对控股子公司经营计划的审核和审批管理，并在经营过程中不断加强监控，以此强化对控股子公司的经营管理。各控股子公司也建立重大事项报告制度，明确审议程序，及时向公司分管负责人报告重大业务事项、重大财务事项、控股子公司董事会决议及股东会决议，以及其他可能对公司股票及其衍生品种交易价格产生较大影响的信息，并严格按照授权规定将重大事项报公司董事会审议或者股东大会审议；各控股子公司均参照公司制度，并结合其实际情况建立健全经营和财务管理制度。公司定期取得、分析各控股子公司的季度或者月度报告，包括营运报告、产销量报表、资产负债表、利润表、现金流量表等。每年，公司依据考核规定对控股子公司进行年度业绩考核，并评价子公司经营管理绩效，以此作为奖惩依据。每年，公司人力资源部对各职能部门和区域公司通过签订《业绩合同》及经营班子会审议评定进行考核。公司已经初步搭建起覆盖全生命周期滚动开发的计划管理体系，全面推行目标管理责任书和计划管理体系，在地产项目的运营管理方面缩小了与行业标杆企业差距，提升了对项目的运营管控能力。

G.对关联交易的控制

为进一步加强公司的关联交易管理，保证公司与关联方之间订立的关联交易合同符合公平、公开、公允的原则，确保公司关联交易行为不损害公司和股东的利益，特别是中小投资者的合法权益，公司制定了《关联交易管理制度》《关联交易核算办法》，对关联交易进一步加强管理和控制。

2020年度，公司审议通过以下关联交易事项。日常性关联交易事项：关于公司2020年度日常性关联交易预计额度的议案。关联借款事项：关于公司向中粮置地管理有限公司申请不超过5.5亿元借款的关联交易事项；关于公司向裕传有限公司申请不超过4亿元借款的关联交易事项；关于向鹏利国际申请不超过3亿元借款的关联交易事项；关于公司2020年与中国太平保险集团有限责任公司及其子公司开展融资合作的关联交易事项。其他关联交易：关于公司及下属子公司2020年度在中粮财务有限责任公司存贷款的关联交易事项；关于控股子公司收购台湾饭店有限公司8.36%股权的关联交易事项。

公司在审议上述关联交易事项时均严格按照相关规定履行了相应的决策程序，所有重大关联交易均在得到了独立董事的事前认可后方提请董事会审议，以保证交易定价公允。关联董事在审议关联事项时均严格执行回避制度，独立董事及董事会审计委员会均对关联交易发表专项意见，确保不存在损害公司及其他中小股东利益的情形。

公司对在中粮财务有限责任公司办理存款业务的事项，严格按照深圳证券交易所及中国证券监督管理委员会深圳监管局的要求，强化风险控制意识，制订了以保障存款资金安全性为目标的风险处置预案，并由信永中和会计师事务所（特殊普通合伙）对中粮财务有限责任公司进行风险评估，于每个季度出具风险评估报告，并提交董事会审议。

H.对对外担保的控制

为进一步规范公司的对外担保行为，维护投资者和公司利益，防范公司对外担保风险，确保公司资产安全，公司根据《中华人民共和国公司法》《中华人民共和国民法典》《关于规范上市公司对外担保行为的通知》《关于规范上市公司与关联方资金往来及上市公司对外担保若干问题的通知》《公司章程》等有关规定，结合公司的实际情况，制定《对外担保管理制度》，公司对外担保行为得到了更为有力、有效的控制与管理。

公司2019年年度股东大会审议通过了关于公司2020年度提供担保额度的提案，为控股子公司提供不超过490亿元的担保额度，其中向资产负债率未超过70%的控股子公司提供担保额度105亿元，向资产负债率超过70%的控股子公司提供担保额度385亿元。向合营或者联营的房地产项目公司提供不超过135亿元的担保额度。

目前，公司所有担保均严格履行了公司对外担保相应的审批和权程序，同时，要求被担保方提供反担保或被担保方的其他股东提供同比例担保。

I.对重大投资的控制

为确保重大投资的安全和增值，有效控制投资风险，公司在《公司章程》《股东大会议事规则》《董事会议事规则》《总经理工作细则》中明确股东大会、董事会对重大投资的审批权限及相应的审议程序，并制定了相应的流程对新增土地立项、可行性报告审批、以招拍挂及协议方式获取土地等加以规范。2020年，公司重新修订了《投资管理办法》《股权类项目投资管理办法》《精准投资补充管理办法》《大悦城综合体投资管理办法（试行）》，对公司的对外投资程序与要求进行了有效规范。

公司在获取土地时，各城市公司项目发展部对新获取的土地信息进行筛选甄别，组织各部门共同进行项目可行性研究，汇总形成《项目可行性研究报告》，在逐级提交评审的同时，在获取土地后，公司根据《项目可行性研究报告》以及《目标管理责任书》对项目后续开发运营进行全生命周期把控，严控成本。

报告期内，公司在廊坊、张家口、厦门、苏州、南昌、义乌、成都、重庆、武汉、沈阳、西安获得18宗地块国有土地使用权。

在对项目公司投资以及引入合作方共同进行合作开发等方面，如中粮地产（武汉）有限公司与武汉裕隆苑房地产开发有限公司合作开发双柳178亩地块等事项，均按照审批权限对相关投资合作协议等进行审批。

以上投资事项，公司均通过严格的分级授权审批程序实施全程监控。

J.对信息披露的控制

为规范公司及相关信息披露义务人的信息披露工作，确保信息披露真实、准确、完整、及时、公平，公司制定了《信息披露事务管理制度》《投资者关系管理办法》《接待和推广制度》《社会化媒体管理办法》《年报信息披露重大差错责任追究制度》《信息披露委员会实施细则（试行）》等一系列内控制度。2020年，公司重新修订和完善了《突发事件新闻应急办法》《新闻发布工作管理办法》《新闻发布及员工发言行为准则》。公司严格按照相关规定，规范了信息的传递、披露和审核以及投资者关系活动的流程。公司未发生有选择性地、私下地向特定对象披露、透露或泄露未公开重大信息的情形，保证了公司信息披露的公平性。

公司制定了《内幕信息及信息知情人管理制度》《重大事项报告制度》《重大内部信息保密制度》《信息披露事务管理制度》，明确内幕信息的管理工作由董事会负责，董事会秘书组织实施，董事会办公室（资本市场部）是信息披露的常设机构和执行对外信息披露的唯一部门。

（4）内部控制评价工作依据及内部控制缺陷认定标准

公司依据企业内部控制规范体系及公司《内部控制手册》和内控评价指引组织开展内部控制评价工作。内控工作办公室负责内部控制评价的具体组织实施工作，并组成内部控制评价工作组，拟订评价工作方案并开展具体工作。评价工作组负责了解被评价单位的基本情况，确定检查评价的范围和重点，对被检查单位开展现场检查测试。

公司董事会根据企业内部控制规范体系对重大缺陷、重要缺陷和一般缺陷的认定要求，结合公司规模、行业特征、风险偏好和风险承受度等因素，区分财务报告内部控制和非财务报告内部控制，研究确定了适用于本公司的内部控制缺陷具体认定标准。公司确定的内部控制缺陷认定标准如下：

①财务报告内部控制缺陷认定标准

根据缺陷可能导致的财务报告错报的重要程度公司采用定性和定量相结合的方法将缺陷划分确定重大缺陷、重要缺陷和一般缺陷。

A.定性标准

财务报告重大缺陷的迹象包括：公司董事、监事和高级管理人员的舞弊行为、公司更正已公布的财务报告、注册会计师发现的却未被公司内部控制识别的当期财务报告中的重大错报、审计委员会和审计部对公司的对外财务报告和财务报告内部控制监督无效；财务报告重要缺陷的迹象包括：未依照公认会计准则选择和应用会计政策、未建立反舞弊程序和控制措施、对于非常规或特殊交易的账务处理没有建立相应的控制机制或没有实施且没有相应的补偿性控制、对于期末财务报告过程的控制存在一项或多项缺陷且不能合理保证编制的财务报表达到真实准确的目标；财务报告一般缺陷是指除上述重大缺陷、重要缺陷之外的其他控制缺陷。

B.定量标准

公司连续多年盈利且发展稳健，故适用税前利润作为重要性水平计算依据（重要性水平=年度合并财务报表税前利润×5%）。在评估重大缺陷、重要缺陷、一般缺陷的过程中，公司将两个重要概念"重要性水平"与"可容忍误差"作为量化评估标准。重要性水平是指用金额额度表示的会计信息错报与漏报的严重程度，若该错报、漏报未被揭露足以影响会计信息使用者的判断或者决策。可容忍误差是指可接受的总体中的最大误差（可容忍误差值＝计划重要性水平×75%）。

具体评估方法如下：

a.重大缺陷

计划重要性水平×100%

单一或多个内部控制缺陷的存在，可能导致无法及时地预防或发现年报或中期报告中出现上述金额或以上的重大错误。

所有潜在影响大于此金额会被视为重大缺陷。任何重大缺陷都会引致外部审计师对财务报表提出反对意见。

b.重要缺陷

计划重要性水平×75%（即可容忍误差）

单一或多个内部控制缺陷的存在，可能导致无法及时地预防或发现年报或中期报告中出现上述金额或以上的重要错误。

所有潜在影响大于此金额会被视为重要缺陷。

② 非财务报告内部控制缺陷认定标准

公司非财务报告内部控制缺陷认定主要依据缺陷涉及业务性质的严重程度，直接或潜在负面影响的性质、影响的范围等因素来确定。

定性标准：以下迹象通常表明非财务报告内部控制可能存在重大缺陷：企业缺乏民主决策程序；企业决策程序不科学；违反国家法律、法规；管理人员或技术人员流失；内部控制评价的结果特别是重大或重要缺陷未得到整改；重要业务缺乏制度控制或制度系统性失效。

其他情形按影响程度分别确定为重要缺陷或一般缺陷。

定量标准：非财务报告内部控制缺陷认定定量标准参照财务报告内控控制缺陷认定定量标准确定。

（5）对上一年度内部控制缺陷的整改情况

根据上一年度公司财务报告内部控制重大缺陷的认定情况，公司不存在财务报告和非财务报告内部控制重要和重大缺陷。经内控工作小组现场检查及测试，各部门（单位）财务报告和非财务报告内部控制执行缺陷均已完成整改。

（6）对本年度内部控制缺陷拟采取的整改措施

内控工作办公室对公司所属各部门（单位）的内部控制情况进行检查，将发现的内部控制缺陷按性质和风险水平进行了分类，并按评估方法进行分析。针对所发现的财务报告和非财务报告内部控制一般缺陷，内控工作办公室下发了整改通知，要求各相关部门（单位）全面完成整改，同时将整改成果以报告形式进行上报，并要求总部职能部门督促与跟进各相关部门（单位）内控缺陷整改情况。

资料来源　巨潮资讯.大悦城控股集团股份有限公司2020年度内部控制评价报告［EB/OL］.［2021-03-27］. http://www.cninfo.com.cn/new/disclosure/detail?plate=szse&orgId=gssz0000031&stockCode=000031&announcementId=1209464134&announcementTime=2021-03-27.

2.案例思考

通过阅读本案例，你认为企业内部控制自我评价过程中可能存在哪些问题，如何完善？

本章小结

内部控制自我评价是指由企业董事会和管理层实施的、对企业内部控制有效性进行评价，形成评价结论，并出具评价报告的过程。内部控制有效性是指企业建立与实施内部控制能够为控制目标的实现提供合理的保证。内部控制评价机构在内部控制评价中的目标是对企业内部控制的有效性发表意见。

内部控制评价要结合内部控制的五大要素来对被评价单位内部控制系统的总体情况进行评估，它们来源于管理层经营企业的方式，并与管理过程整合在一起。每一个要素都能够影响其他构成要素，最终影响企业内部控制系统运行的有效性。

内部控制自我评价的程序主要包括以下内容：制订内部控制评价的方案，明确评价目的、范围和进度安排等内容；评价内部控制设计的有效性；测试内部控制运行的有效性；内部控制缺陷的认定；出具评价结论，编制评价报告；提出改进内部控制的措施。

内部控制评价报告就是企业董事会或类似权力机构，以报告的形式对内部控制评价状况出具评价意见，并提供给相关信息使用者的一种书面文件。内部控制评价机构在认定内部控制缺陷后，应出具评价结论，编制评价报告，报送管理层和董事会审阅。

第十四章

内部控制审计

学习目标

通过本章学习，理解内部控制审计的含义及目标，了解计划审计工作的程序，掌握内部控制审计测试的内容与方法，熟知内部控制审计报告的种类与格式，能恰当运用内部控制理论对内部控制审计案例进行分析。

第一节　内部控制审计概述

1.内部控制审计的含义及目标

《企业内部控制基本规范》将内部控制定义为：由企业董事会、监事会、经理层和全体员工实施的、旨在实现控制目标的过程。《企业内部控制基本规范》第十条指出："接受企业委托从事内部控制审计的会计师事务所，应当根据本规范及其配套办法和相关执业准则，对企业内部控制的有效性进行审计，出具审计报告。"本章的"内部控制审计"是指会计师事务所接受委托，对企业与财务报告相关的内部控制的有效性进行审计，并出具审计报告。

注册会计师在财务报告内部控制审计中的目标，是对企业财务报告内部控制的有效性发表意见。在确定财务报告内部控制是否有效时，注册会计师应当考虑内部控制是否能够为企业财务报告的可靠性以及按照适用的会计准则和相关会计制度的规定编制财务报表提供合理保证。因为如果存在一个或多个重大缺陷，企业内部控制就不能被认为是有效的，所以，为了形成发表意见的依据，注册会计师应当计划和执行审计，获取充分、适当的证据，为截至评估日内部控制是否存在重大缺陷提供合理保证，确保企业出具的财务报告的可靠性。

按照国家有关法律法规的要求，建立健全和有效实施内部控制，评价内部控制的有效性是企业管理层的责任，具体来讲是董事会的责任。按照审计准则的规定计划和实施审计工作，获取充分、适当的审计证据，在实施审计工作的基础上对内部控制有效性发表恰当的审计意见，是注册会计师的责任。内部控制审计不能减轻管理层的责任。

2.财务报告内部控制与非财务报告内部控制

内部控制涉及企业的方方面面，针对财务报告的可靠性而设计和实施的内部控制是财务报告内部控制，其他的则为非财务报告内部控制。根据COSO报告对内部控制的定义，内部控制包含三个方面的目标，而财务报告内部控制只包含了与财务报告可靠性目标相关的部分，不包括与公司经营活动的效率效果相关的目标；对于遵循性方面，也只保留了如何遵循SEC关于财务报告要求这类与财务报告编制直接相关的法律法规。根据COSO报告，注册会计师应当对财务报告内部控制的有效性发表意见。而对于非财务报告内部控制，只有在内部控制审计过程中注意到有重大缺陷的，才要在内部控制审计报告中增加"非财务报告内部控制重大缺陷描述段"予以披露。

3.内部控制审计与财务报表审计的整合

注册会计师可以单独进行内部控制审计，也可以将内部控制审计与财务报表审计整合进行（简称整合审计）。在内部控制审计过程中所取得的审计证据，可以作为财务报表审计中的内部控制评价的审计证据使用；财务报表审计过程中所取得的审计证据，也可以作为内部控制审计的审计证据使用。因此，当注册会计师将内部控制审计与财务报表审计相结合时，应当设计控制测试，以同时实现两种审计目标：一是获取充分的证据，以支持注册会计师对年度财务报告内部控制的意见；二是获取充分的证据，以支持注册会计师为财务报表审计而实施的控制风险评估。当注册会计师在内部控制审计过程中所取得的审计证据能够支持将财务报表相关认定的控制风险评估为低水平时，注册会计师可以相应减少这些认定的实质性测试的工作量。

在整合审计中，注册会计师应当对内部控制设计与运行的有效性进行测试，获取充分、适当的证据，支持其在内部控制审计中对内部控制有效性发表的意见，同时以支持其在财务报表审计中对控制风险的评估结果。

4.内部控制审计的程序

内部控制审计通常包括以下几个步骤：

（1）制订内部控制审计计划。

（2）获取对内部控制的了解。

（3）测试和评价内部控制设计的有效性。

（4）测试和评价内部控制执行的有效性。

（5）形成对财务报告内部控制有效性的审计意见。

（6）与客户审计委员会和管理层沟通财务报告内部控制审计的发现。

（7）出具财务报告和内部控制审计报告。

与注册会计师财务报表审计实施相比，在内部控制审计中，注册会计师需要执行的审计程序的范围会更加广泛。

第二节 计划审计工作

注册会计师在内部控制审计中的计划审计工作内容主要包括制订审计计划、确定内部控制测试的内容和应对舞弊风险。

一、制订审计计划

在内部控制审计中，注册会计师应当充分认识风险评估在内部控制审计中的作用，以适当的风险评估为基础，有效地计划和执行内部控制审计工作，并对助理人员进行适当监督。

注册会计师制订内部控制审计计划的工作包括下列三个步骤：

（1）了解企业及其所处的环境，识别和评估财务报表的重大错报风险。注册会计师在了解企业及其所处的环境中应当识别和评估的风险因素，在财务报告内部控制审计中和财务报表审计中是相同的。

（2）了解内部控制构建和运行状况，根据风险评估的结果选择拟测试的控制，以及确定为测试某一特定控制所必需的证据。

（3）制订审计计划。注册会计师应在了解企业及其所处的环境和了解内部控制的构建和运行状况的基础上，根据财务报表重大错报风险的评估结果，再考虑审计重要性和以前年度的审计结果，拟订审计计划，以更有效和高效率地实施审计。在计划内部控制审计工作时，注册会计师应当使用与财务报表审计相同的重要性水平。

审计计划应包括测试的对象、测试的范围、时间安排和审计资源的调配等方面的内容。在确定测试的对象时，注册会计师应当根据风险评估结果，确定重要的账户、列报和相关认定，选择拟进行测试的控制，以及确定针对特定控制所需收集的证据。在确定测试的范围时，如果企业有多个经营场所或经营单位，注册会计师应当在评估与经营场所或经营单位相关的财务报表发生重大错报风险的基础上，确定拟对哪些经营场所或经营单位实施控制测试以及如何进行测试。

在制订内部控制审计计划时，注册会计师应当评价下列事项对财务报表和内部控制是否具有重要影响，以及如何影响审计工作：

（1）注册会计师执行其他业务时了解的内部控制情况。

（2）影响企业所在行业的事项，包括经济状况、法律法规和技术革新。

（3）与企业业务相关的事项，包括组织结构、经营特征和资本结构。

（4）企业经营活动或内部控制最近发生变化的程度。

（5）注册会计师对重要性、风险以及与确定重大缺陷相关的其他因素所作的初步判断。

（6）以前与审计委员会或管理层沟通的控制缺陷。

（7）企业注意到的法律法规事项。

（8）针对内部控制可获得的相关证据的类型和范围。

（9）对内部控制有效性作出的初步判断。

（10）与评价财务报表发生重大错报的可能性和内部控制有效性相关的公共信息。

（11）注册会计师对客户和业务的接受与保持进行评价时了解的与企业相关的风险情况。

（12）经营活动的相对复杂程度。

在内部控制审计中，注册会计师可以利用内部审计工作，对企业内部控制自我评价工作进行评估，判断是否利用企业内部审计人员、内部控制评价人员和其他相关人员的工作以及可利用的程度。注册会计师利用企业内部审计人员、内部控制评价人员和其他相关人员的工作，应当对其专业胜任能力和客观性进行充分评价。与某项控制相关的风险越高，可利用程度就越低，注册会计师应当更多地对该项控制亲自进行测试。注册会计师应当对发表的审计意见独立承担责任，其责任不因为利用企业内部审计人员、内部控制评价人员和其他相关人员工作而减轻。

二、确定内部控制测试的内容

注册会计师在测试控制设计与运行的有效性时，应当综合运用询问适当人员、观察经营活动、检查相关文件、穿行测试和重复执行等方法。询问本身并不足以提供充分、适当的证据。

询问法。审计人员为了解被审计单位各项业务操作是否符合控制要求，而向有关人员询问某些内部控制和业务执行情况。例如，审计人员通过询问计算机管理人员，就可以知道未经授权的人员是否接触过计算机文件。

观察法。审计人员到被审计单位的工作现场，实地观察有关人员的实际工作情况，以确定既定控制措施是否得到严格执行。如审计人员到现场观察材料验收和入库情况，就可知道材料是否严格验收并及时入库，库存材料是否有序摆放，是否安全存放。

证据检查法。审计人员抽取一定数量的账表、凭证等书面证据和其他有关证据，检查是否认真执行相关控制制度，以判断内部控制是否得到有效贯彻执行。如检查货款的支付是否有相关责任人和经办人的批准和签字，来判断实际工作中是否执行了批准控制程序。

穿行测试。审计人员追踪交易在财务报告信息系统中的处理过程。

重复执行法。审计人员就某项内部控制制度按照被审计单位的业务程序全部或部分重做一次，以验证既定的控制措施是否被贯彻执行。

注册会计师应在风险评估的基础上，确定需要测试的控制内容。注册会计师应当运用自上而下的方式选择财务报告内部控制审计所要测试的控制。自上而下法始于财务报表层面和注册会计师对财务报告内部控制总体风险的了解。然后，注册会计师集中关注企业层面的内部控制，并向下延伸至重大账户和列报，以及相关认定。接着，注册会计师选择那些足以应对每一相关认定的错报风险的控制进行测试。

1. 识别企业层面的控制

注册会计师应当测试对评价内部控制有效性有重要影响的企业层面控制。注册会计师对企业层面控制的评价能够增加或减少其本应对其他控制进行的测试。

企业层面控制的内容包括：

（1）与内部环境相关的控制。

（2）针对管理层凌驾内部控制之上而采用的控制。

（3）企业的风险评估。

（4）集中处理和控制。

（5）监督经营结果的控制。

（6）对其他控制的监督控制，包括内部审计职能部门、审计委员会等的活动。

（7）针对期末财务报告流程的控制。

（8）应对重大经营控制及风险管理实务的政策。

内部环境对保持有效的内部控制有重要影响，注册会计师应当评价企业的内部环境。

评价内部环境时，注册会计师应当评估下列事项：

（1）管理层的理念和经营风格是否能够促进有效的内部控制。

（2）诚实正直和健全的道德价值观（特别是高层管理人员）是否已经形成并为大家所了解。

（3）审计委员会是否了解并执行对财务报告和内部控制的监督责任。

期末财务报告流程对内部控制审计财务报告有重要影响，因此，注册会计师应当评价期末财务报告流程。

评价期末财务报告流程时，注册会计师应当评估下列事项：

（1）企业为生成年报和季报而使用的流程的输入、执行的程序及输出。

（2）期末财务报告流程中涉及信息技术的程度。

（3）管理层参与期末财务报告流程的具体人员。

（4）期末财务报告流程涉及的经营场所。

（5）调整分录及合并分录的类型。

（6）管理层、董事会和审计委员会对期末财务报告流程进行监督的性质及范围。

2.识别重要账户、列报及其相关认定

如果某账户或列报可能包含了一个错报，该错报单独或连同其他错报将对财务报表产生重大影响（需要同时考虑多报和少报的风险），该账户或列报则为重要账户或列报。判断某账户或列报是否为重要账户或列报，应当依据其固有风险，而不应考虑相关控制的影响。

如果某财务报表认定可能包含了一个或多个错报，这个或这些错报将导致财务报表重大错报，则该认定为相关认定。判断某认定是否为相关认定，应当依据其固有风险，而不应考虑相关控制的影响。

确定重要会计账户和列报事项时需要考虑的具体因素包括：

（1）账户的规模和构成。

（2）对因错误或舞弊导致的错报的敏感度。

（3）通过账户处理或在列报中反映的交易的业务量、复杂性及同质性。

（4）账户或列报的性质。

（5）与账户或列报相关的会计处理及报告的复杂程度。

（6）账户容易发生损失的程度。

（7）由账户或列报中反映的活动引起重大或有负债的可能性。

（8）账户中关联方交易的存在情况。

（9）账户或列报的特征与前期相比发生的变化。

在识别重要账户、列报及其相关认定时，注册会计师还应当确定对财务报表产生重大影响的潜在错报的可能来源。注册会计师可通过考虑在特定的重要账户或列报中错报可能发生的领域和原因，确定潜在错报的可能来源。

在内部控制审计中，注册会计师在识别重要账户、列报及其相关认定时应当评价的风险因素，与财务报表审计中考虑的因素相同；相应地，两种审计的重要账户和列报及其相关认定也是一样的。当一家企业有多个经营场所或经营单位时，注册会计师应当在合并财务报表的基础上识别重大的账户、列报及相关认定。

在财务报表审计中，注册会计师可能针对非重要账户、列报及其相关认定实施实质性程序。

3.了解错报的可能来源

注册会计师应当执行下列工作，了解潜在错报的可能来源，以选择拟测试的控制：

（1）了解与相关认定有关的交易的处理流程，包括这些交易如何生成、批准、处理及记录。

（2）验证注册会计师已识别出的、业务流程中可能发生重大错报（尤其是由舞弊导致的错报）的环节。

（3）识别管理层用于应对这些潜在错报的控制。

（4）识别管理层用于及时防止或发现未经授权的、导致财务报表重大错报的资产取得、使用或处置的控制。

注册会计师应当了解信息技术如何影响企业的业务流程，并按照《中国注册会计师审计准则第1211号——了解被审计单位及其环境并评估重大错报风险》的规定，考虑信息技术对内部控制及风险评估的影响。

穿行测试通常是完成了解错报的可能来源所规定工作的最有效方式。穿行测试是指追踪某笔交易从发生到最终被反映在财务报表中的整个处理过程。

在执行穿行测试时，注册会计师使用的文件和信息技术应当与企业员工使用的相同；在执行穿行测试时，通常需要综合运用询问适当人员、观察经营活动、检查相关文件及重新执行控制等程序；在执行穿行测试时，针对特定交易的重要处理环节，注册会计师可以询问企业员工对规定程序及控制的了解程度。这些试探性提问连同穿行测试中的其他程序，可以帮助注册会计师充分了解业务流程，识别必要控制设计无效或出现缺失的重要环节。

4.选择要测试的控制

在确定某项控制是否作为拟测试的控制时，注册会计师应当考虑该项控制单独或连同其他控制是否足以应对特定相关认定的评估的错报风险。注册会计师应当测试对得出控制是否有效结论有重要影响的控制。

对于特定的相关认定，可能有多项控制应对评估的错报风险，注册会计师没有必要测试与某个相关认定有关的所有控制。

三、应对舞弊风险

在计划和执行内部控制审计工作时，注册会计师应当考虑舞弊风险的评估结果。注册会计师应当评价企业的控制是否足以应对已识别的由舞弊导致的重大错报风险，并评价为应对管理层凌驾于其他控制之上的风险而设计的控制。

企业为应对这些风险可能采取的控制包括：（1）针对重大的非常规交易，尤其是针对那些导致记账分录延迟或异常的交易的控制；（2）针对期末财务报告过程中编制的记账分录和调整分录的控制；（3）针对关联方交易的控制；（4）与管理层的重大估计相关的控制；（5）能够缓解管理层伪造或不恰当操纵财务结果的动机及压力的控制。

第三节   内部控制审计测试

1.测试内部控制设计的有效性

内部控制设计有效性的判断标准是：企业内部控制能够按照规定由具备必要权限和胜任能力的人有效实施，能达到企业的控制目标，并能有效防止或发现导致财务报表重大错报的错误或舞弊。

注册会计师测试设计有效性的程序包括综合运用询问适当的员工、观察企业的运营情况、审阅相关文档。包含这些程序的穿行测试通常足以评价设计的有效性。

测试内部控制设计的有效性，注册会计师应当按照以下步骤实施审计程序，以判断被测试企业是否针对每一个控制目标都制定了适当的控制措施：

（1）识别被测试企业各个领域的控制目标。

（2）识别被测试企业用来实现每一控制目标的控制措施。

（3）判断当这些控制措施都被正确执行时，是否能够防止或检查出可能造成财务报告重大错报的错误或舞弊。

2.测试内部控制执行的有效性

内部控制执行有效性的标准是：控制正在按照设计运行、执行人员拥有有效执行控制所需的授权和专业胜任能力。

在测试控制运行的有效性时，注册会计师应当综合运用询问适当人员、观察企业经营活动、检查相关文件以及重新执行内部控制等程序。

（1）风险与拟获取证据的关系。

对选定要测试的每一项控制而言，使注册会计师相信控制是有效的必要证据取决于与控制有关的风险。与一项控制有关的风险包括该项控制可能无效的风险以及如果无效将会导致重大缺陷的风险。随着与被测试的控制有关的风险的增加，注册会计师应当获取的证据也相应增加。

下列因素影响与某项控制相关的风险：①该项控制拟防止或发现的错报的性质和重要性；②相关账户和认定的固有风险；③交易的数量和性质是否发生变动，进而可能对该项控制设计或运行的有效性产生不利影响；④账户是否曾经出现错报；⑤企业层面的控制对其他控制的监督的有效性；⑥该项控制的性质及其运行频率；⑦该项控制对其他控制有效性的依赖程度；⑧执行或监督该项控制的人员的专业胜任能力，以及是否发生变动；⑨该项控制是人工操作还是自动完成；⑩该项控制的复杂性，以及运行过程中需作出判断的重要性。

如果发现控制偏差，注册会计师应当确定该偏差对相关风险评估、需要获取的证据以及控制运行有效性结论的影响。

（2）控制测试的性质、时间和范围。

注册会计师通过测试控制有效性获取的证据，取决于实施程序的性质、时间和范围的组合。就单项控制而言，注册会计师应当根据与该项控制相关的风险，适当组合实施程序的性质、时间和范围，以获取充分、适当的证据。

测试控制有效性实施的程序，其性质在很大程度上取决于拟测试控制的性质。某些控制可能存在文件记录，反映其运行的有效性；而另外一些控制，如管理理念和经营风格，可能没有书面的运行证据。对缺乏正式运行证据的企业或业务单元，注册会计师可以通过询问并结合运用观察活动、检查非正式的书面记录和重新执行某些控制，获取有关控制有效性的充分、适当的证据。

对控制有效性的测试涵盖的期间越长，提供的控制有效性的证据越多。对控制有效性的测试实施的时间越接近管理层评价日，提供的控制有效性的证据越有力。

为获取充分、适当的证据，注册会计师应当在下列两个因素之间作出平衡，以确定测试的时间：①尽量在接近管理层评价日实施测试；②实施的测试需要涵盖足够长的期间。

管理层可能为提高控制效率、效果或弥补控制缺陷而改变企业的控制。如果注册会计师确定新控制实现了相关的控制目标，而且付诸实施的时间足以容许注册会计师通过实施控制测试来评估其设计有效性和运行有效性，那么，注册会计师不必为了对财务报告内部控制发表意见而测试被替代控制的设计有效性和运行有效性。如果被取代控制对控制风险的评估有重大影响，注册会计师应当测试被取代控制设计与运行的有效性。

在期中时点测试特定控制时，注册会计师应当确定还需要获取哪些证据，以证实剩余期间控制的运行情况。在确定将期中时点的测试结果延伸至期末而需要获取补充证据时，注册会计师应当考虑下列因素的影响：①在评估日前测试的特定控制，包括与控制相关的风险、控制的性质和测试的结果；②期中时点获取的有关控制有效性的证据的充分性；③剩余期间的长短；④期中时点之后，内部控制发生重大变化的可能性。

控制测试的范围越大，通过测试获取的证据越多。

3.以后年度审计的特殊考虑

（1）对于以后年度的审计，注册会计师在确定测试的性质、时间和范围时，应当考虑以前执行内部控制审计所了解的情况。下列因素可能影响以后年度审计中与某项控制相关的风险：①以前年度审计中所实施程序的性质、时间和范围；②以前年度控制测试的结果；③上次审计之后，控制或其运行流程是否发生变化。

（2）注册会计师应当每年改变控制测试的性质、时间和范围，以增强测试的不可预见性并能够应对环境的变化。

注册会计师每年应当在不同的时间段测试控制，并增加或减少所执行测试的数量和种类，或者改变所使用测试程序的组合。

4.评价控制缺陷

如果控制的设计或运行不能及时防止或发现错报，则表明内部控制存在缺陷。企业内部控制存在的不足，按其严重程度可以分为一般缺陷、应关注缺陷和重大缺陷。

（1）注册会计师应当评价其注意到的各项控制缺陷的严重性，以确定这些缺陷单独或合并起来是否构成管理层评估内部控制的重大缺陷。

①控制缺陷的严重性与错报的发生与否无关，而取决于企业内部控制是否存在无法防止或发现错报的合理可能性。控制缺陷的严重性取决于下列因素：一是企业内部控制是否存在无法防止或发现账户余额或列报错报的合理可能性；二是因一项或多项（控制）缺陷导致的潜在错报的重要程度。

②在评价一项或多项控制缺陷可能导致的错报的重要程度时，注册会计师应当考虑下列因素：一是受控制缺陷影响的财务报表金额或交易总额；二是受本期已发生或预计未来期间可能发生的控制缺陷影响的账户余额或某类交易所涉及的活动数量。

③在确定一项或几项缺陷的组合是否构成重大缺陷时，注册会计师应当评价补偿性控制的影响。

（2）下列迹象可能表明企业内部控制存在重大缺陷：

①发现高级管理人员舞弊。

②重述财务报表，以反映重大错报的更正情况。

③注册会计师识别出当期财务报表存在重大错报，而该错报不可能由企业内部控制发现。

④审计委员会对企业财务报告和内部控制的监督无效。

第四节　内部控制审计报告

注册会计师完成内部控制设计与运行测试后，还应完成形成审计意见、获取管理层声明和沟通相关事项三步骤的审计工作，然后才能出具内部控制审计报告。

步骤一：形成审计意见。

注册会计师应当通过评价所有来源的证据，包括审计的控制测试、财务报表审计中发现的错报以及任何已识别的控制缺陷，形成对内部控制有效性的意见。

在对内部控制有效性形成意见后，注册会计师应当评价管理层按照有关政府部门和监管机构的要求在企业年度报告中对内部控制的披露是否适当。只有在审计工作范围没有受到限制时，注册会计师才能对内部控制的有效性形成审计意见。

步骤二：获取管理层声明。

在财务报告内部控制审计中，注册会计师应当向管理层获取书面声明。管理层的声明内容应当包括：

（1）管理层认可其对建立和保持有效的内部控制的责任；

（2）管理层已对企业内部控制的有效性作出评估，并说明运用的控制标准；

（3）管理层没有将注册会计师在内部控制审计中执行的程序作为管理层对内部控制有效性评估基础的组成部分；

（4）管理层根据控制标准对企业内部控制在特定日期的有效性的评估结论；

（5）管理层识别出的内部控制在设计或运行方面存在的所有缺陷，包括单独向注册会计师披露内部控制的所有应关注缺陷或重大缺陷；

（6）导致企业财务报表发生重大错报的所有舞弊，以及其他不会导致企业财务报表发生重大错报，但涉及高级管理人员和其他在企业内部控制中具有重要作用的员工的所有舞弊；

（7）在以前年度审计中识别的、注册会计师发现且已与审计委员会沟通的控制缺陷是否已经解决；

（8）在报告日后，内部控制是否发生变化，或者是否存在对内部控制产生重要影响的其他因素，包括管理层针对应关注缺陷和重大缺陷采取的任何纠正措施。

如果未能获得管理层的书面声明，包括管理层拒绝提供书面声明，注册会计师应当将其视为审计范围受到限制，并解除业务约定或出具无法表示意见的审计报告。

步骤三：沟通相关事项。

注册会计师应当以书面形式与管理层和审计委员会沟通审计过程中识别的所有重大缺陷。书面沟通应当在注册会计师出具内部控制审计报告之前进行。如果认为企业审计委员会对财务报告和内部控制的监督无效，注册会计师应当就这一事项以书面形式与董事会沟通。注册会计师应当考虑在审计过程中识别的任何控制缺陷或多个控制缺陷的组合是否构成应关注缺陷。如果构成应关注缺陷，注册会计师应当就此以书面形式与审计委员会沟通。

注册会计师应当以书面形式与管理层沟通识别的所有控制缺陷，并在沟通完成后告知审计委员会。

内部控制审计不能保证注册会计师能够发现严重程度小于重大缺陷的所有控制缺陷。注册会计师不应在出具的报告中声明在审计中没有发现严重程度小于重大缺陷的控制缺陷。

1.审计报告的类型

注册会计师在完成内部控制审计后，应当单独对内部控制出具审计报告。

内部控制审计报告包括标准审计报告和非标准审计报告。当注册会计师出具的无保留意见的审计报告不附加说明段、提请关注事项段或任何修饰性用语时，该报告称为标准审计报告。

非标准审计报告，是指标准审计报告以外的其他审计报告，包括带说明段的无保留意见的审计报告和非无保留意见的审计报告。非无保留意见的审计报告包括否定意见的审计报告和无法表示意见的审计报告。

2.审计报告的基本内容

审计报告应当包括下列要素：标题；收件人；引言段；管理层对内部控制的责任段；注册会计师的责任段；内部控制的定义段；内部控制的固有局限性段；审计意见段；注册会计师的签名和盖章；会计师事务所的名称、地址及盖章；报告日期。

（1）标题。

审计报告的标题应当统一规范为"内部控制审计报告"。

（2）收件人。

审计报告的收件人是指注册会计师按照业务约定书的要求致送审计报告的对象，一般是指审计业务的委托人。审计报告应当载明收件人的全称。

（3）引言段。

引言段应当说明企业的名称和内部控制已经审计，并包括下列内容：指出内部控制审计依据的控制标准；指明内部控制的评估截止日期。

（4）管理层对内部控制的责任段。

管理层对内部控制的责任段应当说明，按照国家有关法律法规的要求，设计、实施和维护有效的内部控制，并评估其有效性是管理层的责任。

（5）注册会计师的责任段。

注册会计师的责任段应当说明下列内容：

①注册会计师的责任是在实施审计工作的基础上对内部控制有效性发表审计意见。注册会计师按照《企业内部控制鉴证指引》的规定执行了审计工作。《企业内部控制鉴证指引》要求注册会计师遵守职业道德规范，计划和实施审计工作，以对企业在所有重大方面是否保持了有效的内部控制获取合理保证。

②审计工作包括获取对内部控制的了解，评估重大缺陷存在的风险，根据评估的风险测试来评价内部控制设计和运行的有效性。审计工作还包括实施注册会计师认为必要的其他程序。

③注册会计师相信已获取的证据是充分、适当的，为其发表审计意见提供了基础。

（6）内部控制的定义段。

内部控制的定义段应当说明内部控制的定义。

（7）内部控制的固有局限性段。

内部控制的固有局限性段应当说明，内部控制具有固有局限性，存在错误或舞弊导致的错报未被发现的可能性。此外，由于情况的变化可能导致内部控制变得不恰当，或降低对控制政策、程序遵循的程度，根据内部控制评价结果推测未来内部控制有效性具有一定的风险。

（8）审计意见段。

审计意见段包括审计意见段的内容和无保留意见的审计报告。

审计意见段的内容。审计意见段应当说明，企业于特定日期是否按照适当的控制标准的要求，在所有重大方面保持了有效的内部控制。

无保留意见的审计报告。如果符合下列所有条件，注册会计师应当出具无保留意见的审计报告：一是企业于特定日期按照适当的控制标准的要求，在所有重大方面保持了有效的内部控制；二是注册会计师已经按照《企业内部控制鉴证指引》的规定计划和实施审计工作，在工作过程中审计范围未受到限制。当出具无保留意见的审计报告时，注册会计师应当以"我们认为"作为意见段的开头，并使用"在所有重大方面""保持了有效的内部控制"等术语。

（9）注册会计师的签名和盖章。

审计报告应当由注册会计师签名并盖章。

（10）会计师事务所的名称、地址及盖章。

审计报告应当载明会计师事务所的名称和地址，并加盖会计师事务所公章。

（11）报告日期。

审计报告应当注明报告日期。报告的日期不应早于注册会计师获取充分、适当的证据，并在此基础上对内部控制形成审计意见的日期。

3.审计报告参考格式

（1）标准审计报告参考格式。

××股份有限公司全体股东：

我们接受委托，按照财政部等五部委发布的《企业内部控制基本规范》及相关规范审计了贵公司××××年××月××日的财务报告内部控制。

一、管理层对内部控制的责任

按照国家有关法律法规的规定，设计、实施和维护有效的内部控制，并评估其有效性是公司管理层的责任。

二、注册会计师的责任

我们的责任是在实施审计工作的基础上对内部控制有效性发表审计意见。我们按照《企业内部控制鉴证指引》的规定执行了审计工作。《企业内部控制鉴证指引》要求注册会计师遵守职业道德规范，计划和实施审计工作以对企业在所有重大方面是否保持了有效的内部控制获取合理保证。

审计工作包括获取对内部控制的了解，评估重大缺陷存在的风险，根据评估的风险测试和评价内部控制设计和运行的有效性。审计工作还包括实施我们认为必要的其他程序。

我们相信，我们获取的证据是充分、适当的，为发表审计意见提供了基础。

三、内部控制的定义

企业财务报告内部控制，是由企业董事会、监事会、经理层和全体员工实施的、旨在为财务报告的可靠性和按照企业会计准则和相关会计制度编制对外财务报表提供合理保证的一个过程。

四、内部控制的固有局限性

财务报告内部控制具有固有局限性，存在错误或舞弊导致的错报未被发现的可能性。此外，由于情况的变化可能导致内部控制变得不恰当，或降低对控制政策、程序的遵循程度，根据内部控制审计结果推测未来内部控制有效性具有一定的风险。

五、审计意见

我们认为，贵公司按照《企业内部控制基本规范》及相关规范于××××年××月××日在所有重大方面保持了有效的财务报告内部控制。

××会计师事务所　　中国注册会计师：×××（签名并盖章）

（盖章）　　中国注册会计师：×××（签名并盖章）

中国××市××××年××月××日

（2）带说明段的无保留意见审计报告参考格式。

如果确定管理层对内部控制评估报告的要素不完整或表达不当，注册会计师应当在报告中增加说明段。

××股份有限公司全体股东：

我们接受委托，按照财政部等五部委发布的《企业内部控制基本规范》及相关规范审计了贵公司××××年××月××日的财务报告内部控制。

一、管理层对内部控制的责任

按照国家有关法律法规的规定，设计、实施和维护有效的内部控制，并评估其有效性是公司管理层的责任。

二、注册会计师的责任

我们的责任是在实施审计工作的基础上对内部控制有效性发表审计意见。我们按照《企业内部控制鉴证指引》的规定执行了审计工作。《企业内部控制鉴证指引》要求注册会计师遵守职业道德规范，计划和实施审计工作以对企业在所有重大方面是否保持了有效的内部控制获取合理保证。

审计工作包括获取对内部控制的了解，评估重大缺陷存在的风险，根据评估的风险测试和评价内部控制设计和运行的有效性。审计工作还包括实施我们认为必要的其他程序。

我们相信，我们获取的证据是充分、适当的，为发表审计意见提供了基础。

三、内部控制的定义

企业财务报告内部控制，是由企业董事会、监事会、经理层和全体员工实施的，旨在为财务报告的可靠性和按照企业会计准则和相关会计制度编制对外财务报表提供合理保证的一个过程。

四、内部控制的固有局限性

财务报告内部控制具有固有局限性，存在错误或舞弊导致的错报未被发现的可能性。此外，由于情况的变化可能导致内部控制变得不恰当，或降低对控制政策、程序的遵循程度，根据内部控制审计结果推测未来内部控制有效性具有一定的风险。

五、审计意见

我们认为，贵公司按照《企业内部控制基本规范》及相关规范于××××年××

月××日在所有重大方面保持了有效的内部控制。

六、提请关注的事项

我们提醒报告使用者关注，如管理层在内部控制评估报告中第×部分第×段所述，贵公司发生了一项期后事项（描述期后事项的性质及其对公司内部控制的重大影响）。本段内容不影响已发表的审计意见。

××会计师事务所　　中国注册会计师：×××（签名并盖章）

（盖章）　　中国注册会计师：×××（签名并盖章）

中国××市××××年××月××日

（3）否定意见的审计报告参考格式。

如果认为发现的控制缺陷单独或组合起来将导致一个或多个重大缺陷，除非工作范围受到限制，否则，注册会计师应当对企业内部控制发表否定意见。

注册会计师发表否定意见时，审计报告还应包括下列内容：①重大缺陷的定义；②说明注册会计师识别的重大缺陷以及管理层评估报告中描述的由管理层识别的重大缺陷。

如果管理层评估报告中未包含重大缺陷，注册会计师应当修正审计报告，说明重大缺陷已经识别但没有包含在管理层评估报告中。此外，审计报告应当包含对重大缺陷的描述，说明重大缺陷的性质，以及重大缺陷在存在期间对企业编报财务报表产生的实际和潜在影响等具体信息。

如果管理层评估报告中包含了重大缺陷，但注册会计师认为重大缺陷的披露没有在所有重大方面得到公允反映，则应在审计报告中说明这一结论，并公允描述有关重大缺陷的必要信息。

××股份有限公司全体股东：

我们接受委托，按照财政部等五部委发布的《企业内部控制基本规范》及相关规范审计了贵公司××××年××月××日的财务报告内部控制。

一、管理层对内部控制的责任

按照国家有关法律法规的规定，设计、实施和维护有效的内部控制，并评估其有效性是公司管理层的责任。

二、注册会计师的责任

我们的责任是在实施审计工作的基础上对内部控制有效性发表审计意见。我们按照《企业内部控制鉴证指引》的规定执行了审计工作。《企业内部控制鉴证指引》要求注册会计师遵守职业道德规范，计划和实施审计工作以对企业在所有重大方面是否保持了有效的内部控制获取合理保证。

审计工作包括获取对内部控制的了解，评估重大缺陷存在的风险，根据评估的风险测试和评价内部控制设计和运行的有效性。审计工作还包括实施我们认为必要的其他程序。

我们相信，我们获取的证据是充分、适当的，为发表审计意见提供了基础。

三、内部控制的定义

企业财务报告内部控制，是由企业董事会、监事会、经理层和全体员工实施的，旨在为财务报告的可靠性和按照企业会计准则和相关会计制度编制对外财务报表提供合理保证的一个过程。

四、内部控制的固有局限性

财务报告内部控制具有固有局限性，存在错误或舞弊导致的错报未被发现的可能性。此外，由于情况的变化可能导致内部控制变得不恰当，或降低对控制政策、程序的遵循程度，根据内部控制审计结果推测未来内部控制有效性具有一定的风险。

五、导致否定意见的事项

重大缺陷是内部控制中存在的、具有合理可能性导致企业年度或中期财务报表出现重大错报不能被及时防止或发现的某项缺陷或几项缺陷的组合。

描述注册会计师识别的和管理层评估报告中管理层识别的所有内部控制重大缺陷的性质，以及重大缺陷在存在期间对企业编报财务报表产生的实际和潜在影响等具体情况。其中，×重大缺陷已经识别、但没有包含在管理层评估报告中（在这种情况下，应增加本句文字）。×重大缺陷虽然已包含在管理层的评估报告中，但未能在所有重大方面得到公允披露，公允描述有关重大缺陷的必要信息（如果未公允披露，应增加本句文字）。有效的内部控制能够为财务报告的可靠性以及按照适用的会计准则和相关会计制度的规定编制财务报表提供合理保证，而上述重大缺陷使贵公司内部控制缺乏这一功能。

六、审计意见

我们认为，由于内部控制存在上述重大缺陷及其对实现控制目标的影响，贵公司未能按照《企业内部控制基本规范》及相关规范于××××年××月××日在所有重大方面保持有效的内部控制。

　　　　　　　××会计师事务所　　中国注册会计师：×××（签名并盖章）

　　　　　　　　（盖章）　　　中国注册会计师：×××（签名并盖章）

　　　　　　　　　　　　　　中国××市××××年××月××日

（4）无法表示意见审计报告参考格式。

如果工作范围受到限制，注册会计师应当解除业务约定或出具无法表示意见的报告。无法表示意见是指注册会计师不对内部控制的有效性发表意见。

当因工作范围受到限制而无法表示意见时，注册会计师应当在审计报告中说明工作范围不足以为发表意见提供保证，并用单独的一段或几段说明无法表示意见的实质性理由。注册会计师不应指明所执行的程序，也不应描述内部控制审计的特征，否则可能造成审计报告使用者对无法表示意见的误解。

当注册会计师拟出具无法表示意见的报告，并且已执行的有限程序使其认为内部控制存在重大缺陷时，审计报告还应当包括下列内容：①重大缺陷的定义；②对已识别的内部控制存在的任何重大缺陷的描述。

如果认为由于工作范围受到限制而无法表示意见，注册会计师应当以书面形式，就未能满意地完成内部控制审计，与管理层和审计委员会沟通。

××股份有限公司全体股东：

我们接受委托，按照财政部等五部委发布的《企业内部控制基本规范》及相关规范审计贵公司××××年××月××日的财务报告内部控制。

一、管理层对内部控制的责任

按照国家有关法律法规的规定，设计、实施和维护有效的内部控制，并评估其有效性是公司管理层的责任。

二、内部控制的定义

企业财务报告内部控制，是由企业董事会、监事会、经理层和全体员工实施的，旨在为财务报告的可靠性和按照企业会计准则和相关会计制度编制对外财务报表提供合理保证的一个过程。

三、内部控制的固有局限性

财务报告内部控制具有固有局限性，存在错误或舞弊导致的错报未被发现的可能性。此外，由于情况的变化可能导致内部控制变得不恰当，或降低对控制政策、程序的遵循程度，根据内部控制审计结果推测未来内部控制有效性具有一定的风险。

四、识别的内部控制重大缺陷（注：如果在发现范围受到限制前，执行有限程序未识别出重大缺陷，则应删除本段）

重大缺陷是内部控制中存在的、具有合理可能性导致企业年度或中期财务报表出现重大错报不能被及时防止或发现的某项缺陷或几项缺陷的组合。

描述注册会计师执行有限程序后识别的内部控制重大缺陷的性质，以及重大缺陷存在期间对企业编报财务报表产生的实际和潜在影响等具体情况。其中，×重大缺陷已经识别但没有包含在管理层评估报告中（在这种情况下，应增加本句文字）。×重大缺陷虽然已包含在管理层的评估报告中，但未能在所有重大方面进行公允披露（公允描述有关重大缺陷的必要信息）（如果未公允披露，应增加本句文字）。有效的内部控制能够为财务报告的可靠性以及按照适用的企业会计准则和相关会计制度的规定编制财务报表提供合理保证，而上述重大缺陷使贵公司内部控制缺乏这一功能。

五、导致无法表示意见的事项

描述范围受到限制的具体情况。

六、审计意见

由于存在上述范围限制，我们未能实施必要的程序以获取发表意见所需的充分证据，因此，我们无法对贵公司内部控制有效性发表意见。

　　　　　　　　××会计师事务所　　中国注册会计师：×××（签名并盖章）

　　　　　　　　　（盖章）　　　　中国注册会计师：×××（签名并盖章）

　　　　　　　　　　　　　　　中国××市××××年××月××日

第五节　案例与思考

大悦城控股集团股份有限公司2020年度内部控制审计报告

1.案例简介

大悦城控股集团股份有限公司全体股东：

按照《企业内部控制审计指引》及中国注册会计师执业准则的相关要求，我们审计了大悦城控股集团股份有限公司（以下简称大悦城控股）2020年12月31日财务报告内部控制的有效性。

（1）企业对内部控制的责任

按照《企业内部控制基本规范》《企业内部控制应用指引》《企业内部控制评价指引》的规定，建立健全和有效实施内部控制，并评价其有效性是大悦城控股董事会的责任。

（2）注册会计师的责任

我们的责任是在实施审计工作的基础上，对财务报告内部控制的有效性发表审计意见，并对注意到的非财务报告内部控制的重大缺陷进行披露。

（3）内部控制的固有局限性

内部控制具有固有局限性，存在不能防止和发现错报的可能性。此外，由于情况的变化可能导致内部控制变得不恰当，或对控制政策和程序遵循的程度降低，根据内部控制审计结果推测未来内部控制的有效性具有一定风险。

（4）财务报告内部控制审计意见

我们认为，大悦城控股于2020年12月31日按照《企业内部控制基本规范》和相关规定在所有重大方面保持了有效的财务报告内部控制。

信永中和会计师事务所（特殊普通合伙）　　　　中国注册会计师：张　昆

中国注册会计师：马海霞

中国·北京市2021年3月25日

资料来源　佚名.大悦城：内部控制审计报告.［EB/OL］.［2021-03-27］.http：//www.cninfo.com.cn/new/disclosure/detail？plate=szse&orgId=gssz0000031&stockCode=000031&announcementId=1209464116&announcementTime=2021-03-27.

2.案例思考

通过本案例的阅读，你认为企业内部控制审计过程中可能存在哪些问题？

延伸阅读

天津泰达股份有限公司内部控制审计报告

普华永道中天特审字〔2015〕第 0974 号

天津泰达股份有限公司全体股东：

按照《企业内部控制审计指引》及中国注册会计师执业准则的相关要求，我们审计了天津泰达股份有限公司（以下简称"天津泰达公司"）2014 年 12 月 31 日的财务报告内部控制的有效性。

一、企业对内部控制的责任

按照《企业内部控制基本规范》《企业内部控制应用指引》《企业内部控制评价指引》的规定，建立健全和有效实施内部控制，并评价其有效性是天津泰达公司董事会的责任。

二、注册会计师的责任

我们的责任是在实施审计工作的基础上，对财务报告内部控制的有效性发表审计意见，并对注意到的非财务报告内部控制的重大缺陷进行披露。

三、内部控制的固有局限性

内部控制具有固有局限性，存在不能防止和发现错报的可能性。此外，由于情况的变化可能导致内部控制变得不恰当，或对控制政策和程序遵循的程度降低，根据内部控制审计结果推测未来内部控制的有效性具有一定风险。

四、导致否定意见的事项

重大缺陷是内部控制中存在的、可能导致不能及时防止或发现并纠正财务报表出现重大错报的一项控制缺陷或多项控制缺陷的组合。

贵公司的财务报告内部控制存在如下重大缺陷：

（1）部分子公司未定期执行资产减值评估，或在资产减值评估过程中未发现表明该资产已发生减值的客观证据。上述重大缺陷影响了财务报表中应收款项和可供出售金融资产相关的资产的计价以及资产减值的准确性，与之相关的财务报告内部控制执行失效。贵公司尚未在 2014 年年底完成对上述存在重大缺陷的内部控制的整改工作，但在编制 2014 年度财务报表时已对资产减值损失进行了恰当调整，并对前期对应数据相应进行了追溯调整及重述。

（2）部分区域开发板块子公司未执行对于应付未付工程款进行暂估、预提的分析审核的内部控制。上述重大缺陷影响了财务报表中应付未付的一级土地开发工程款的截止性和义务认定，与之相关的财务报告内部控制执行失效。贵公司尚未在 2014 年年底完成对上述存在重大缺陷的内部控制的整改工作，但在编制 2014 年度财务报表时已对存货、应付账款科目相关科目进行了恰当调整，并对前期对应数据相应进行了追溯调整及重述。

（3）个别区域开发板块子公司未执行对于工程施工成本归集和分摊审核的内部控制且尚未建立定期分析工程进度并按照完工百分比法进行相应会计处理的内部控制。上述重大缺陷影响了财务报表中应该按照完工百分比法确认收入交易的准确性和截止性，与之相关的财务报告内部控制设计和执行失效。贵公司尚未在2014年年底完成对上述存在重大缺陷的内部控制的整改工作，但在编制2014年度财务报表时已对二级代建开发成本、收入及相关科目进行了恰当调整，并对前期对应数据相应进行了追溯调整及重述。

（4）从事贸易批发业务的部分子公司尚未建立从事贸易批发业务所承担的存货风险、信用风险等业务实质进行分析判断所适用的收入确认原则的内部控制。上述重大缺陷影响了财务报表中贸易收入及成本确认的完整性、准确性和截止性，与之相关的财务报告内部控制设计失效。贵公司尚未在2014年年底完成对上述存在重大缺陷的内部控制的整改工作，但在编制2014年度财务报表时已对这些可能存在的会计差错予以关注和纠正，并对前期对应数据相应进行了追溯调整及重述。

（5）部分子公司未执行对在建工程是否达到可使用状态进行检查的控制。上述重大缺陷影响了财务报表中在建工程、固定资产和管理费用的准确性和截止性，与之相关的财务报告内部控制执行失效。贵公司尚未在2014年年底完成对上述存在重大缺陷的内部控制的整改工作，但在编制2014年度财务报表时已对这些可能存在的会计差错予以关注和纠正，并对前期对应数据相应进行了追溯调整及重述。

（6）对财务人员的专业培训不够充分、对部分企业会计准则的理解不够准确、会计处理及财务报告披露流程中的审核存在部分运行缺陷，未能及时发现对部分子公司资产减值、应付未付工程款的计提、按完工百分比法的销售确认、贸易收入及成本的确认、在建工程转固、现金流量表中对现金及现金等价物的认定、银行融资在应付票据与短期借款的分类、借款在长期负债与短期负债的分类、营业收入和利息收入的分类、BOT项目核算、尚未获得土地证的预付土地款记录等会计处理的差错，影响财务报表中多个披露项目的准确性。贵公司尚未在2014年年底完成对上述存在重大缺陷的内部控制的整改工作，但在编制2014年度财务报表时已对这些可能存在的会计差错予以关注和纠正，并对前期对应数据相应进行了追溯调整及重述。有效的内部控制能够为财务报告及相关信息的真实完整提供合理保证，而上述重大缺陷使天津泰达公司内部控制失去这一功能。天津泰达公司管理层已识别出上述重大缺陷，并将其包含在企业内部控制评价报告中。在天津泰达公司2014年度财务报表审计中，我们已经考虑了上述重大缺陷对审计程序的性质、时间安排和范围的影响。本报告并未对我们在2015年3月18日对天津泰达公司2014年度财务报表出具的审计报告产生影响。

五、财务报告内部控制审计意见

我们认为，由于存在上述重大缺陷及其对实现控制目标的影响，天津泰达公司于2014年12月31日未能按照《企业内部控制基本规范》和相关规定在所有重大方面保持有效的财务报告内部控制。

普华永道中天　会计师事务所（特殊普通合伙）注册会计：师刘磊

（盖章）注册会计师：崔春燕

中国·上海市 2015 年 3 月 18 日

资料来源　普华永道会计师事务所. 天津泰达股份有限公司内部控制审计报告［EB/OL］.
［2016-04-26］. http：//www.szse.cn/disclosure/listed/notice/index.html.

本章小结

内部控制审计是指会计师事务所接受委托，对企业与财务报告相关的内部控制的有效性进行审计，并出具审计报告。内部控制审计的目标是对企业财务报告内部控制的有效性发表意见。在确定财务报告内部控制是否有效时，注册会计师应当考虑内部控制是否能够为企业财务报告的可靠性以及按照适用的企业会计准则和相关会计制度的规定编制财务报表提供合理保证。

注册会计师在内部控制审计中的计划审计工作内容主要包括制订审计计划、确定内部控制测试的内容和应对舞弊风险。

内部控制审计测试包括：测试内部控制设计的有效性和测试内部控制执行的有效性。内部控制设计有效性的判断标准，是企业内部控制能够按照规定由具备必要权限和胜任能力的人有效实施，能达到企业的控制目标，并能有效防止或发现导致财务报表重大错报的错误或舞弊。内部控制执行有效性的标准，是控制正在按照设计运行、执行人员拥有有效执行控制所需的授权和专业胜任能力。

注册会计师完成内部控制设计与运行测试后，还应完成形成审计意见、获取管理层声明和沟通相关事项三步骤的审计，然后才能出具内部控制审计报告。

主要参考文献

［1］全国人民代表大会常务委员会. 中华人民共和国会计法［EB/OL］. ［2017-11-29］. http://www.chinaacc.com/shuishou/cszx/wa1711294343.shtml.

［2］财政部，证监会，审计署，等. 企业内部控制基本规范［EB/OL］. ［2008-05-22］. https://baike.so.com/doc/5395096-5632248.html.

［3］COSO.企业风险管理——整合框架［M］. 方红星，等译. 大连：东北财经大学出版社，2005.

［4］财政部，证监会，审计署，等. 企业内部控制应用指引［EB/OL］. ［2010-04-15］. https://baike.so.com/doc/6760144-6974782.html.

［5］财政部，证监会，审计署，等. 企业内部控制评价指引［EB/OL］. ［2010-05-01］.http://kjs.mof.gov.cn/zhengwuxinxi/zhengcefabu/201005/P020100505328498224213.pdf.

［6］财政部，证监会，审计署，等. 企业内部控制审计指引［EB/OL］. ［2010-05-01］. http://kjs.mof.gov.cn/zhengwuxinxi/zhengcefabu/201005/P020100505328498360534.pdf.

［7］中华人民共和国财政部. 中国注册会计师审计准则第1211号——了解被审计单位及其环境并评估重大错报风险［EB/OL］. ［2007-01-01］. https://baike.so.com/doc/26346779-27630723.html.

［8］林柄沧. 如何避免审计失败［M］. 北京：中国时代经济出版社，2003.